Sonya Gauthier

J'apprends à lire

CARACTÈRE

Illustrations : Julien Del Busso, Alexandre Belisle, Hugo Desrosiers, Daniel Rainville
Conception graphique : André Vallée - Atelier typo Jane
Conception de la couverture : Micho Design/illustrations
Révision : Jacinthe Boivin-Moffet
Correction d'épreuves : Sabine Cerboni, Richard Bélanger

Imprimé au Canada
ISBN : 978-2-89642-192-3

Dépôt légal – Bibliothèque et Archives nationales du Québec, 2009

Gouvernement du Québec – Programme de crédit d'impôt pour l'édition de livres – Gestion SODEC

Nous reconnaissons l'aide financière du gouvernement du Canada par l'entremise du Programme d'aide au développement de l'industrie de l'édition (PADIÉ) pour nos activités d'édition.

Visitez le site des Éditions Caractère
editionscaractere.com

Table des matières

Mot aux parents.....5

Les voyelles
a.....7
e.....10
i, y.....14
o.....18
u.....22

Les accents
é.....26
è, ê.....30

Jeux avec les voyelles et les accents.....34

Les consonnes, les sons et les syllabes simples
Première section.....39
l.....40
m.....44
n.....48
è, ê, ai, ei, es.....52
é, er, ez, et.....56
Résumé (voyelles, accents et 1re section).....60

Deuxième section.....65
r.....66
t.....70
p.....74
ou.....78
o, au, eau.....82
Résumé (voyelles, accents, 1re et 2e section).....86

Troisième section.....91
b.....92
d.....96
un.....100
on, om.....104
Résumé (voyelles, accents, 1re, 2e et 3e section).....108

Quatrième section.....113
f, ph.....114
v.....118
en, an, em, am.....122
in, im, ain.....126
Résumé (voyelles, accents, 1re, 2e, 3e et 4e section).....130

Cinquième section.....135
k, qu.....136
c.....140
oi.....146
Résumé (voyelles, accents, 1re, 2e, 3e, 4e et 5e section).....150

Sixième section.....157
z.....158

s....162
h....166
ch....170
ui....174
Résumé (voyelles, accents, 1re, 2e, 3e, 4e, 5e et 6e section)....178

Septième section....185
j....186
g....190
w....196
x....200
eu....204
Résumé (voyelles, accents, 1re, 2e, 3e, 4e, 5e, 6e et 7e section)....208

Jeux avec les consonnes, les sons et les syllabes simples....215

Les syllabes inverses (voyelle + consonne)
a + consonne....227
e + consonne....230
o + consonne....232
i, u + consonne....234
Résumé....236

Les syllabes fermées (consonne + voyelle + consonne)
l, r, t, h + voyelle + consonne....238
m, n + voyelle + consonne....240
b, d, p + voyelle + consonne....242
f, v + voyelle + consonne....244
s, z, c, k, q + voyelle + consonne....246
g, j + voyelle + consonne....248
Résumé....250

Les groupes consonantiques (consonne + consonne + voyelle)
t + consonne + voyelle....254
b + consonne + voyelle....256
d + consonne + voyelle....258
p + consonne + voyelle....260
f + consonne + voyelle....262
s + consonne + voyelle....264
c + consonne + voyelle....266
g + consonne + voyelle....268
Résumé....270

Jeux avec les syllabes inverses, les syllabes fermées et les groupes consonantiques...275

Les sons complexes
oin....295
ouil/ouille....298
ail/aille....300
euil/euille....302
eil/eille....304
ien/ienne....306
Résumé....308
Jeux avec les sons complexes....311
Lecture de phrases....313
Compréhension de lecture....333

Mot aux parents

J'apprends à lire est un cahier d'étude et d'activités spécialement conçu pour les enfants de 5 à 8 ans qui désirent apprendre à lire efficacement en jumelant la méthode syllabique et globale (pour la section des consonnes, des sons et des syllabes simples), mais aussi pour ceux qui souhaitent améliorer leur lecture et solidifier leurs apprentissages. Cette méthode d'apprentissage mixte ne surcharge pas le cerveau de l'enfant. Elle l'aide à progresser à son rythme vers une lecture fluide grâce à un bon décodage et une bonne compréhension des mots, phrases et textes. Ce cahier d'activités est conforme au programme de formation de l'école québécoise du Ministère de l'Éducation du Loisir et du Sport.

Les lectures et les activités proposées sont graduées à l'intérieur de la notion développée, soit : les voyelles, les accents, les consonnes, les sons et les syllabes simples, les syllabes inverses, les syllabes fermées, les groupes consonantiques et les sons complexes. Chaque notion peut être travaillée dans l'ordre de votre choix. Cependant, il est vraiment conseillé de suivre celui proposé dans le cahier pour que l'apprentissage de la lecture chez votre enfant se fasse graduellement, car chaque partie reprend les notions vues dans les activités précédentes.

Les **corrigés** des exercices précédés d'un numéro d'activité se trouvent à la fin du cahier.

Comme vous le constatez, ce cahier d'activités est très volumineux et il peut effrayer un peu votre enfant. Voici donc des petits trucs qui vous aideront à présenter positivement cette démarche d'apprentissage de la lecture :

- Présenter ce cahier d'activité comme un cahier magique qui l'aidera à apprendre à lire.
- Faire un calendrier et indiquer d'une étoile les jours où l'enfant utilisera son cahier magique. Respecter cet horaire établi à l'avance.
- Utiliser un système de renforcement positif comme des autocollants, une récompense, un temps privilégié avec un parent, etc.
- Commencer par des activités plus faciles pour lui, de cette façon il vivra des réussites et il sera encouragé à poursuivre.

Rien n'est plus agréable pour un enfant que d'apprendre en s'amusant. Alors, ayez du plaisir avec votre enfant, cette sensation stimulera son intellect et éveillera son désir pour l'apprentissage de la lecture. N'oubliez jamais que l'enfant apprend par imitation, alors soyez son modèle, lisez et mettez à sa disposition un éventail de livres qui piqueront sa curiosité.

Les voyelles

Lorsque tu as peur, tu cries en faisant le son suivant :

Tu connais maintenant le son que fait la voyelle « **a** ».

Lis les voyelles.

a	a	A	a	A
a	A	a	a	A
A	A	a	A	a

aAbBcCdDeEfFgGhHiIjJkKlLmMnNoOpPqQrRsStTuUvVwWxXyY

Les voyelles

1. Colorie le dessin si tu entends le son « a » en disant le mot.

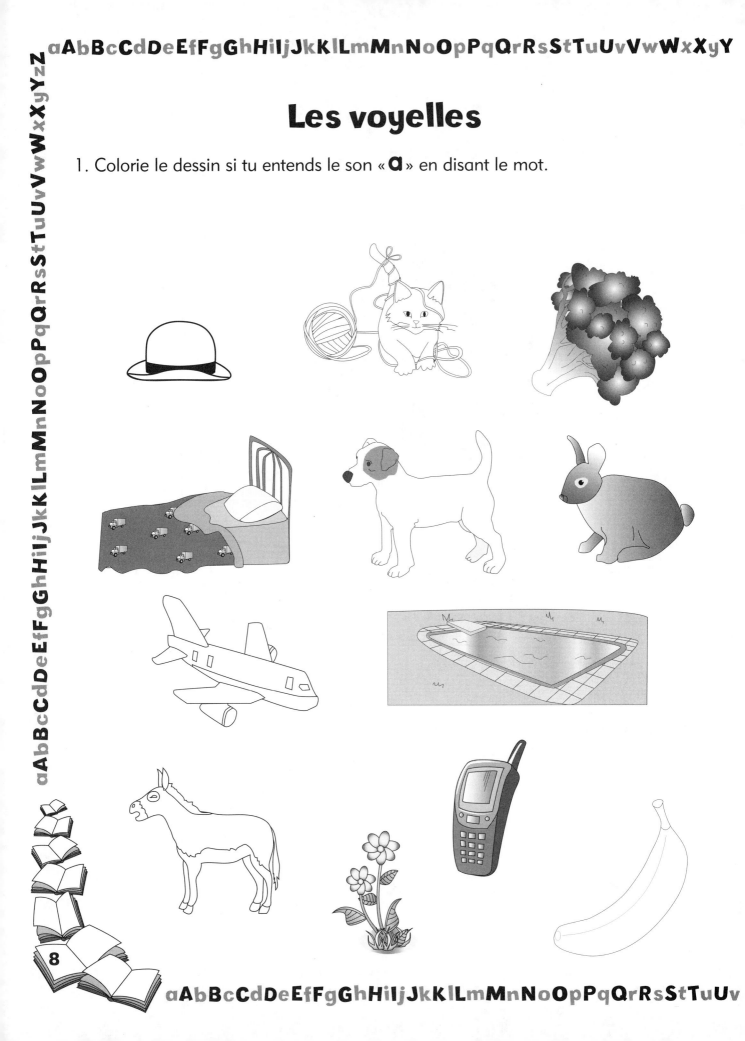

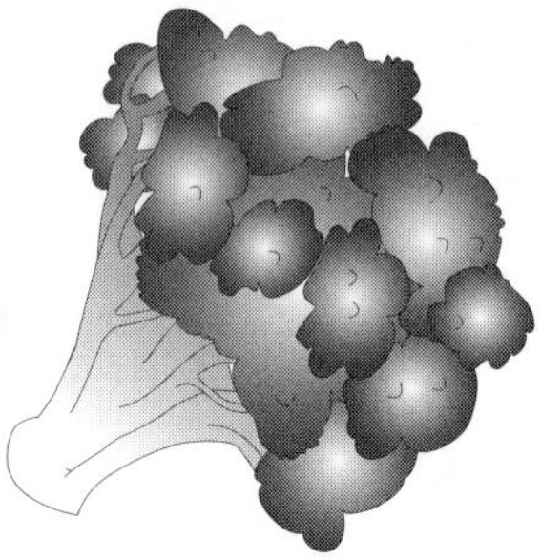
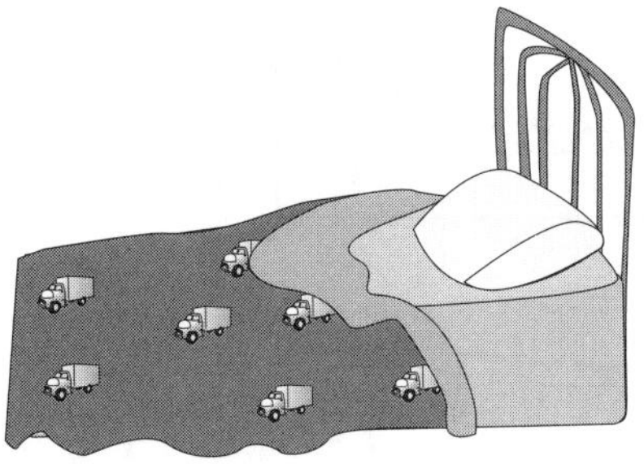

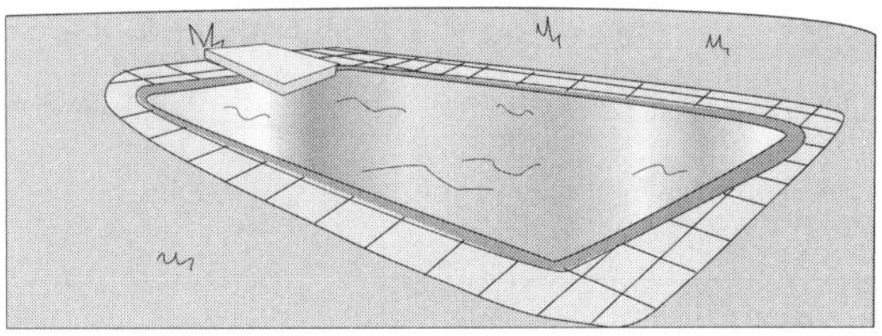

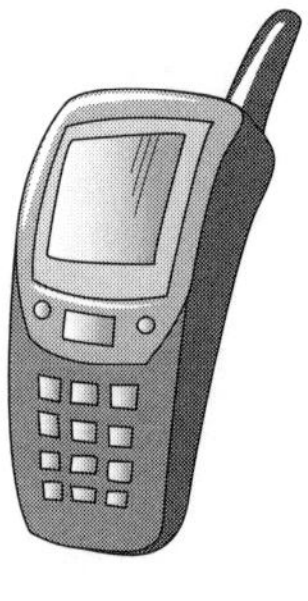
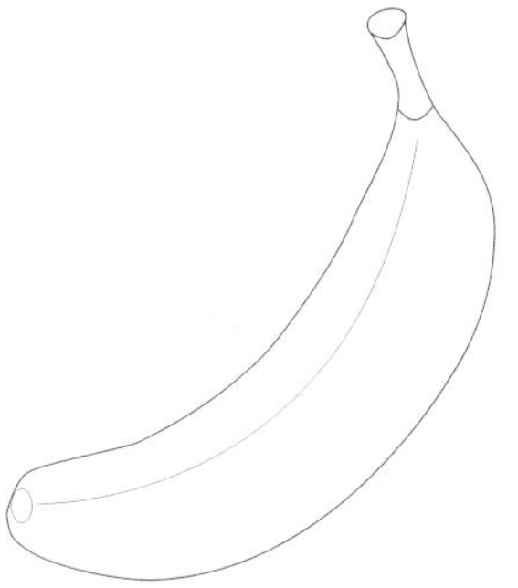

aAbBcCdDeEfFgGhHiIjJkKlLmMnNoOpPqQrRsStTuUv

Les voyelles

1. Colorie les rectangles qui correspondent à la syllabe dans laquelle tu entends le son « a ».

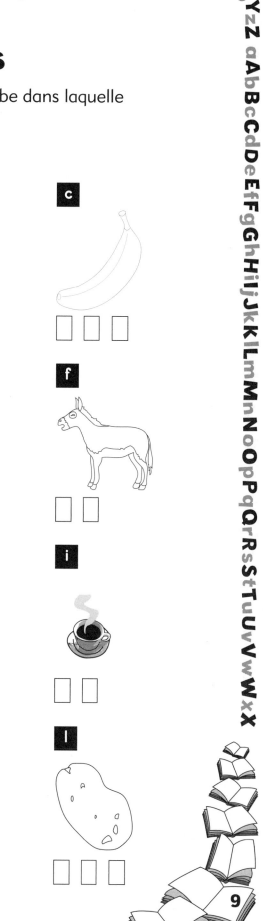

a

□ □ □

b

□ □

c

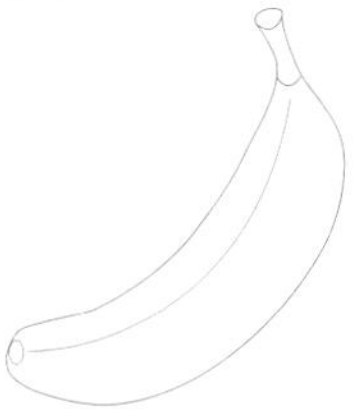

□ □ □

d

□ □

e

□ □

f

□ □

g

□ □

h

□ □ □

i

□ □

j

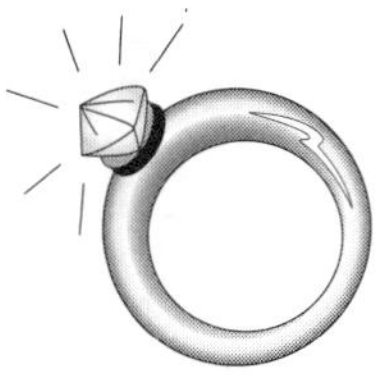

□ □

k

□ □

l

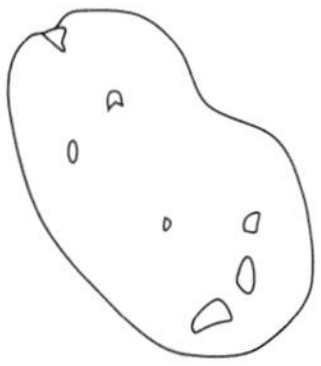

□ □ □

Les voyelles

Lorsque tu réfléchis, tu fais le son suivant :

Tu connais maintenant le son que fait la voyelle « **e** ».

Lis les voyelles.

A	E	e	e	A
a	a	e	a	E
e	A	E	e	a

YzZaAbBcCdDeEfFgGhHiIjJkKlLmMnNoOpPqQrRsStTuUvVwWxX

Les voyelles

1. Colorie le dessin si tu entends le son « **e** » en disant le mot.

Les voyelles

1. Colorie les rectangles qui correspondent à la syllabe dans laquelle tu entends le son « **e** ».

a

☐ ☐

b

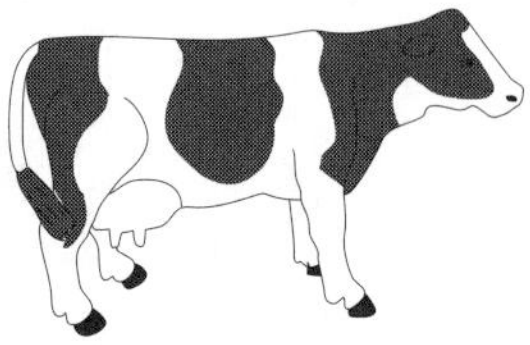

☐ ☐

c

☐ ☐

d

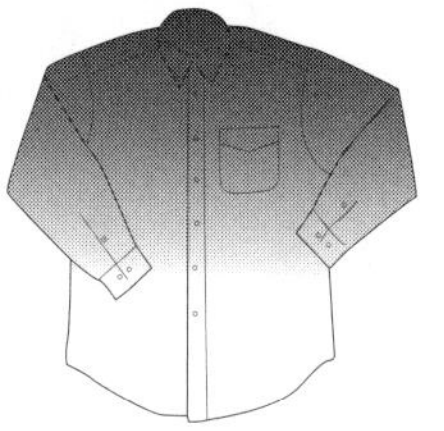

☐ ☐ ☐

e

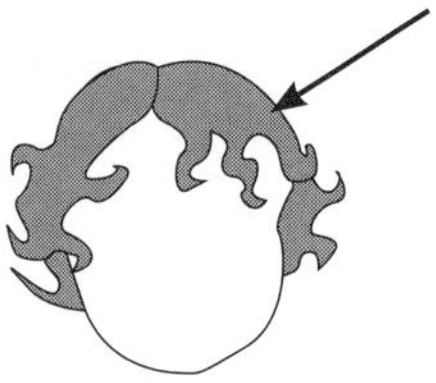

☐ ☐

f

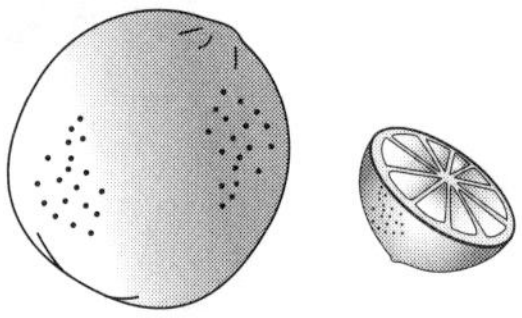

☐ ☐ ☐

g

☐ ☐

h

☐ ☐ ☐

i

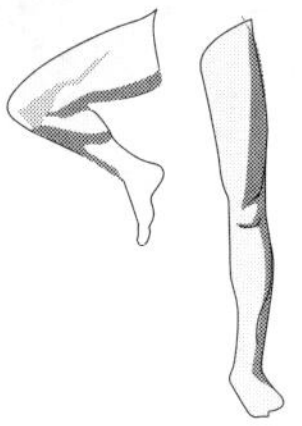

☐ ☐

j

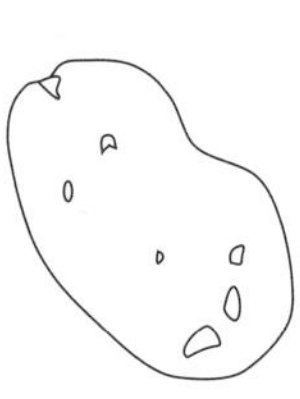

☐ ☐ ☐

k

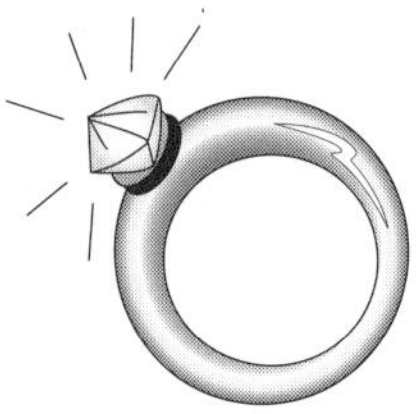

☐ ☐

l

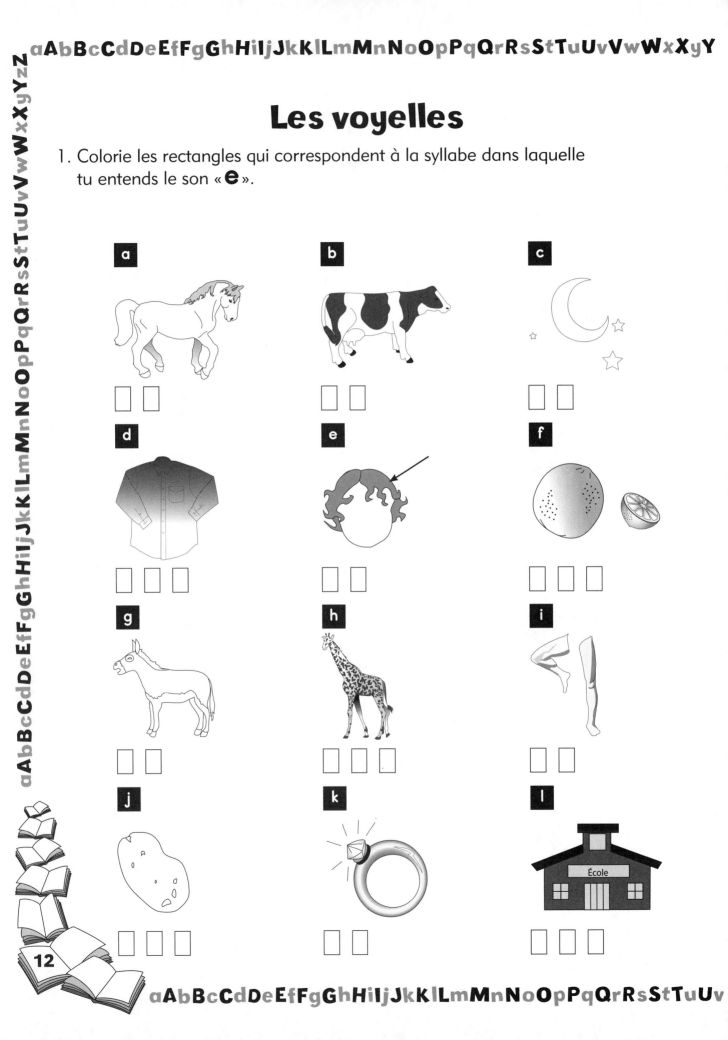

☐ ☐ ☐

Les voyelles

1. Relie chaque dessin aux rectangles qui correspondent aux voyelles que tu entends quand tu prononces le mot.

J'ai peur, je crie : Je réfléchis, je dis :

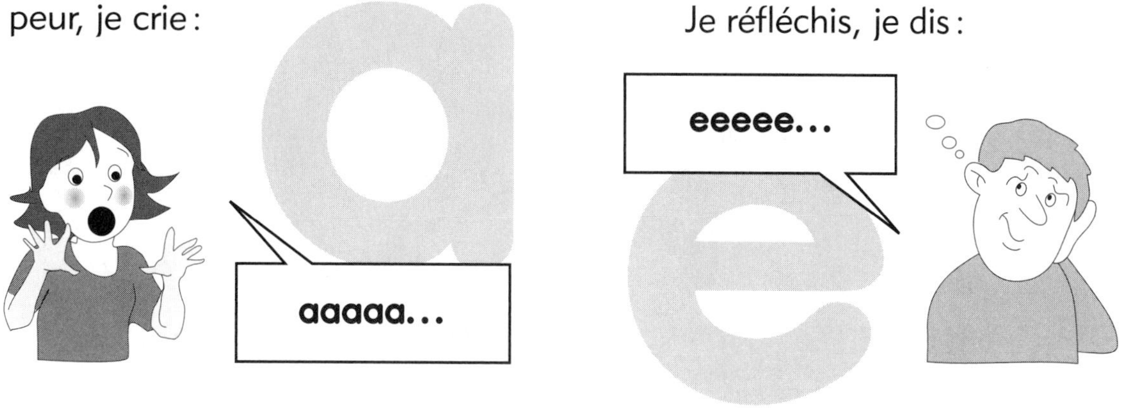

a) 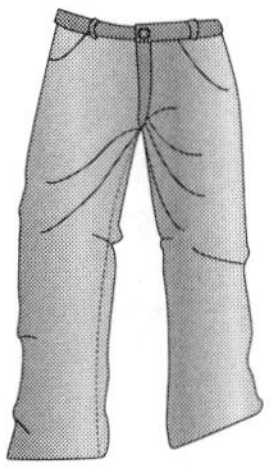

b) 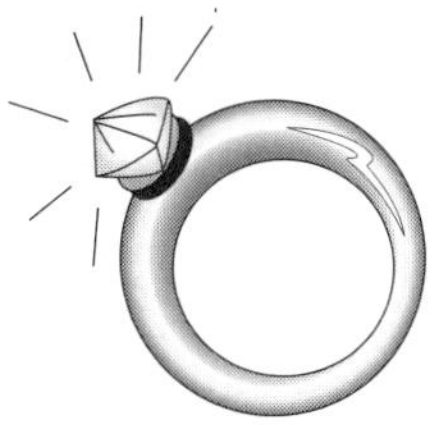

c) 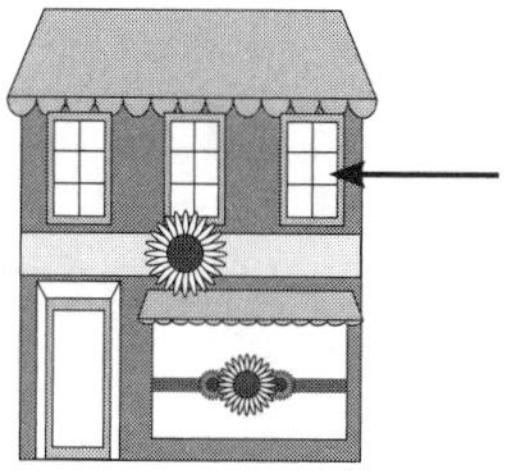

d) 

e) 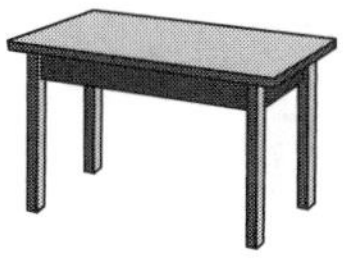

f) 

g) 

h) 

i) 

j) 

Les voyelles

Lorsque la souris rit, elle fait le son suivant :

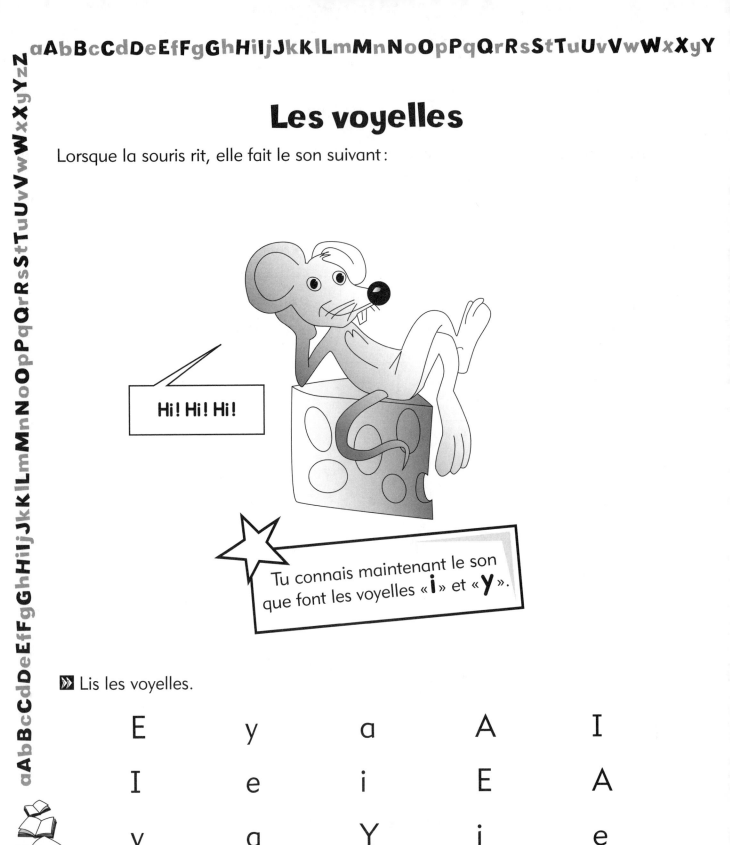

Tu connais maintenant le son que font les voyelles « **i** » et « **y** ».

Lis les voyelles.

E	y	a	A	I
I	e	i	E	A
y	a	Y	i	e
a	y	i	e	Y

Les voyelles

1. Colorie le dessin si tu entends le son correspondant aux lettres « **i** » ou « **y** » en disant le mot.

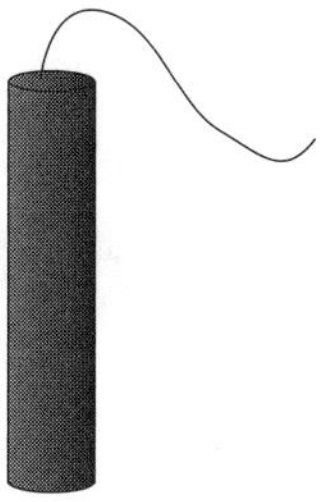
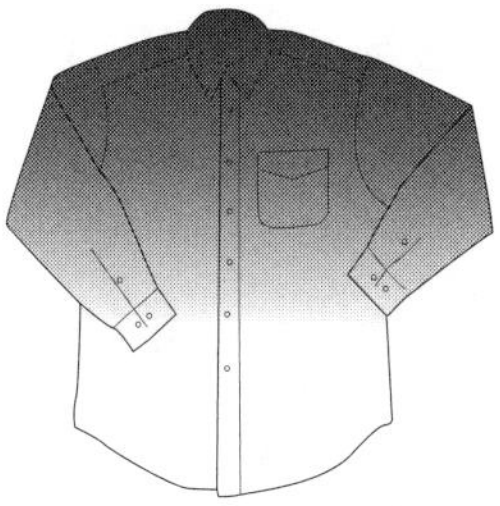

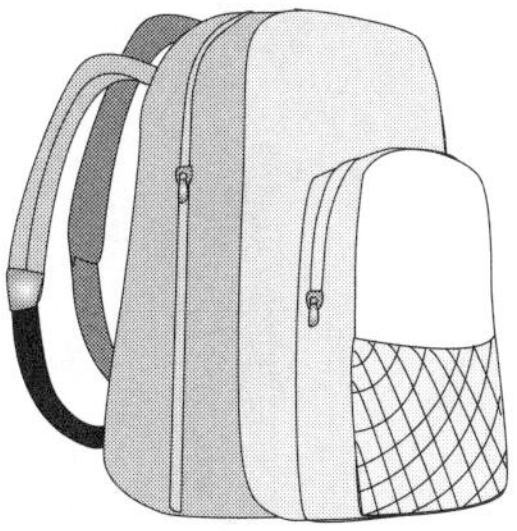

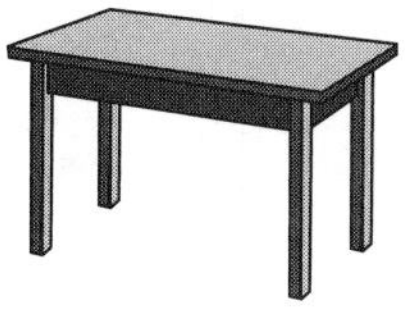

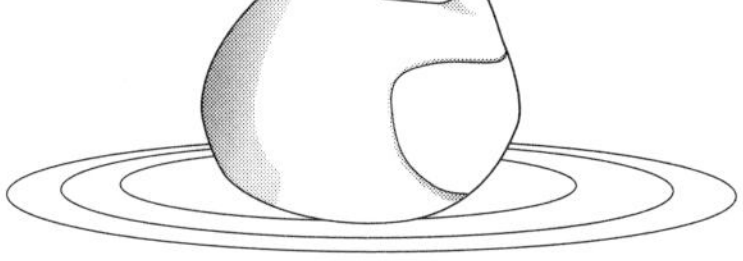

Les voyelles

1. Colorie les rectangles qui correspondent à la syllabe dans laquelle tu entends le son fait avec les lettres « **i** » ou « **y** ».

a

□ □

b

□ □

c

□ □

d

□ □ □

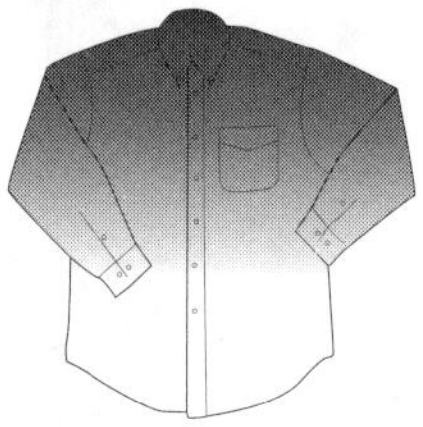

e

□ □ □

f

□ □ □ □

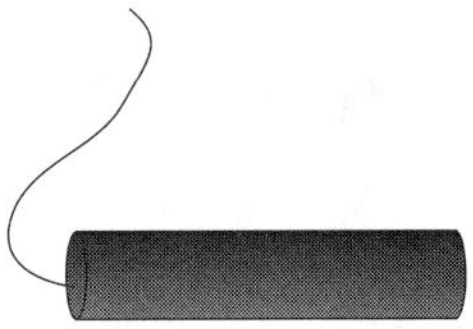

g

□ □ □

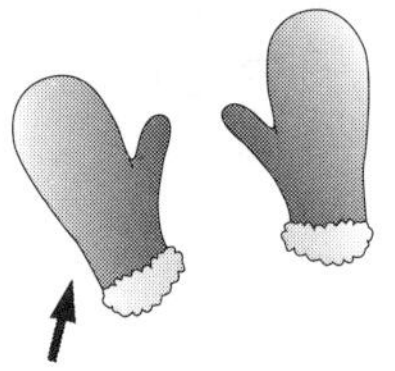

h

□ □ □

i

□ □ □

j

□ □ □

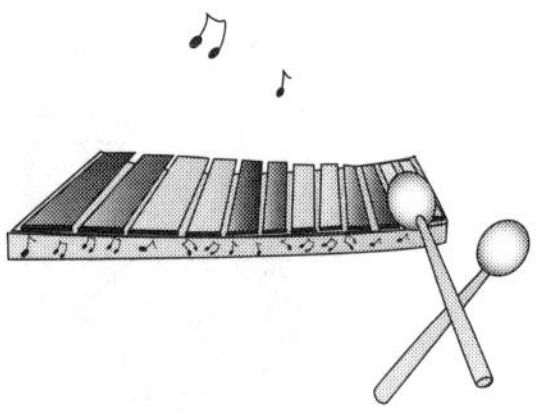

k

□ □

l

□ □ □

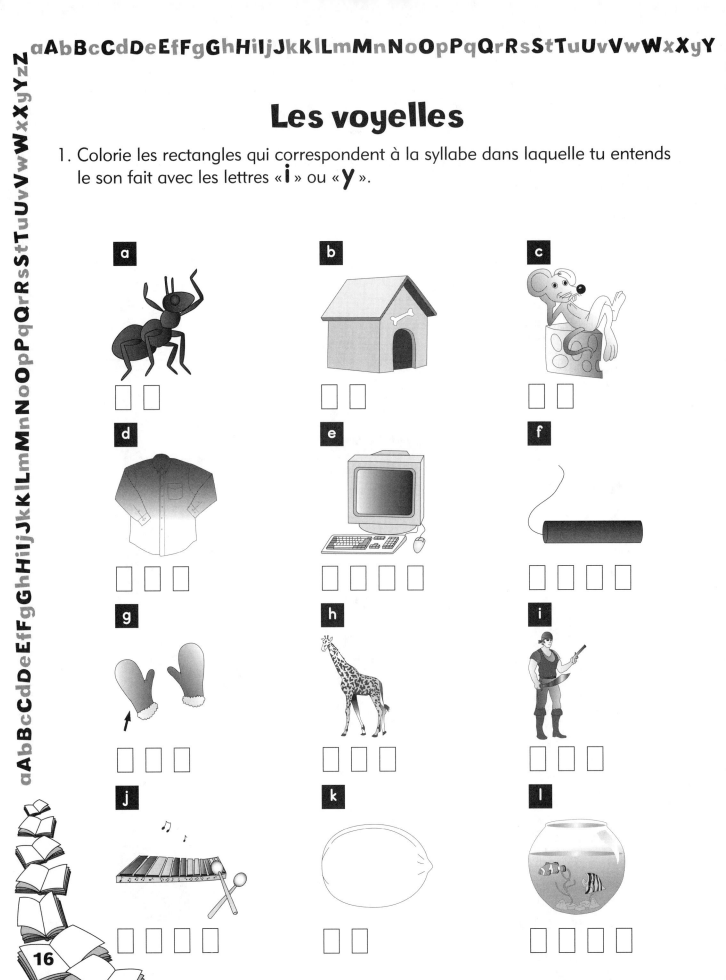

Les voyelles

1. Relie chaque dessin aux rectangles qui correspondent aux voyelles que tu entends quand tu prononces le mot.

Je réfléchis, je dis :

La souris rit, elle fait :

a) 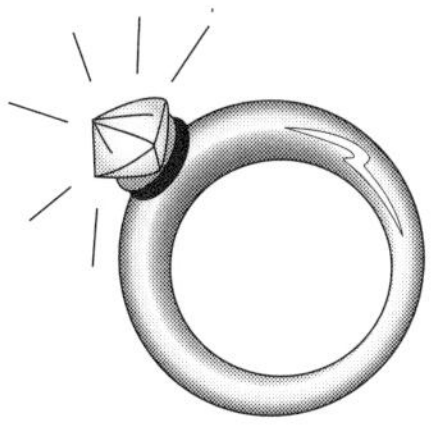

b) 

c) 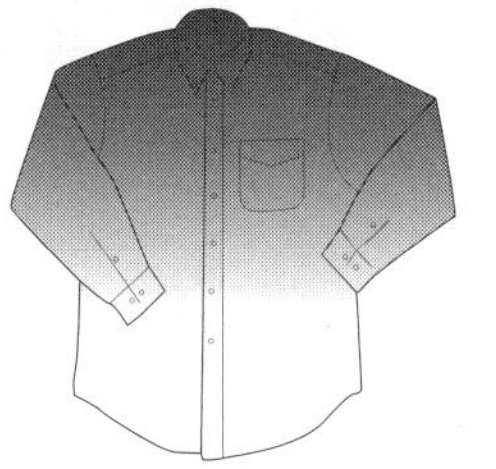

d) 

e) 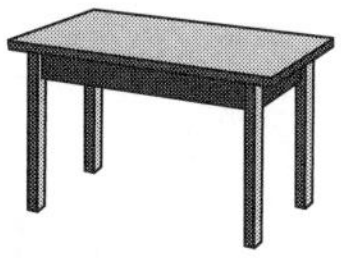

f) 

g) 

h) 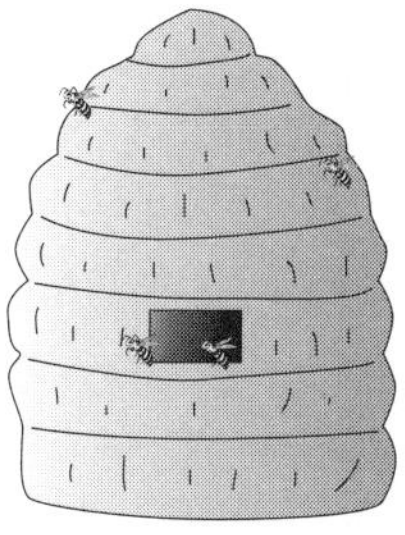

i) 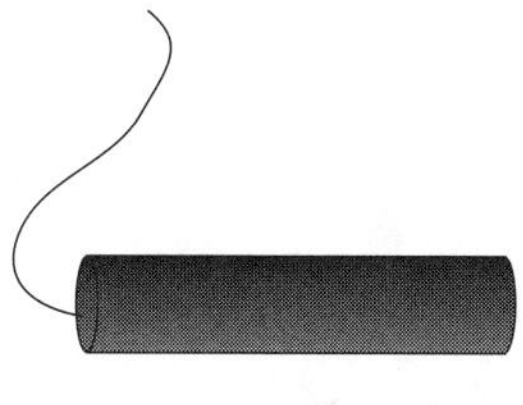

j) 

Les voyelles

Lorsque le père Noël rit, il fait le son suivant :

Tu connais maintenant le son que fait la voyelle « **o** ».

Lis les voyelles.

o	y	a	E	I
y	e	i	O	A
a	o	Y	i	o
o	I	o	e	Y

Les voyelles

1. Colorie le dessin si tu entends le son « **O** » en disant le mot.

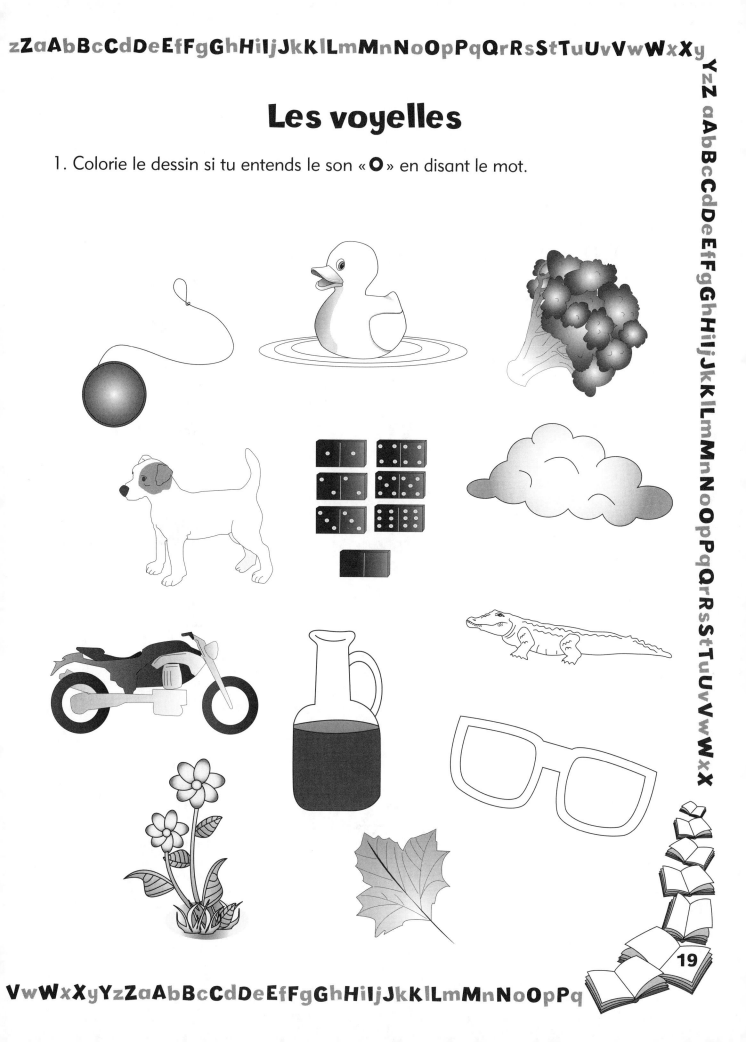

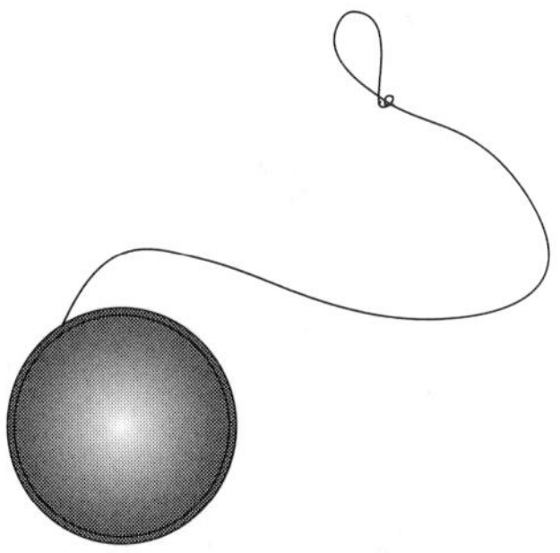

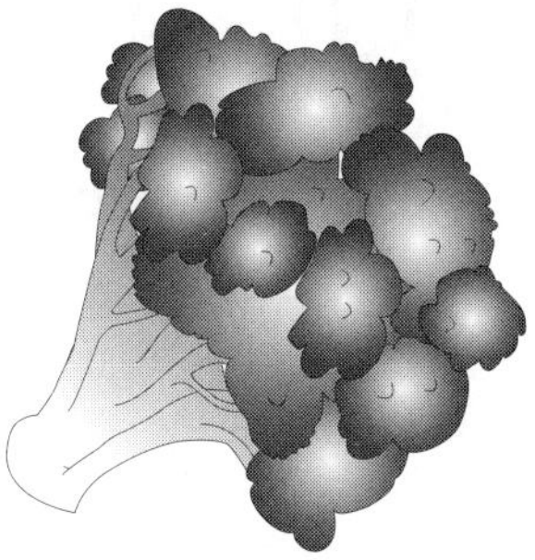

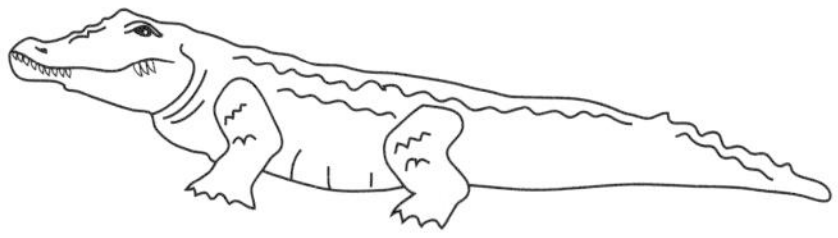
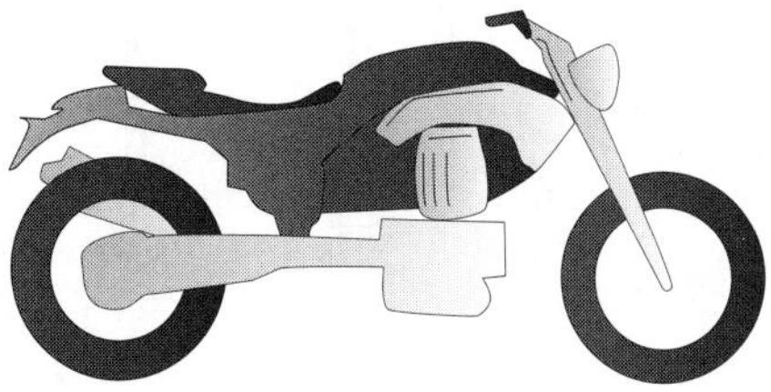
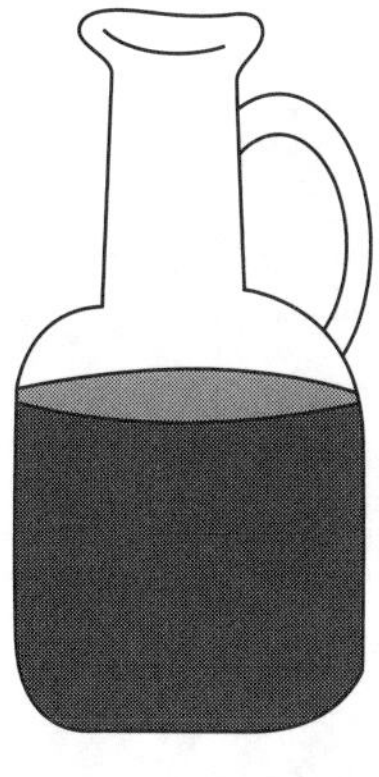

Les voyelles

1. Colorie les rectangles qui correspondent à la syllabe dans laquelle tu entends le son « **O** ».

a

☐ ☐

b

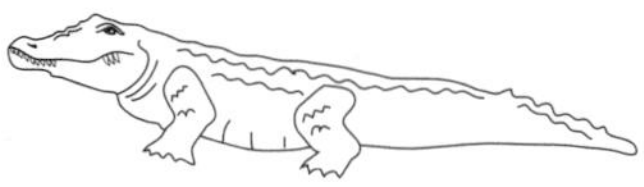

☐ ☐ ☐ ☐

c

☐ ☐ ☐

d

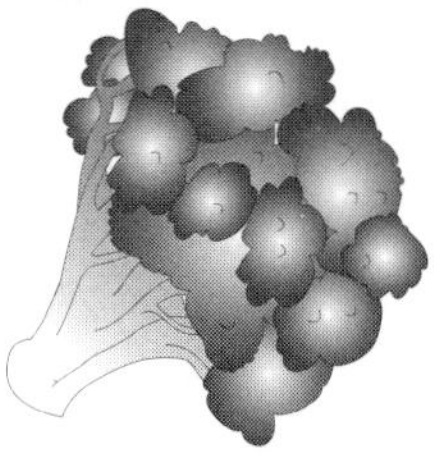

☐ ☐ ☐

e

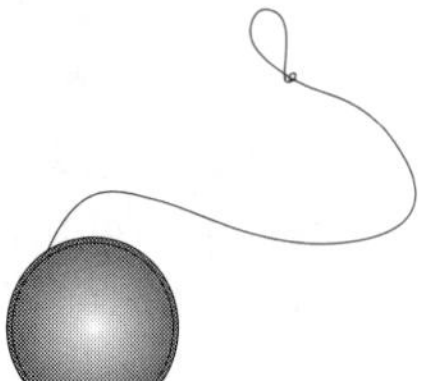

☐ ☐

f

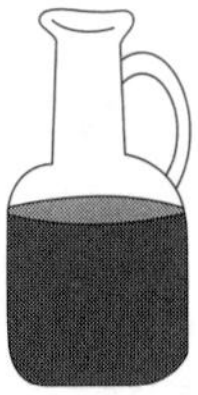

☐ ☐

g

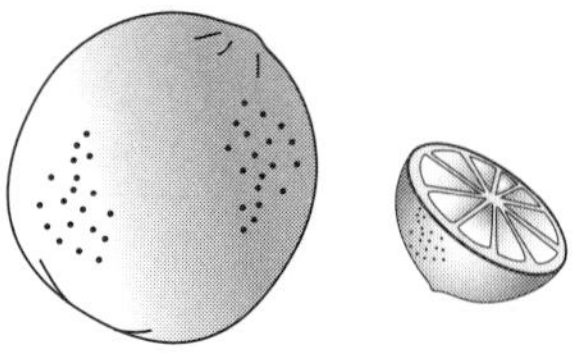

☐ ☐ ☐

h

☐ ☐

i

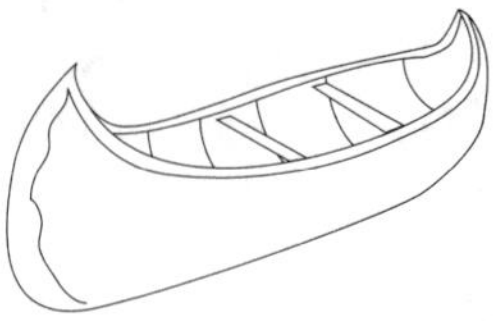

☐ ☐

j

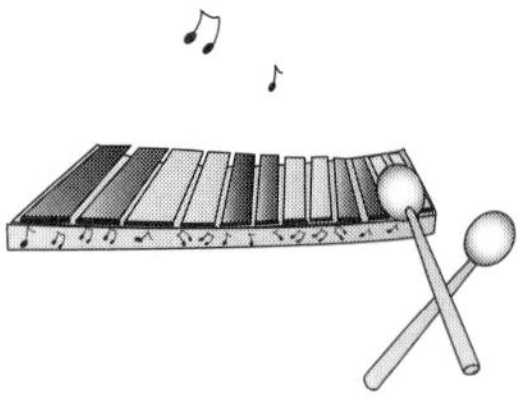

☐ ☐ ☐ ☐

k

☐ ☐

l

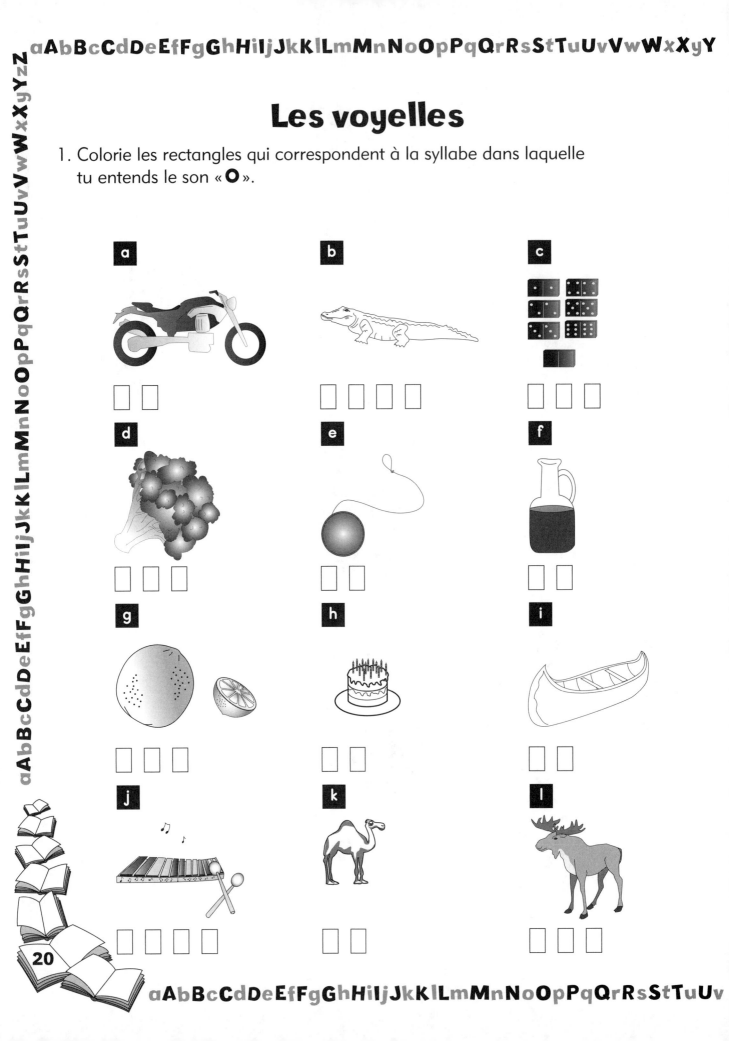

☐ ☐ ☐

Les voyelles

1. Relie chaque dessin aux rectangles qui correspondent aux voyelles que tu entends quand tu prononces le mot.

La souris rit, elle fait :

Hi! Hi! Hi!

Le père Noël rit, il fait :

Ho! Ho! Ho!

a) 

b) 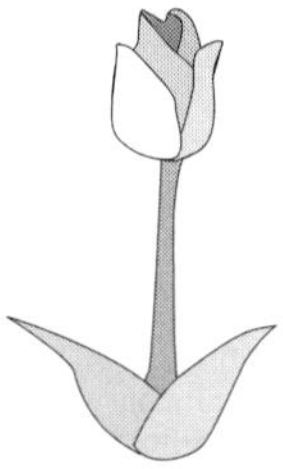

c) 

d) 

e) 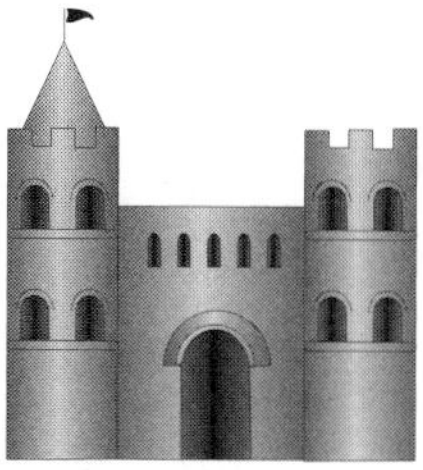

f) 

g) 

h) 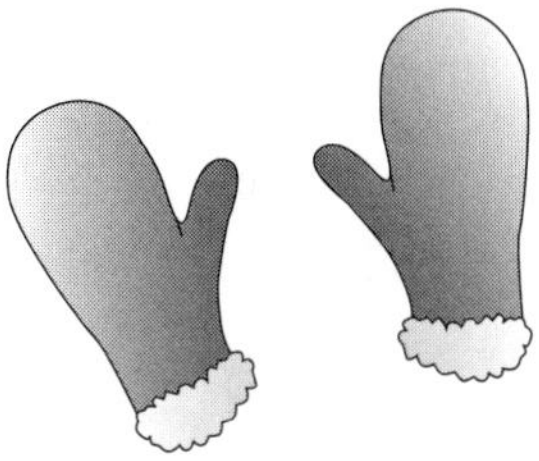

i) 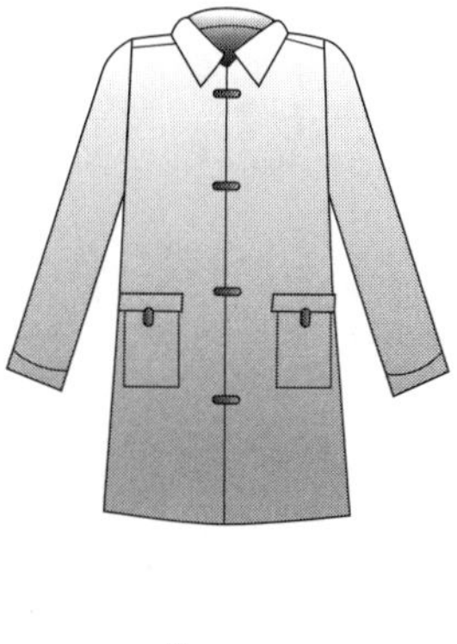

j) 

Les voyelles

Pour que ton cheval avance, tu fais le son suivant :

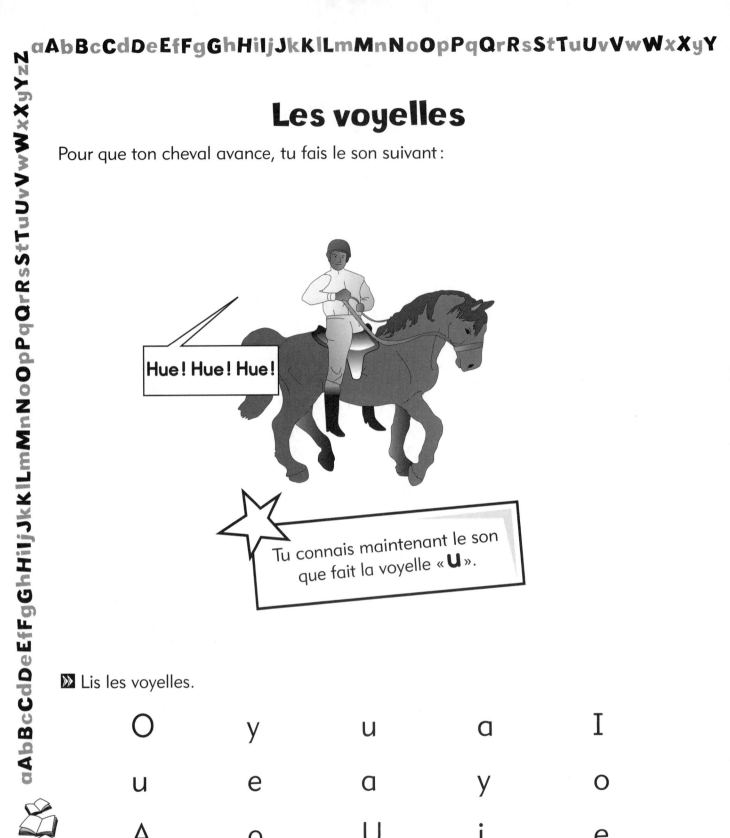

Tu connais maintenant le son que fait la voyelle « **u** ».

Lis les voyelles.

O	y	u	a	I
u	e	a	y	o
A	o	U	i	e
E	i	o	u	Y

aAbBcCdDeEfFgGhHiIjJkKlLmMnNoOpPqQrRsStTuUv

Les voyelles

1. Colorie le dessin si tu entends le son « **u** » en disant le mot.

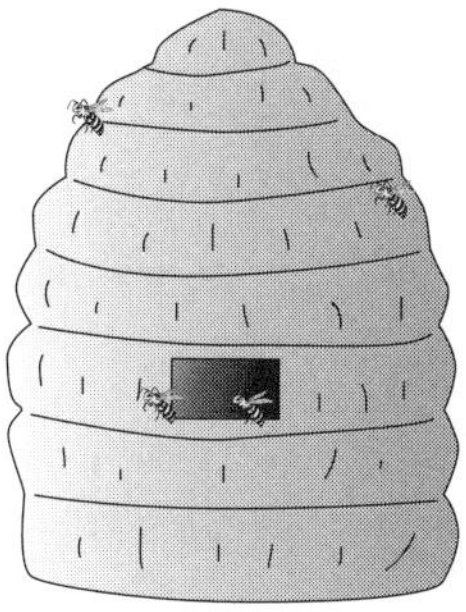

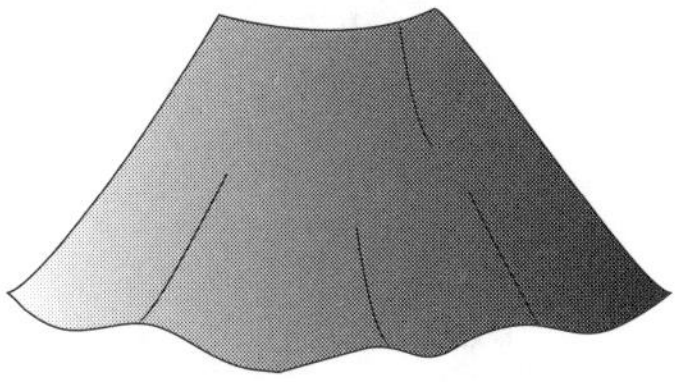

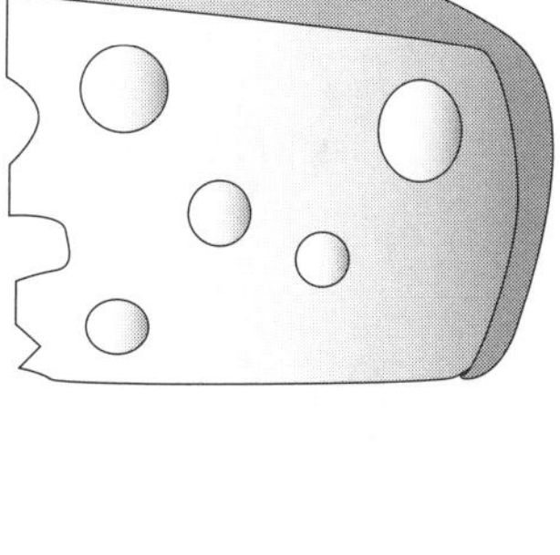
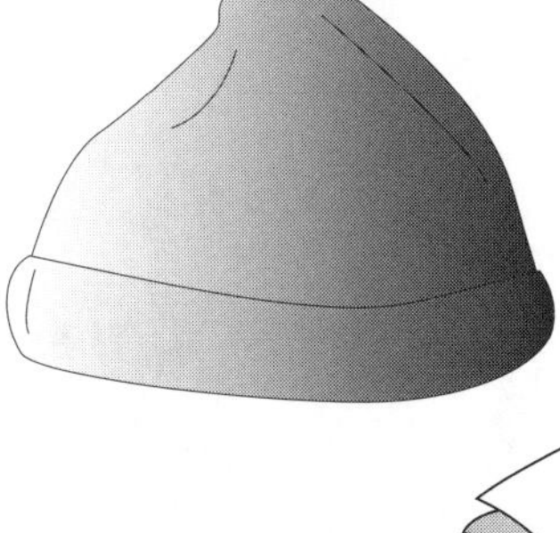

Les voyelles

1. Colorie les rectangles qui correspondent à la syllabe dans laquelle tu entends le son « **u** ».

a

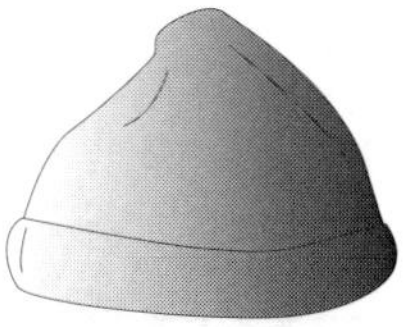

b

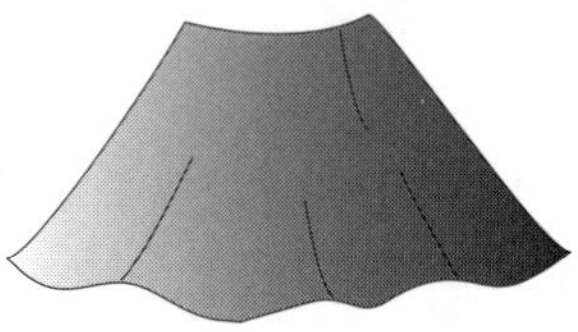

c

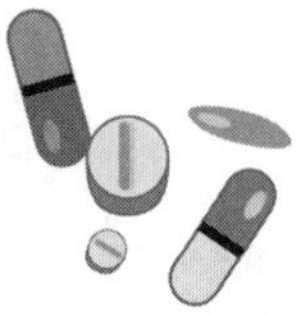

d

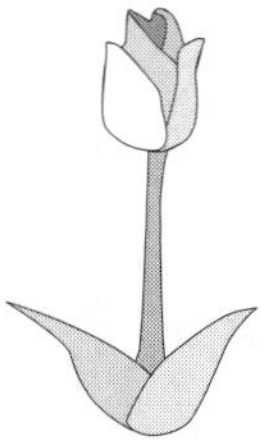

e

f

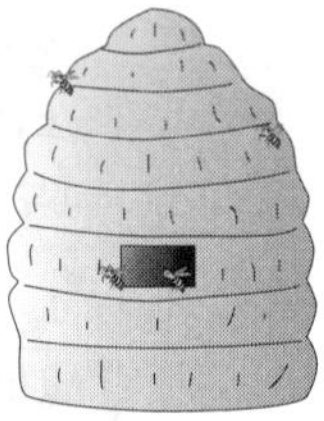

g.

h

i

j

k

l

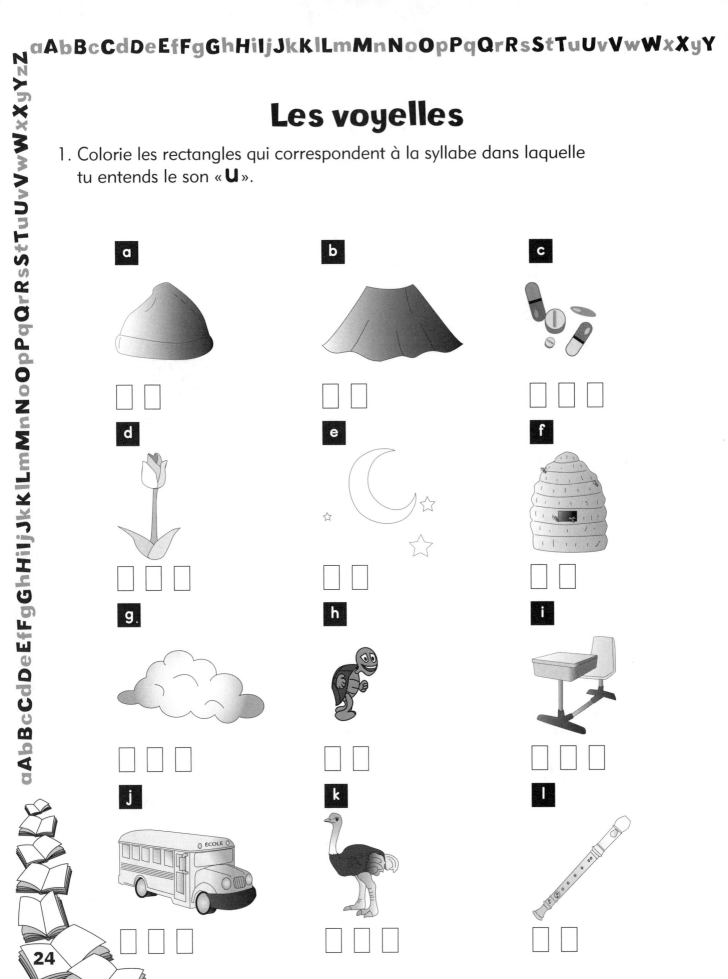

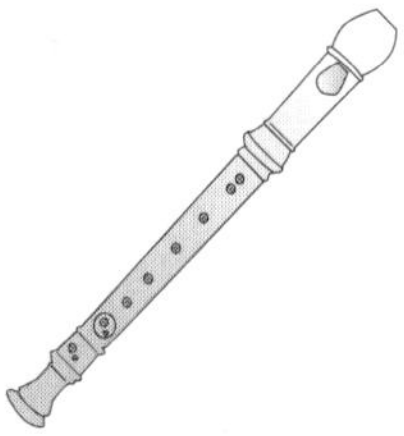

Les voyelles

1. Relie chaque dessin aux rectangles qui correspondent aux voyelle que tu entends quand tu prononces le mot.

Le père Noël rit, il fait :

Avance, cheval !

a)

b)

c)

d)

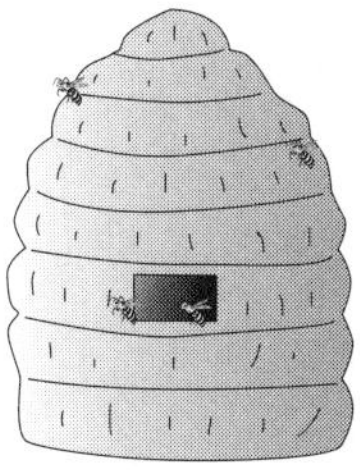

e)

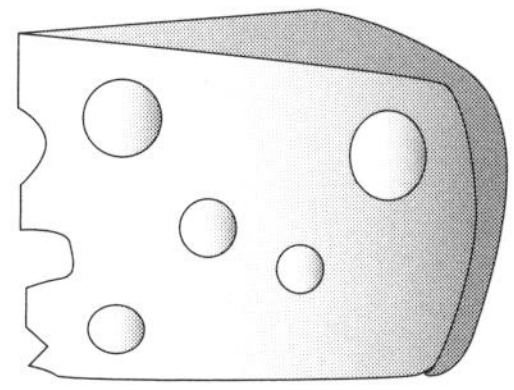

f)

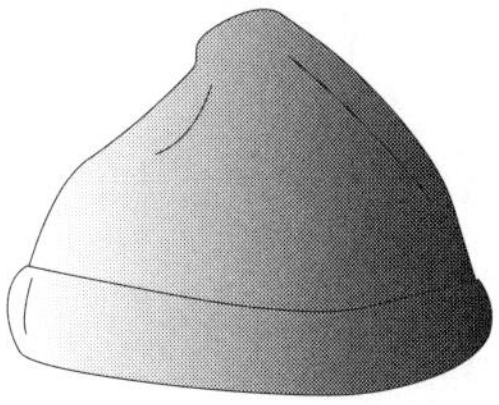

g)

h)

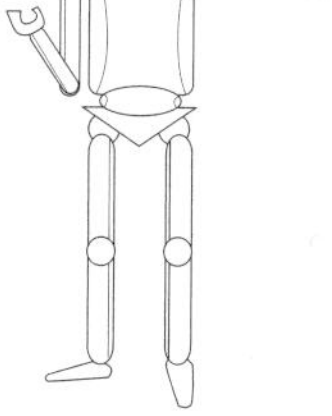

i)

j)

Les accents

Lorsque la vilaine sorcière prépare une potion maléfique, elle se frotte les mains et elle fait le son suivant :

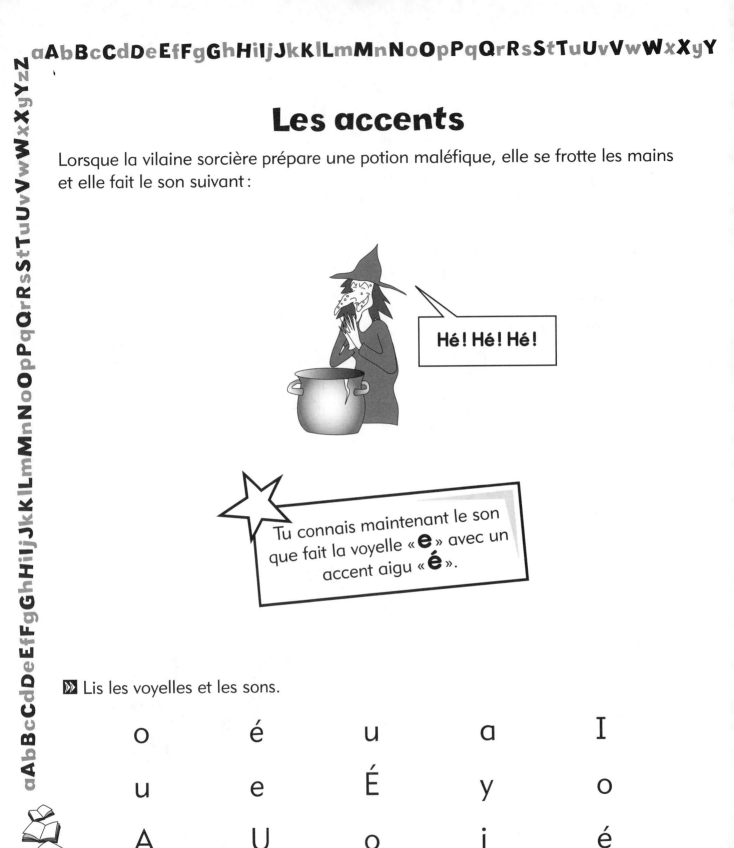

Tu connais maintenant le son que fait la voyelle « **e** » avec un accent aigu « **é** ».

Lis les voyelles et les sons.

o	é	u	a	I
u	e	É	y	o
A	U	o	i	é
O	é	E	u	Y

Les accents

1. Colorie le dessin si tu entends le son « **é** » en disant le mot.

Les accents

1. Colorie les rectangles qui correspondent à la syllabe dans laquelle tu entends le son « **é** ».

a

☐ ☐ ☐

b

☐ ☐

c

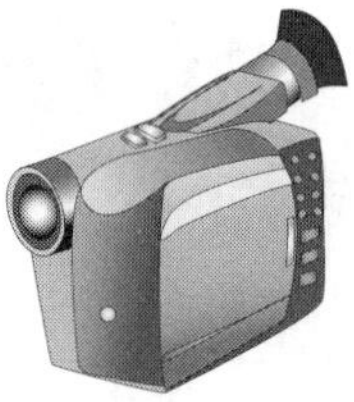

☐ ☐ ☐

d

☐ ☐

e

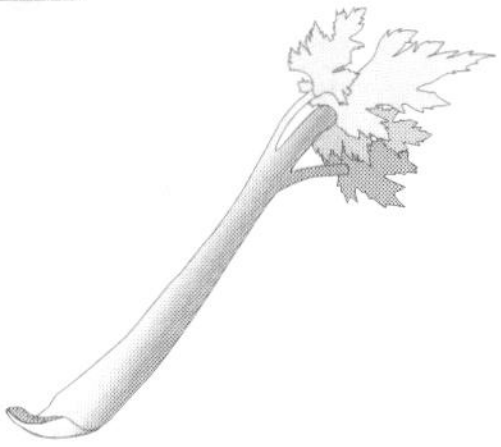

☐ ☐ ☐

f

☐ ☐

g

☐ ☐ ☐

h

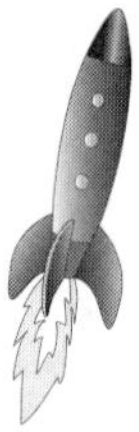

☐ ☐

i

☐ ☐

j

☐ ☐ ☐ ☐ ☐

k

☐ ☐ ☐

l

☐ ☐

Les accents

1. Relie chaque dessin aux rectangles qui correspondent aux voyelles que tu entends quand tu prononces le mot.

Avance, cheval !

La vilaine sorcière fait :

a) 

b) 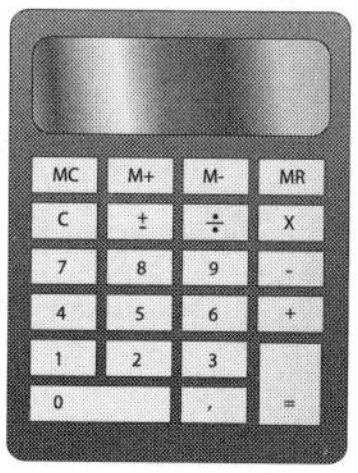

c) 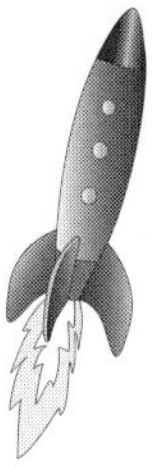

d) 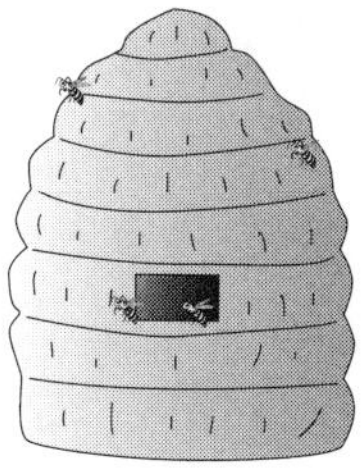

e) 

f) 

g) 

h) 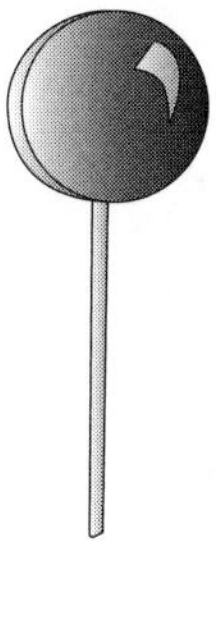

i) 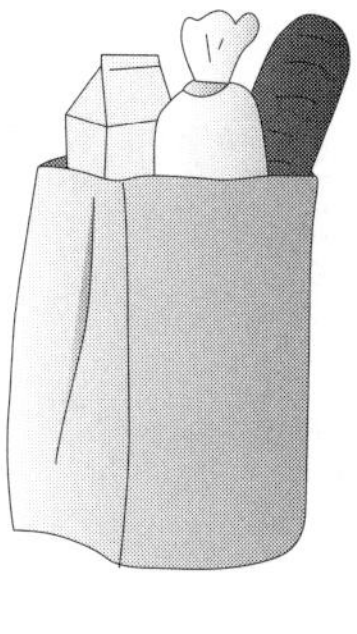

j) 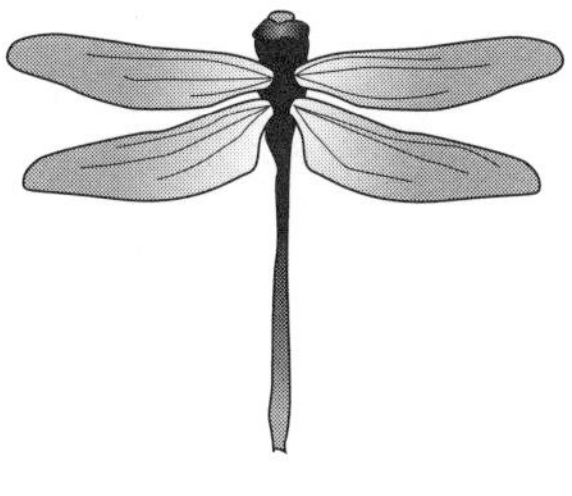

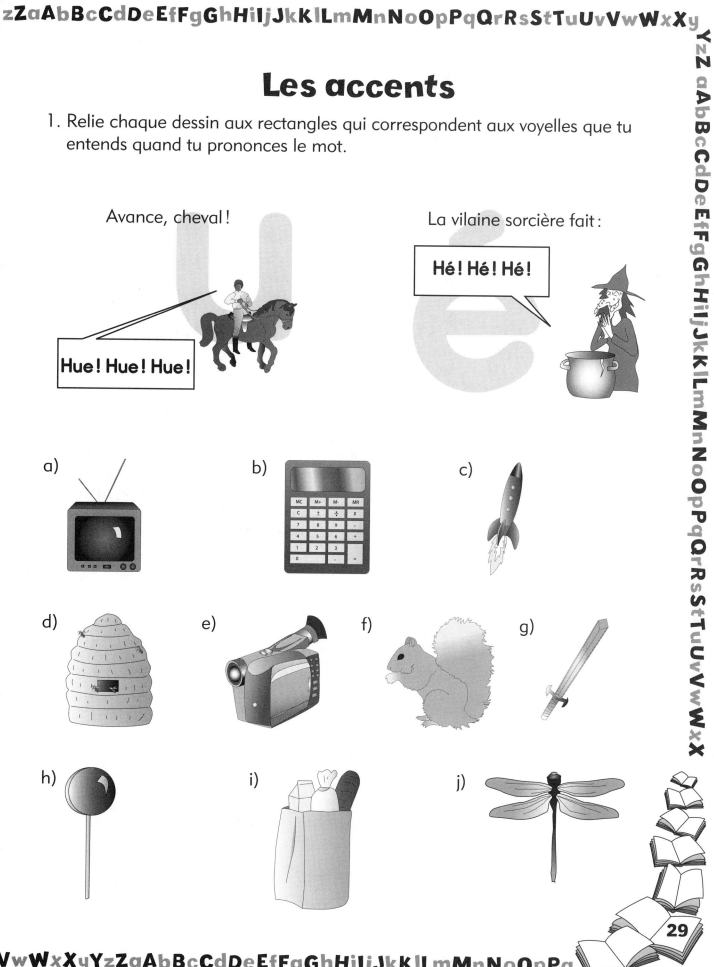

Les accents

Lorsque le mouton bêle, il fait le son suivant :

Tu connais maintenant le son que fait la voyelle « **e** » avec un accent grave « **è** » et un accent circonflexe « **ê** ».

Lis les voyelles et les sons.

o	É	è	Ê	I
y	e	é	u	è
A	è	O	i	é
È	U	ê	é	Y
E	ê	a	é	u

Les accents

1. Colorie le dessin, si tu entends le son correspondant aux lettres « **è** » ou « **ê** » en disant le mot.

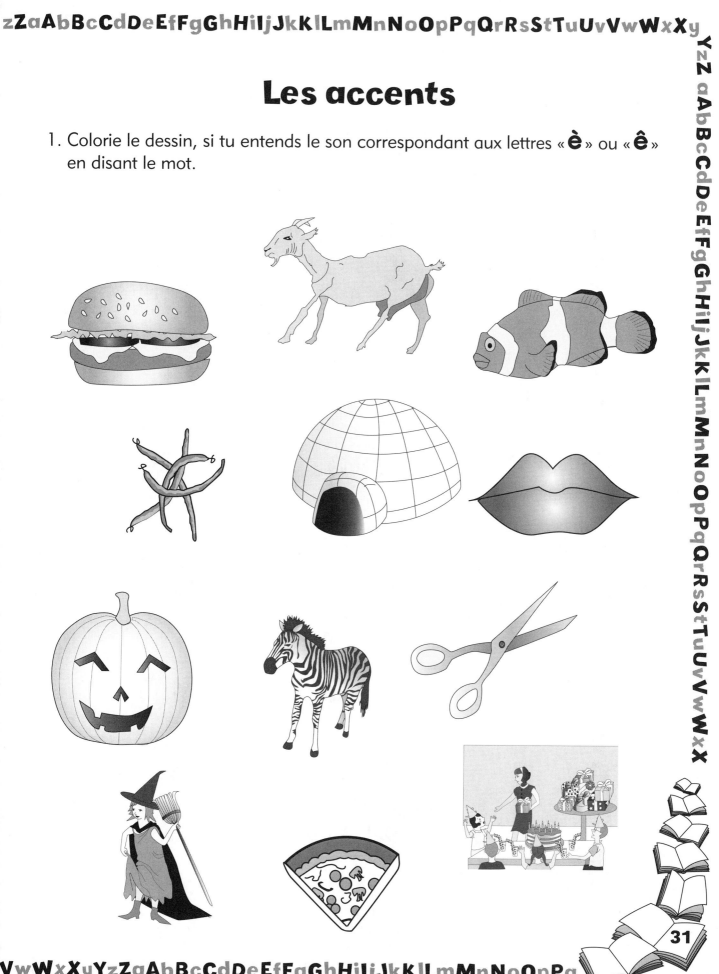

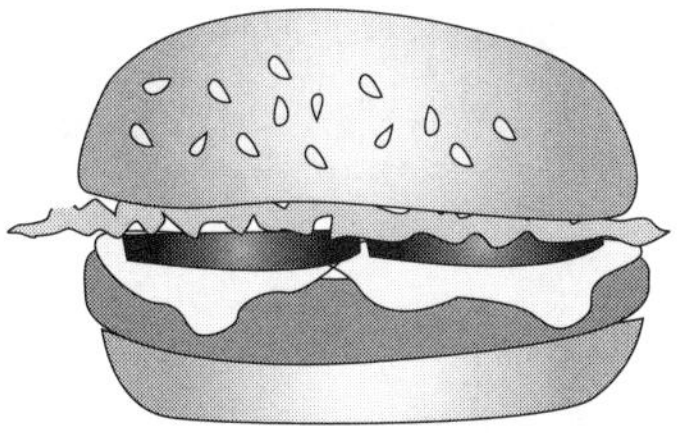

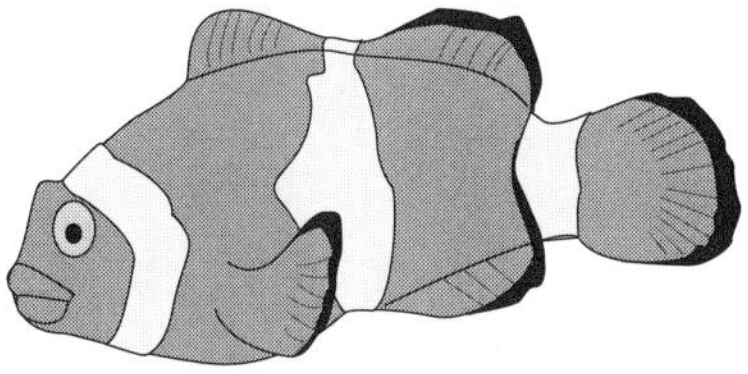
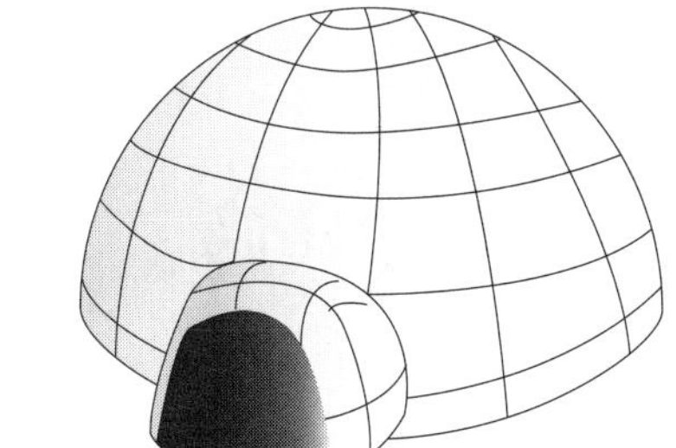

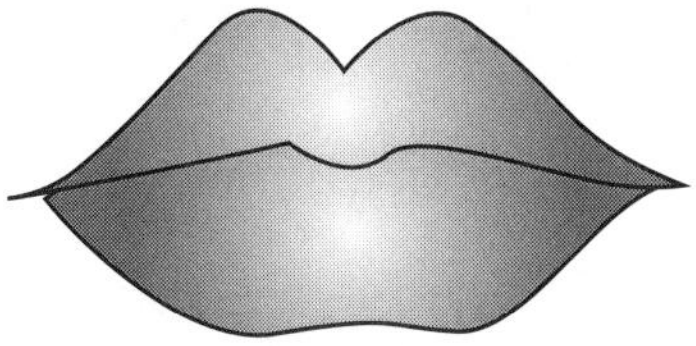

Les accents

1. Colorie les rectangles qui correspondent à la syllabe dans laquelle tu entends le son fait avec les lettres « **è** » ou « **ê** ».

a

☐ ☐ ☐

b

☐ ☐

c

☐ ☐

d

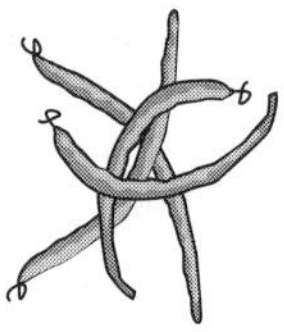

☐ ☐

e

☐ ☐

f

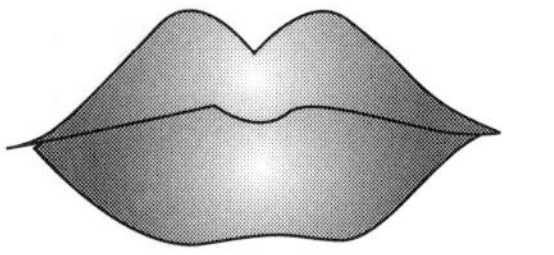

☐ ☐

g

☐ ☐ ☐ ☐

h

☐ ☐

i

☐ ☐

j

☐ ☐

k

☐ ☐

l

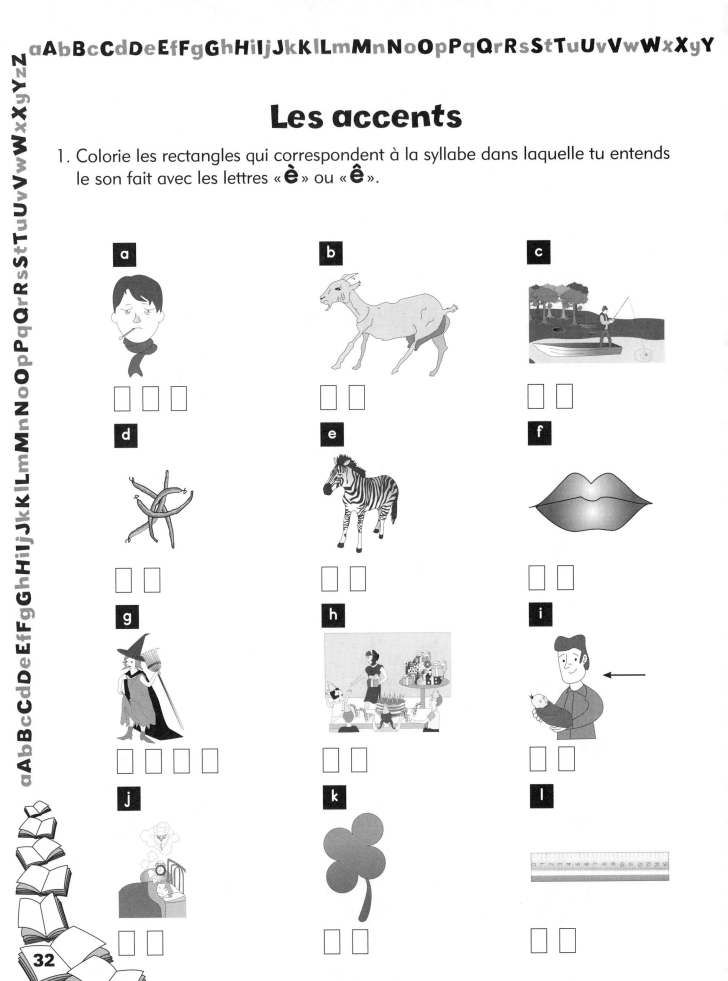

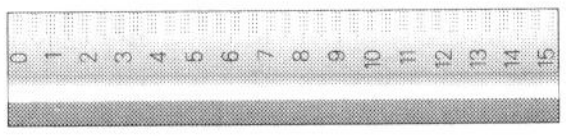

☐ ☐

Les accents

1. Relie chaque dessin aux rectangles qui correspondent aux voyelles que tu entends quand tu prononces le mot.

La vilaine sorcière fait :

Le mouton bêle, il fait :

a) 

b) 

c) 

d) 

e) 

f) 

g) 

h) 

i) 

j) 

Jeux avec les voyelles et les accents

1. Écris la voyelle ou le son qui correspond aux scènes suivantes.

a) Je réfléchis, je dis…

b) Avance, cheval !

c) Le mouton fait…

d) La souris rit, elle fait…

e) Le père Noël rit, il fait…

f) La sorcière fait…

g) J'ai peur, je crie…

Jeux avec les voyelles et les accents

Jeu 1

Découpez les cartes pour jouer au jeu de la mémoire.

Jeu 2

Placez les cartes dans un seul paquet. Tournez une carte à la fois, dites le son écrit sur cette carte et trouvez un mot dans lequel vous entendez ce son.

Vous pouvez faire plastifier vos cartes et les conserver, car elles vous serviront pour un autre jeu.

a

a e e

u u o

J'APPRENDS À LIRE

J'APPRENDS À LIRE

J'APPRENDS À LIRE

J'APPRENDS À LIRE

J'APPRENDS À LIRE

J'APPRENDS À LIRE

J'APPRENDS À LIRE

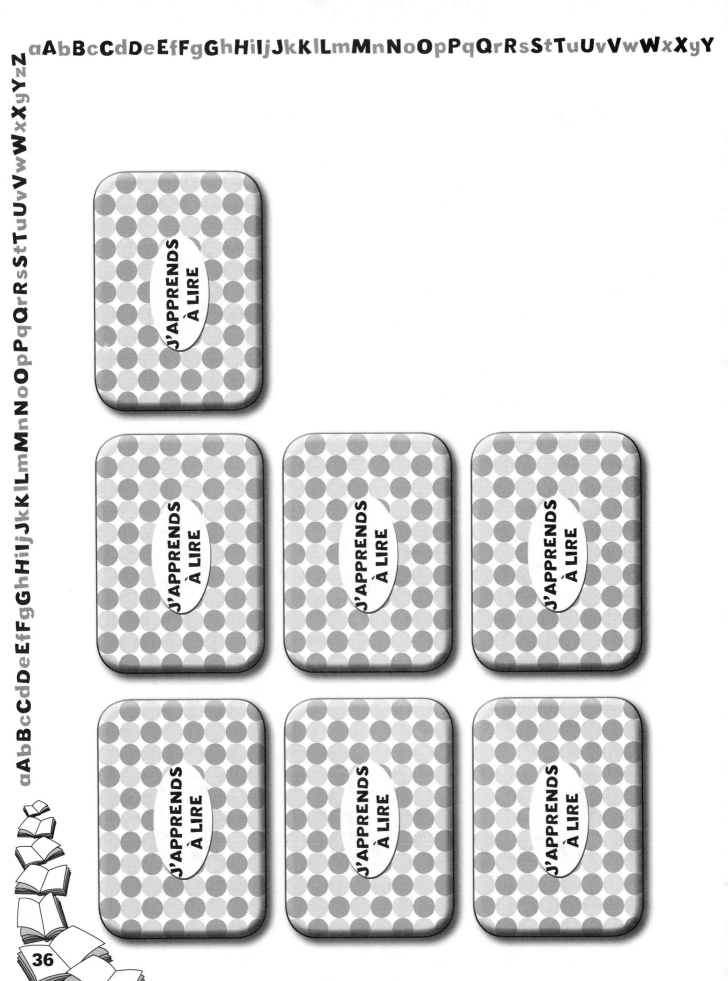

Jeux avec les voyelles et les accents

y	é	o
y	é	ê
è	è	ê

aAbBcCdDeEfFgGhHiIjJkKlLmMnNoOpPqQrRsStTuUvVwWxXyY

aAbBcCdDeEfFgGhHiIjJkKlLmMnNoOpPqQrRsStTuUvVwWxXyYzZ

aAbBcCdDeEfFgGhHiIjJkKlLmMnNoOpPqQrRsStTuUv

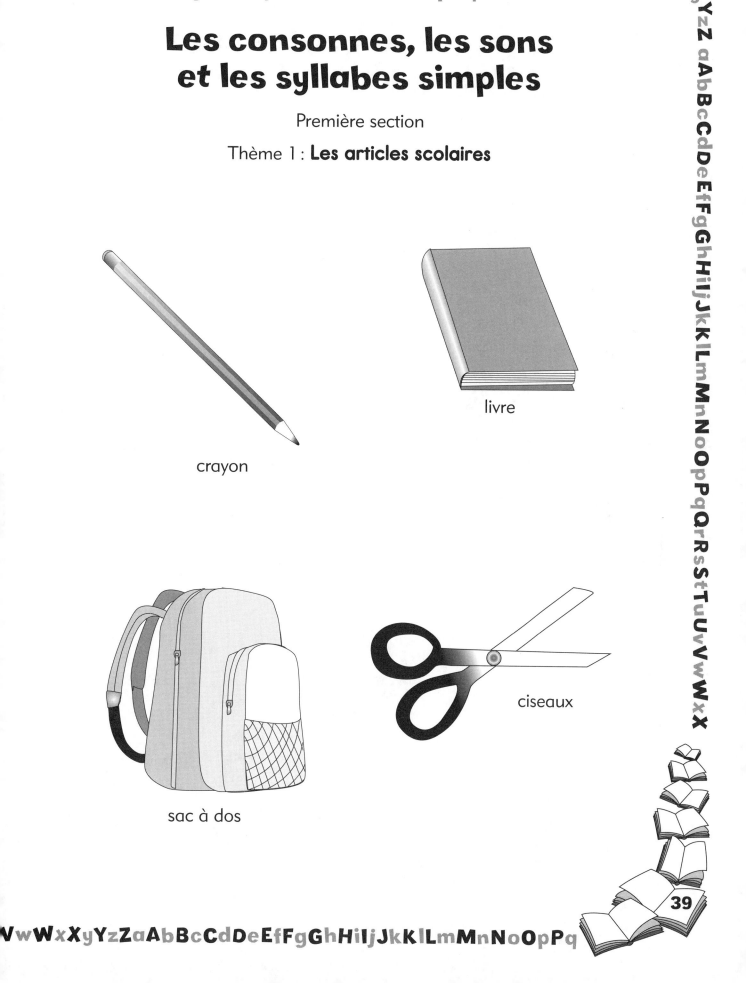

Les consonnes, les sons et les syllabes simples

Première section

Thème 1 : **Les articles scolaires**

crayon

livre

sac à dos

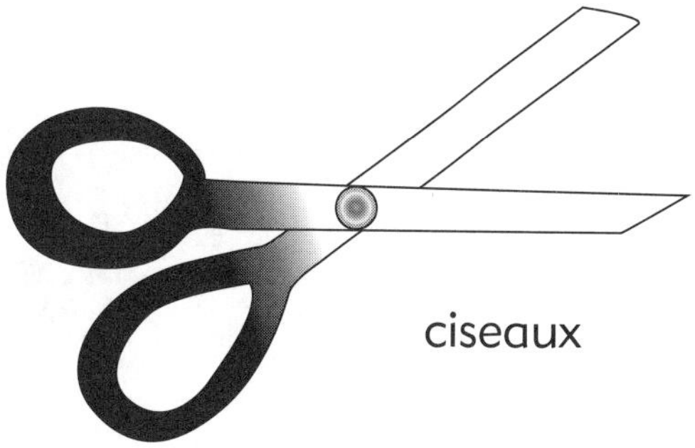

ciseaux

Les consonnes, les sons et les syllabes simples

Lorsque le bébé veut du lait, il fait le son suivant :

Tu connais maintenant le son que fait la consonne « l ».

1. Colorie le dessin si tu entends le son « l » en disant le mot.

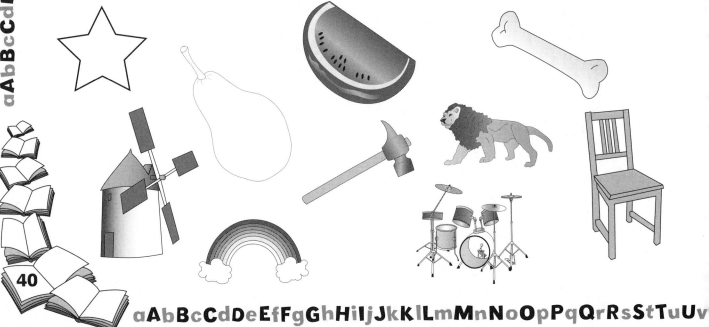

Les consonnes, les sons et les syllabes simples

Fais le son de la consonne « **l** », puis ajoute le son de la voyelle.

l	e i u ê y	l	a o è é u

Lis les syllabes avec la consonne « **l** ».

la	lê	lé	ly	lo
lè	le	la	li	lu

Lis les mots.

le	la	lié	île	Éli
Lola	Ali	Lili	Léo	Léa

Lis les phrases.

Ali a lu.

Léo a lu.

Lola a le crayon .

Lili a lu le livre .

Léa a le sac à dos .

Lili a lié Ali.

Éli a les ciseaux .

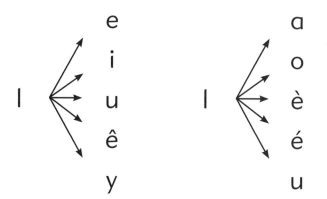

Lola a lu.

Les consonnes, les sons et les syllabes simples

1. Écris dans les cercles les voyelles que tu retrouves dans chaque mot.

a) Léo

b) Lili

c) Éli

d) Ali

e) Île

f) Lola

g) lié

h) Léo

i) la

2. Colorie le même nombre de cercles qu'il y a de syllabes dans chaque mot.

a) le

b) île

c) Lola

d) Éli

e) Léa

f) Léo

g) Lili

h) lié

i) Ali

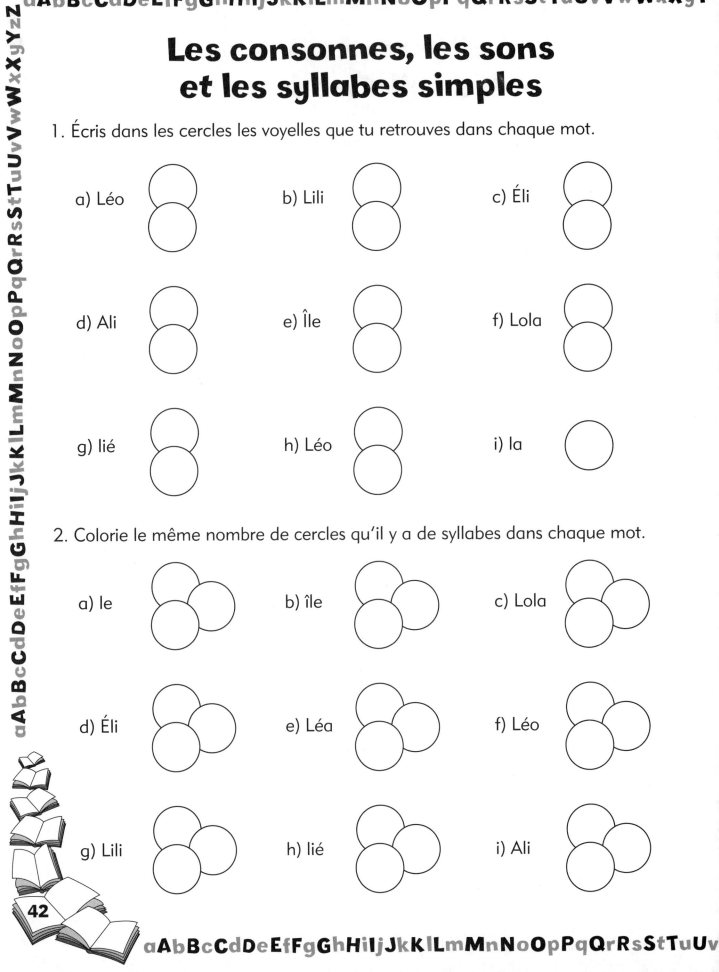

Les consonnes, les sons et les syllabes simples

1. Associe chaque mot à l'image qui le représente en traçant une ligne.

a) livre
b) Lili
c) crayon
d) Léo
e) ciseaux
f) île
g) sac à dos

Les consonnes, les sons et les syllabes simples

Lorsque tu manges des aliments savoureux, tu fais le son suivant :

Tu connais maintenant le son que fait la consonne « **m** ».

1. Colorie le dessin si tu entends le son « **m** » en disant le mot.

Les consonnes, les sons et les syllabes simples

Fais le son de la consonne « **m** », puis ajoute le son de la voyelle.

m → a, u, è, o, é

m → y, é, ê, i, e

Lis les syllabes avec la consonne « **m** ».

me	mé	my	mo	ma
mi	ma	mè	mu	mê

Lis les mots.

lime	lame	lama	mime	même
ami	amie	mamie	Amélie	Mia

Lis les phrases.

Mia mime le lama.

Ali a lu le <u>livre</u> .

L'ami a les <u>ciseaux</u> .

Lola a la lame.

L'amie a le <u>crayon</u> .

Mamie a lu.

Amélie a la lime.

Éli a le <u>sac à dos</u> .

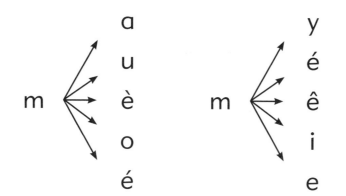

aAbBcCdDeEfFgGhHiIjJkKlLmMnNoOpPqQrRsStTuUvVwWxXyY

Les consonnes, les sons et les syllabes simples

1. Écris dans les cercles les voyelles que tu retrouves dans chaque mot.

a) ami

b) lama

c) mime

d) lame

e) même

f) amie

g) Mia

h) mamie

i) lime

2. Colorie le même nombre de cercles qu'il y a de syllabes dans chaque mot.

a) la

b) amie

c) mime

d) lime

e) mamie

f) ma

g) lame

h) le

i) ami

j) lama

k) Amélie

l) Mia

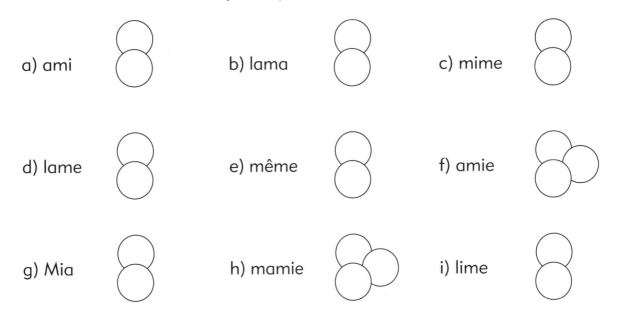

Les consonnes, les sons et les syllabes simples

1. Associe chaque mot à l'image qui le représente en traçant une ligne.

b) sac à dos

a) lama

2

7

c) mamie

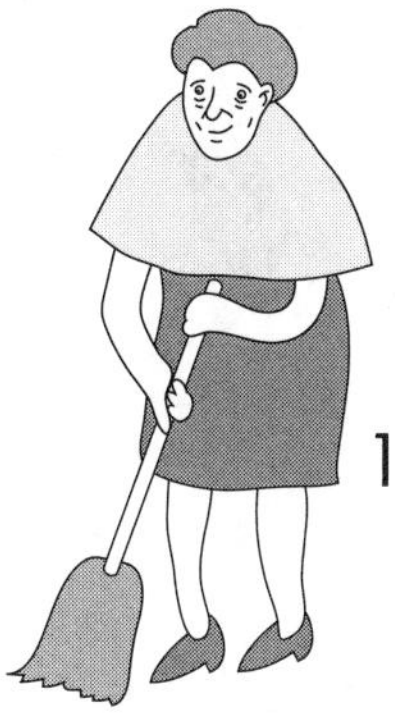

1

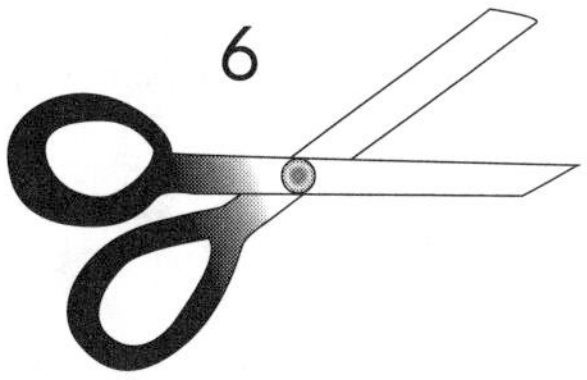

6

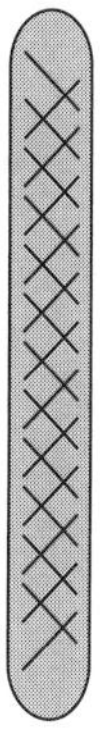

5

g) ciseaux

4

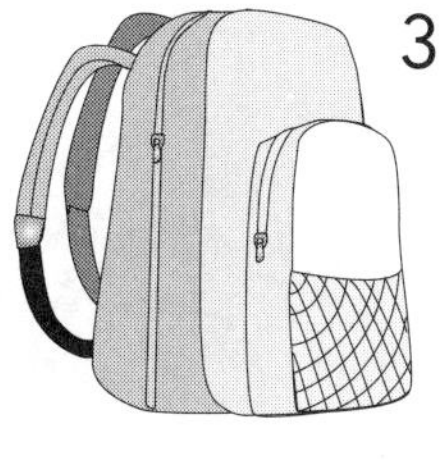

3

d) livre

f) crayon

e) lime

Les consonnes, les sons et les syllabes simples

Lorsque tu fredonnes une chanson, tu fais le son suivant :

Tu connais maintenant le son que fait la consonne « **n** ».

1. Colorie le dessin si tu entends le son « **n** » en disant le mot.

Les consonnes, les sons et les syllabes simples

Fais le son de la consonne « **n** », puis ajoute le son de la voyelle.

n → u, è, a, é, i

n → o, y, ê, è, e

Lis les syllabes avec la consonne « **n** ».

nè	na	nê	ne	né
no	nê	ni	ny	nu

Lis les mots.

lune	manie	mine	une	âne
Aline	Annie	Noé	Noa	Line

Lis les phrases.

Le crayon  a une mine.

Noé a l'âne.

Mia a le sac à dos 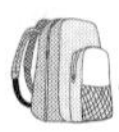.

Annie a la lune de Lili.

Noa a lu le livre .

Line a le lama.

L'amie a les ciseaux .

Lola a une manie.

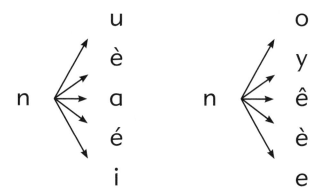

Les consonnes, les sons et les syllabes simples

1. Écris dans les cercles les voyelles que tu retrouves dans chaque mot.

a) lune
b) manie
c) mine
d) une
e) Aline
f) âne
g) Annie
h) Noé
i) Noa

2. Colorie le même nombre de cercles qu'il y a de syllabes dans chaque mot.

a) ma
b) Line
c) âne
d) Noa
e) le
f) manie
g) la
h) une
i) lune
j) mine
k) Annie
l) Aline

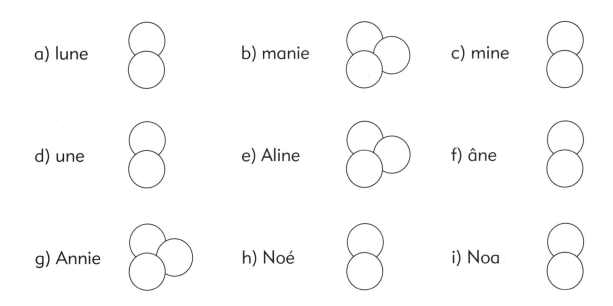

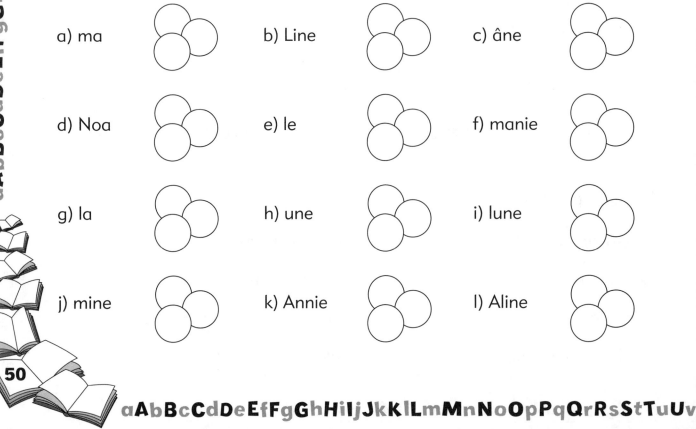

Les consonnes, les sons et les syllabes simples

1. Associe chaque mot à l'image qui le représente en traçant une ligne.

b) lune

a) crayon

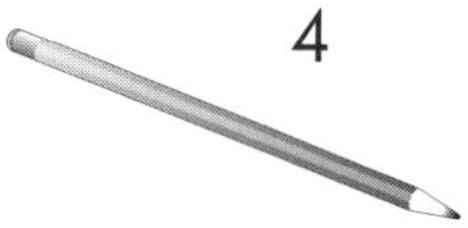
4

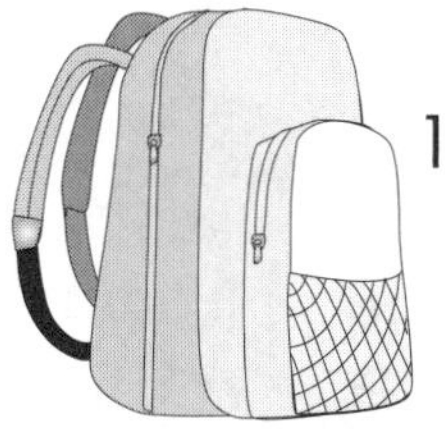
1

3

c) sac à dos

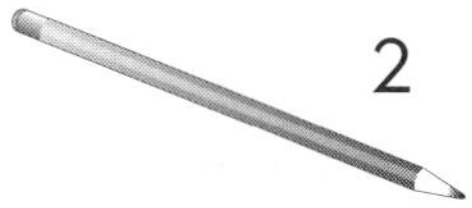
2

g) mine

6

5

d) ciseaux

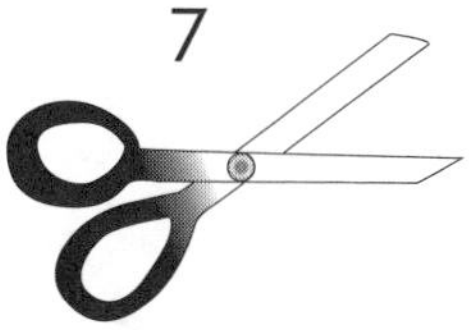
7

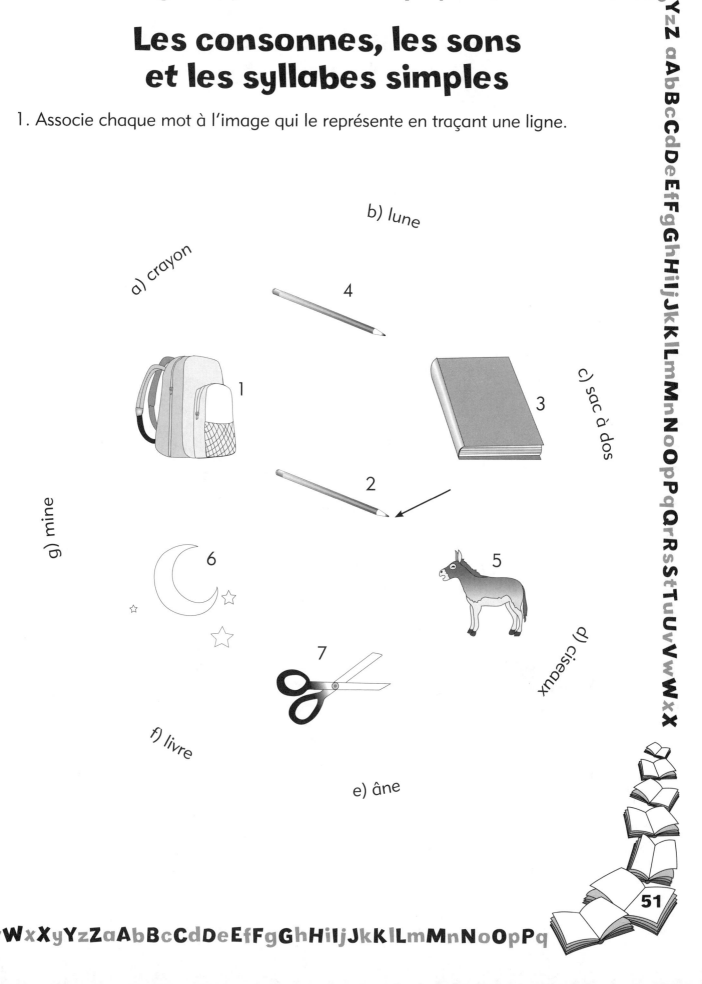

f) livre

e) âne

Les consonnes, les sons et les syllabes simples

Lorsque le mouton bêle, il fait le son suivant :

Tu connais maintenant le son que font « **è** », « **ê** », « **ai** », « **ei** » et « **es** ».

1. Colorie le dessin si tu entends le son correspondant aux lettres « **è** », « **ê** », « **ai** », « **ei** » ou « **es** » en disant le mot.

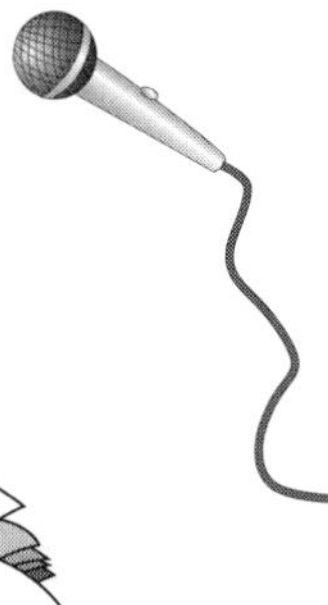

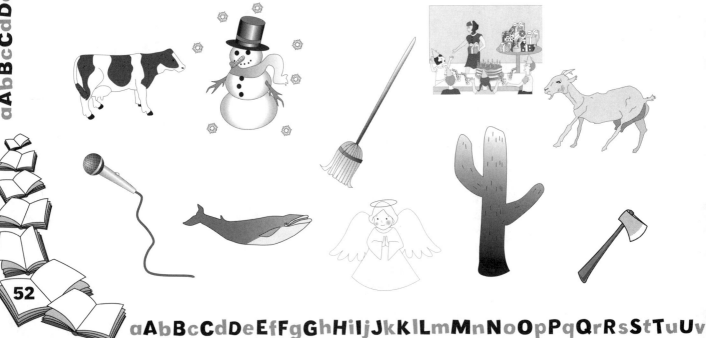

Les consonnes, les sons et les syllabes simples

Fais le son des consonnes « **l** », « **m** » ou « **n** », puis ajoute celui qui suit.

	ê			o			ei
	u			y			a
l →	ai		m →	è		n →	es
	é			e			i
	es			ei			ai

Lis les syllabes.

les	nai	nê	mes	ly
mu	nei	lai	na	mai

Lis les mots.

laine	aime	naine	aile	mes
les	laie	aine	aîné	Mylène

Lis les phrases.

Mylène a lu le <u>livre</u> 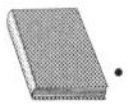.

Éli aime les amis de Léo.

L'aîné a le <u>crayon</u> .

La naine a le <u>sac à dos</u> .

Amélie a la laine.

Annie a les <u>ciseaux</u> .

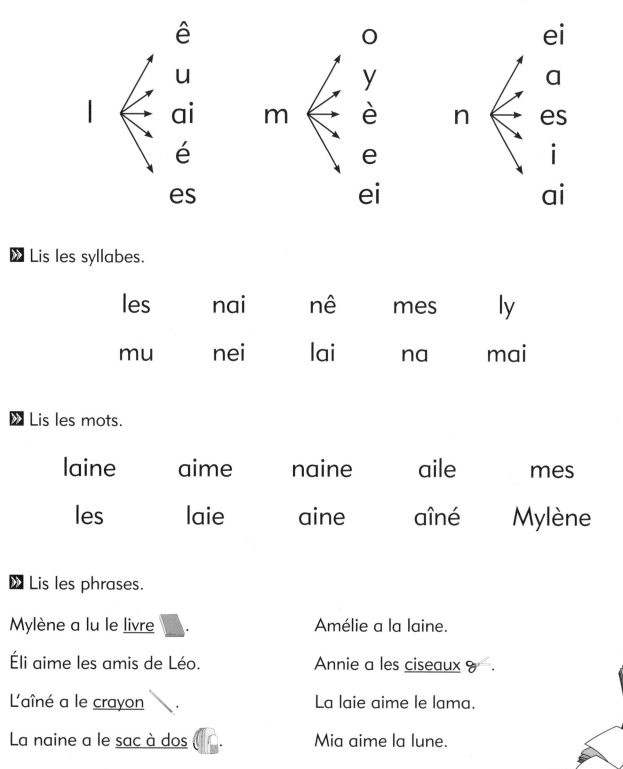

La laie aime le lama.

Mia aime la lune.

Les consonnes, les sons
et les syllabes simples

1. Écris dans les cercles les consonnes que tu retrouves dans chaque mot.

a) laine ◯◯ b) aime ◯ c) aîné ◯

d) Mylène ◯◯ e) Amélie ◯◯ f) naine ◯◯

g) même ◯◯ h) Annie ◯◯ i) lune ◯◯

» Encercle l'image qui correspond au mot.

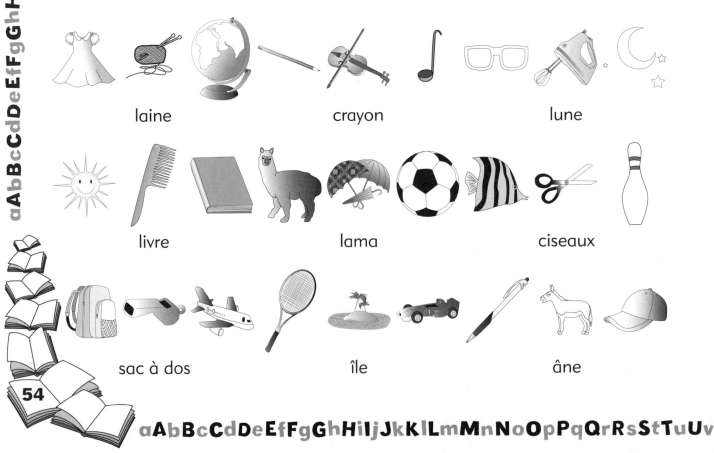

laine crayon lune

livre lama ciseaux

sac à dos île âne

Les consonnes, les sons et les syllabes simples

1. Associe chaque mot à l'image qui le représente en traçant une ligne.

a) ciseaux

b) laine

c) aime

d) sac à dos

e) livre

f) aile

g) crayon

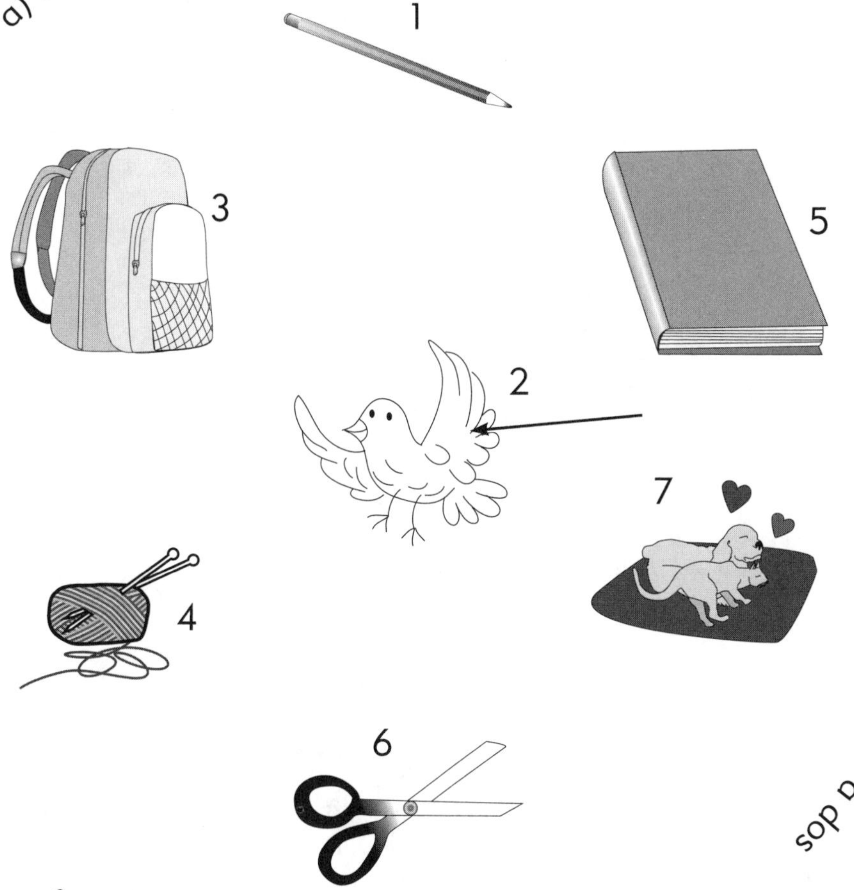

Les consonnes, les sons et les syllabes simples

Lorsque la vilaine sorcière prépare une potion maléfique, elle se frotte les mains et elle fait le son suivant :

> Tu connais maintenant le son que font « **é** », « **er** », « **ez** » et « **et** ».

1. Colorie le dessin si tu entends le son correspondant aux lettres « **é** », « **er** », « **ez** » ou « **et** » en disant le mot.

Les consonnes, les sons et les syllabes simples

Fais le son des consonnes « **l** », « **m** » ou « **n** », puis ajoute celui qui suit.

	e		es		ez
	é		è		i
l →	u	m →	y	n →	ai
	ei		a		o
	ê		é		er

Lis les syllabes.

mé	lè	nei	et	mê
mai	nez	les	ne	ler

Lis les mots.

et	nez	aimer	mêler	mimer
limer	Amélie	Noémie	Émilie	Émile

Lis les phrases.

Mylène aime le nez d'Amélie.

Noémie a le livre  et le sac à dos .

Émile mêle les crayons .

Ma mamie a les ciseaux .

Noa mime la laie.

Line a aimé Léo.

Lola a la laine.

Émilie lime la lame.

Les consonnes, les sons et les syllabes simples

1. Écris dans les cercles les consonnes que tu retrouves dans chaque mot.

a) Noémie ◯◯

b) et ◯

c) mimer ◯◯◯

d) Amélie ◯◯

e) aimer ◯◯

f) Émile ◯◯

g) nez ◯◯

h) Émilie ◯◯

i) limer ◯◯◯

>> Encercle l'image qui correspond au mot.

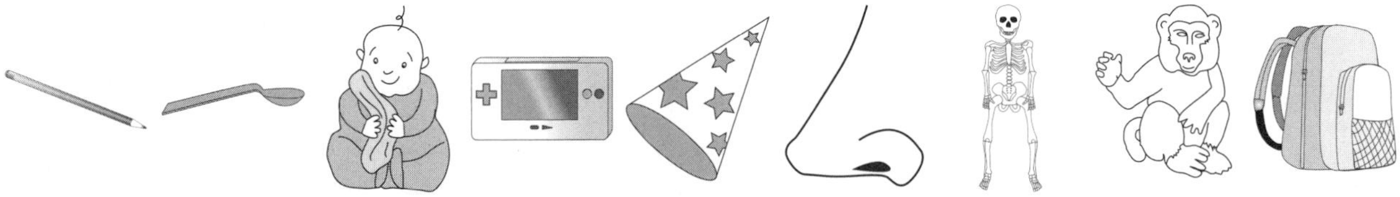

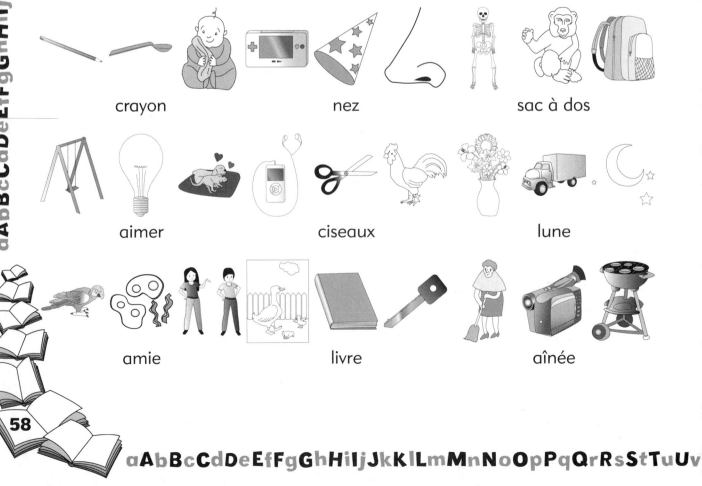

crayon

nez

sac à dos

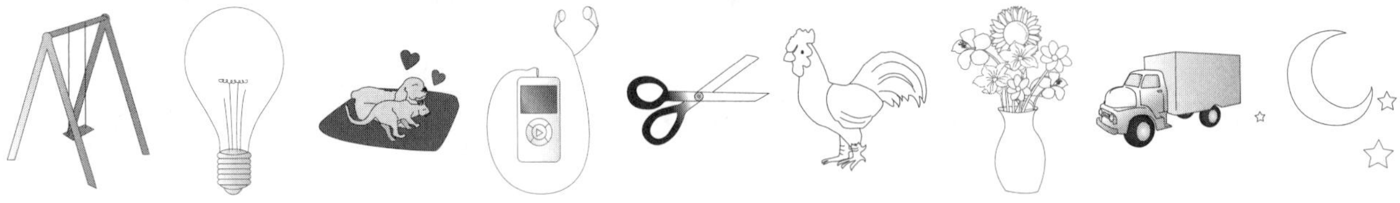

aimer

ciseaux

lune

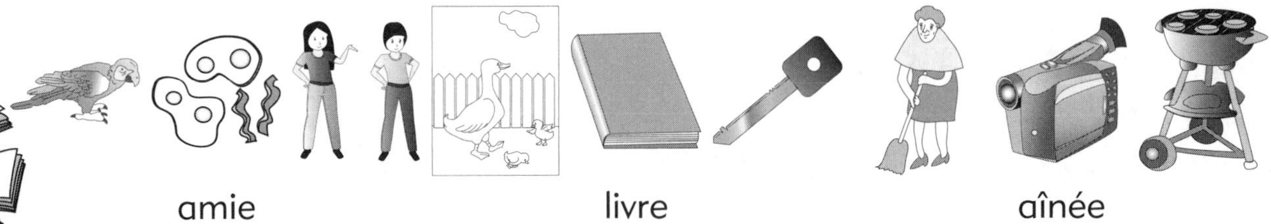

amie

livre

aînée

Les consonnes, les sons et les syllabes simples

1. Associe chaque mot à l'image qui le représente en traçant une ligne.

a) nez

b) ciseaux

c) sac à dos

d) crayon

e) Émilie

f) livre

g) Émile

1

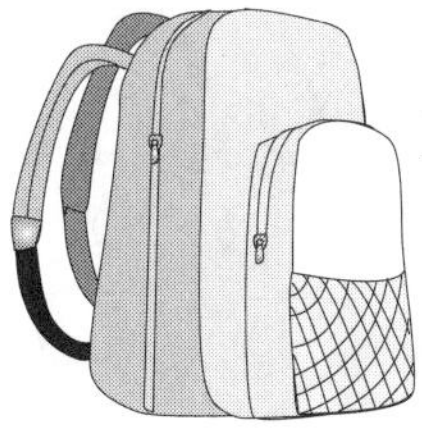

2

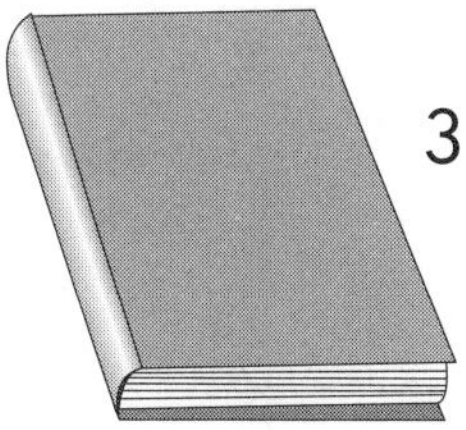

3

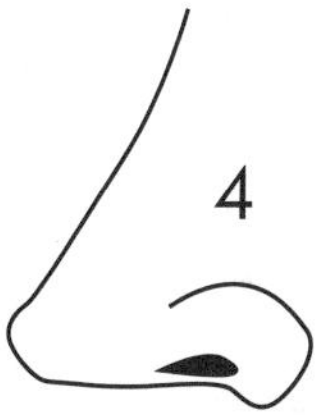

4

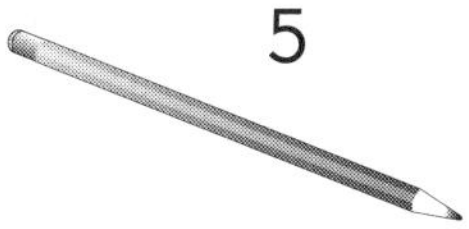

5

6

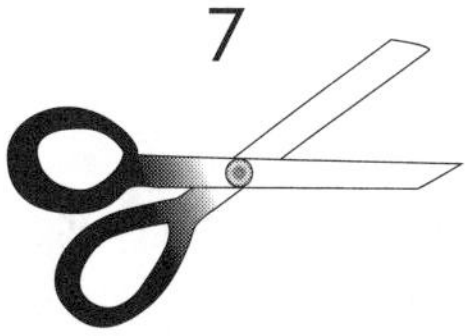

7

Résumé

Lis les quatre mots que tu as appris en lecture globale. Représente chacun des mots par un dessin.

crayon	livre
sac à dos	ciseaux

Bravo ! Tu en as reconnu ______ /4.

Lis les voyelles que tu as apprises en majuscule et en minuscule.

A	e	O	i
u	I	y	a
E	o	U	Y

Bravo ! Tu en as reconnu ______ /12.

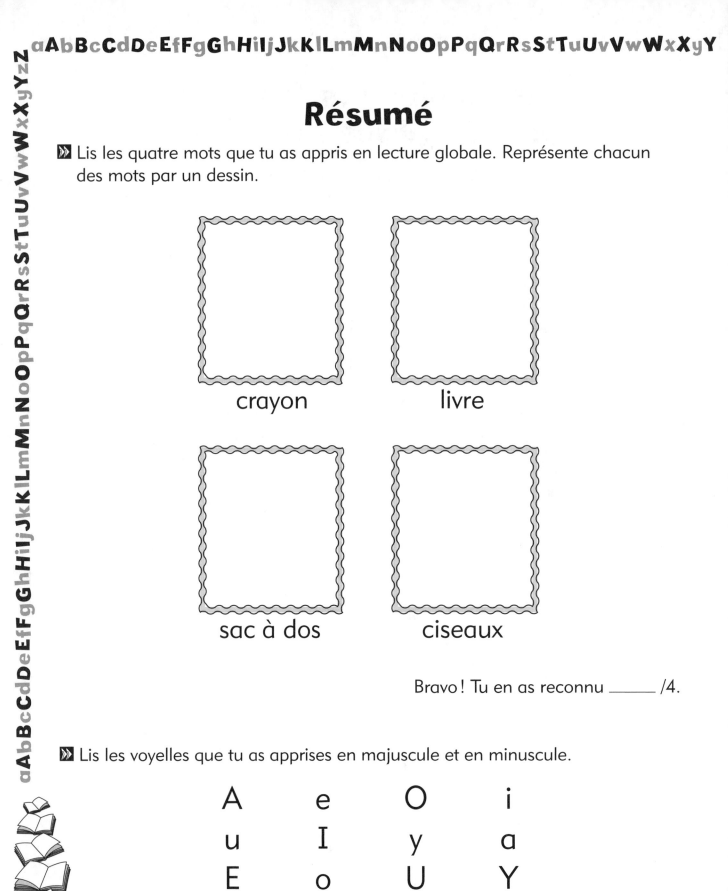

Résumé

» Lis les consonnes que tu as apprises en majuscule et en minuscule.

m N l

L M n

Bravo ! Tu en as reconnu ______ /6.

» Lis les sons que tu as appris.

ai é es

ei er è

ê ez

Bravo ! Tu en as reconnu ______ /8.

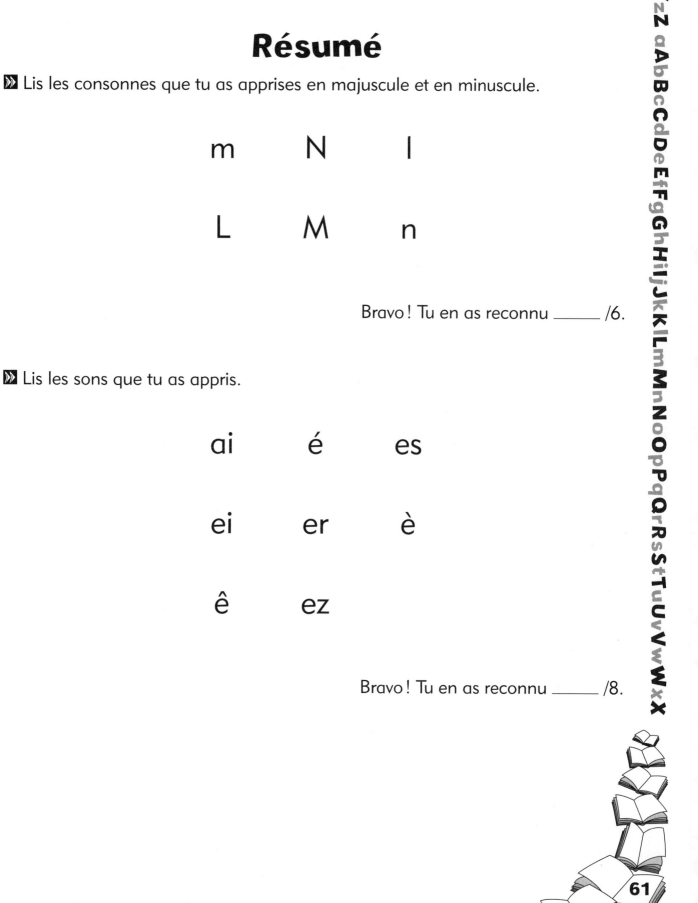

Résumé

⯮ Lis les déterminants que tu as appris.

le	la	l’
une	mes	les

Bravo ! Tu en as reconnu ______ /6.

⯮ Lis les noms communs que tu as appris à la première section.

île	lime	lame	lama
ami	amie	mamie	lune
manie	mine	âne	laine
naine	aile	laie	aine
aîné	aînée	nez	

Bravo ! Tu en as reconnu ______ /19.

Résumé

Lis les noms propres que tu as appris.

Éli	Lola	Ali	Lili
Léo	Léa	Mia	Émile
Aline	Annie	Noé	Noa
Line	Mylène	Amélie	Noémie
Émilie			

Bravo ! Tu en as reconnu ______ /17.

Lis les verbes que tu as appris.

lié, lier

mime, mimer

aime, aimé, aimer

mêle, mêler

lime, limer

a

lu

Bravo ! Tu en as reconnu ______ /7.

Résumé

Lis les autres mots que tu as appris.

même   à   et

Bravo ! Tu en as reconnu ______ /3.

Lis les phrases suivantes.

1. Amélie a lu le livre.
2. Le crayon a une mine.
3. Mylène aime la lune.
4. Émile aime Mia.
5. Léa mime le lama.
6. Mamie a une manie.
7. Lili a aimé l'ami de Noa.

Bravo ! Tu as reconnu ______ /32 mots.

Les consonnes, les sons et les syllabes simples

Deuxième section

Thème 2 : **Les fruits et les légumes**

bleuet

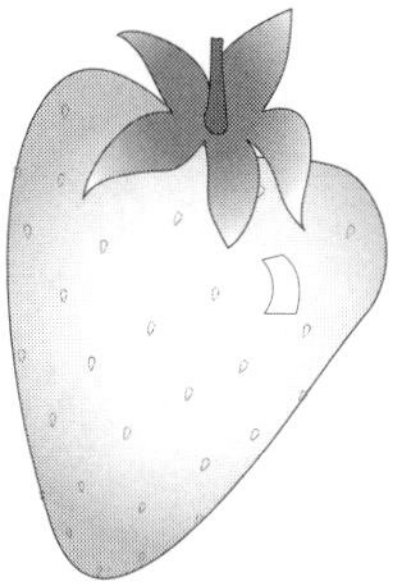

fraise

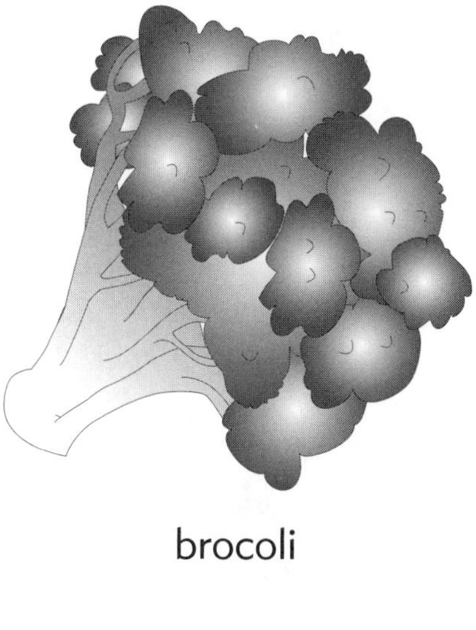

brocoli

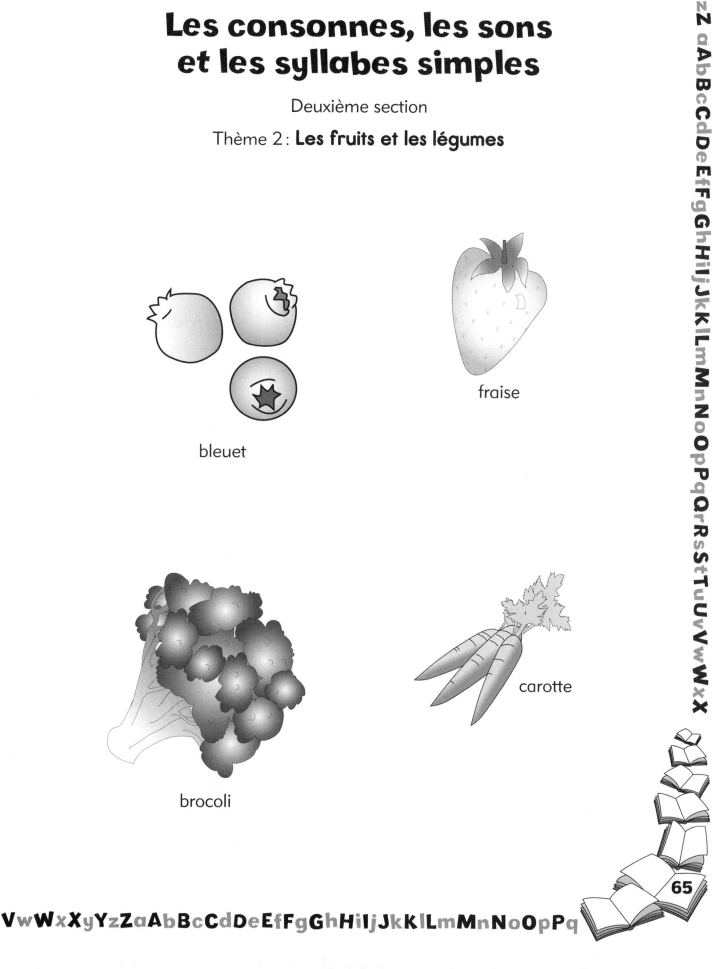

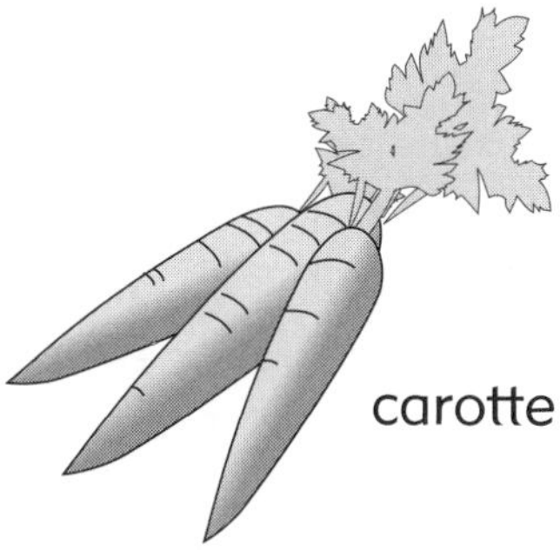

carotte

Les consonnes, les sons et les syllabes simples

Lorsque le chat ronronne, il fait le son suivant :

Tu connais maintenant le son que fait la consonne « **r** ».

1. Colorie le dessin si tu entends le son « **r** » en disant le mot.

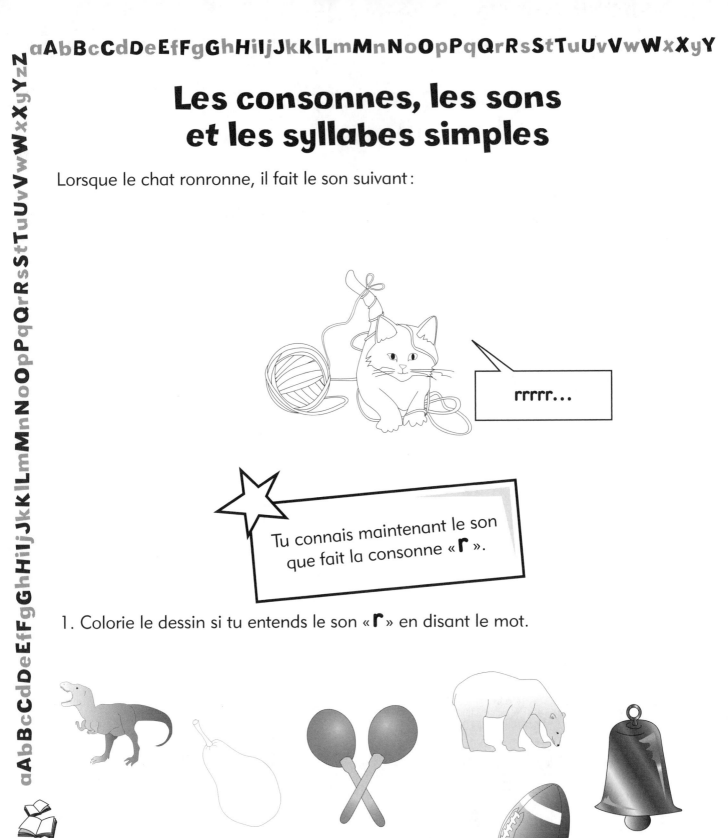

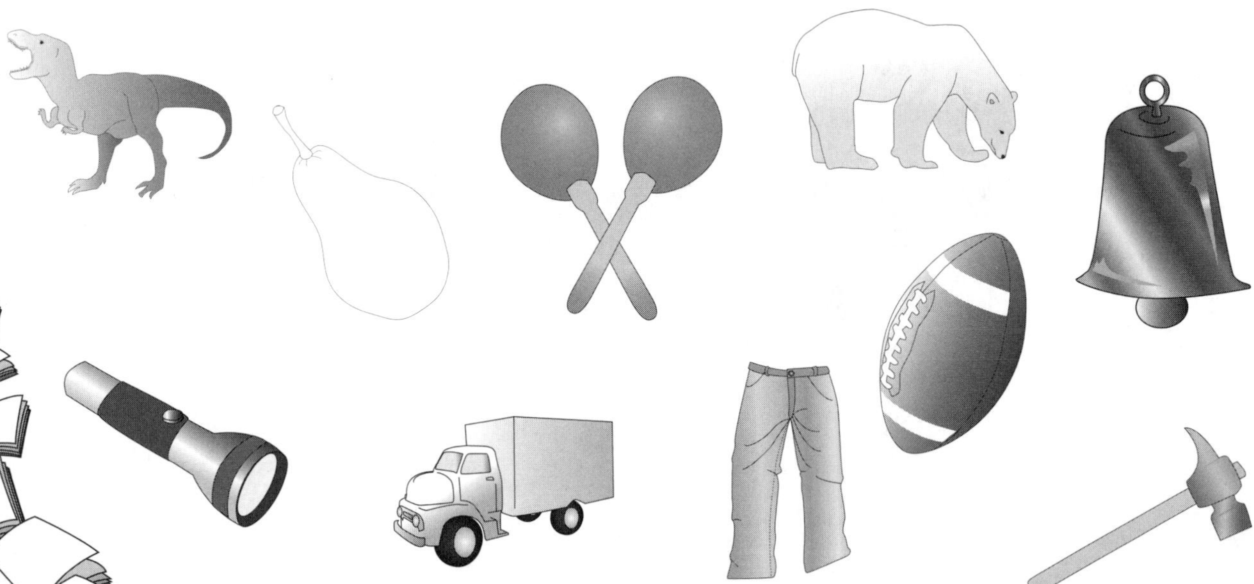

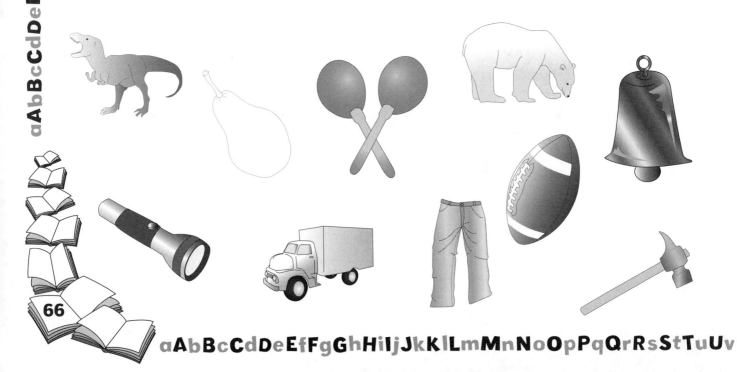

zZaAbBcCdDeEfFgGhHiIjJkKlLmMnNoOpPqQrRsStTuUvVwWxXy

YzZaAbBcCdDeEfFgGhHiIjJkKlLmMnNoOpPqQrRsStTuUvVwWxX

Les consonnes, les sons et les syllabes simples

Fais le son de la consonne « **r** », puis ajoute celui qui suit.

r → y, e, é, ai, u

r → ei, er, i, è, ez

r → o, ê, a, es, é

Lis les syllabes avec la consonne « **r** ».

ro	ré	rai	re	rê
ru	ra	ry	rè	rei

Lis les mots.

reine	rime	rame	mère	lire
rare	rire	rue	morue	René

Lis les phrases.

La reine aime les bleuets 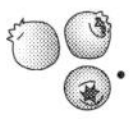.

René a les carottes .

Mia a la rame.

Annie aime le brocoli .

Ma mère aime lire.

Mylène a ri.

Amélie aime les fraises .

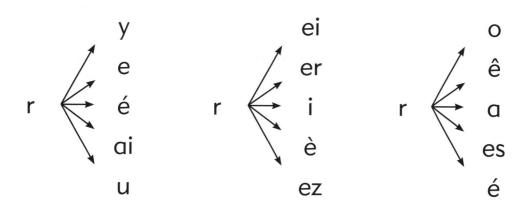

Lili a la rame.

VwWxXyYzZaAbBcCdDeEfFgGhHiIjJkKlLmMnNoOpPq

Les consonnes, les sons et les syllabes simples

1. Encercle le mot qui correspond à l'image.

a) reine
rème
reime

b) rome
rame
rime

c) mére
mère
mène

d) bleute
dleuet
bleuet

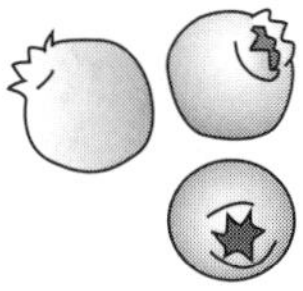

e) nez
mez
zen

f) vraise
fraise
fraive

g) brocoli
drocoli
brocolo

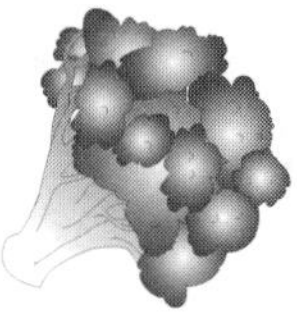

h) rue
mue
reu

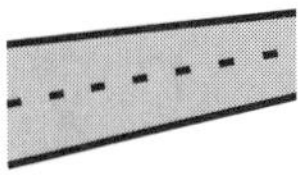

i) lamo
lima
lama

j) lume
lune
lone

k) îlo
elî
île

l) carotte
coratte
caratte

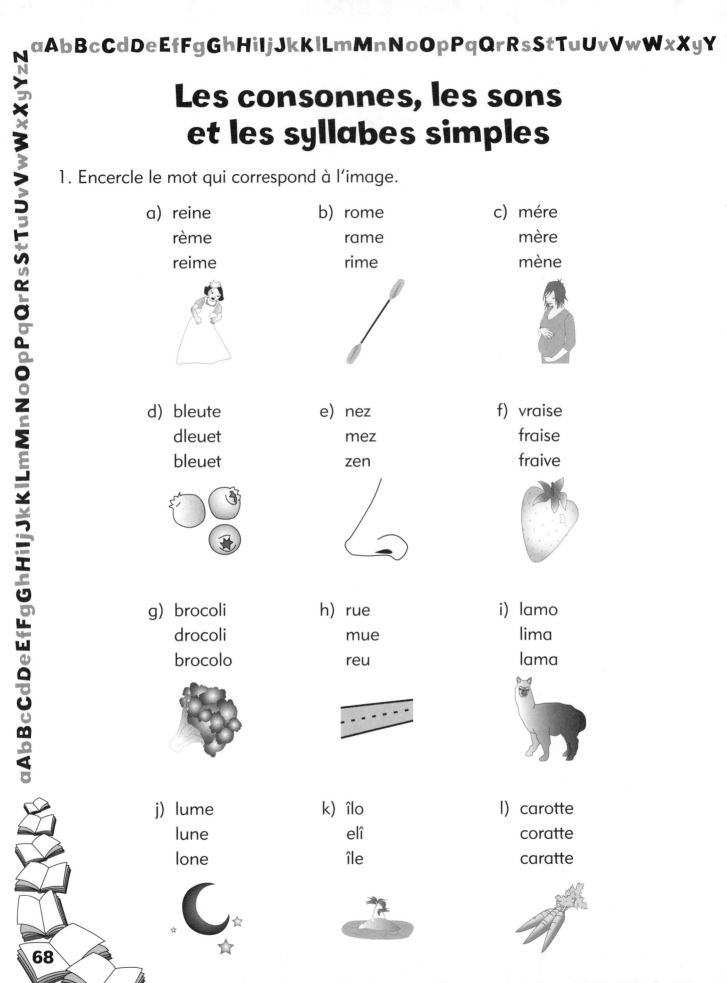

Les consonnes, les sons et les syllabes simples

1. Associe chaque mot à l'image qui le représente en traçant une ligne.

a) fraise
b) reine
c) bleuet
d) rame
e) brocoli
f) mère
g) rue
h) lire
i) carotte
j) rire

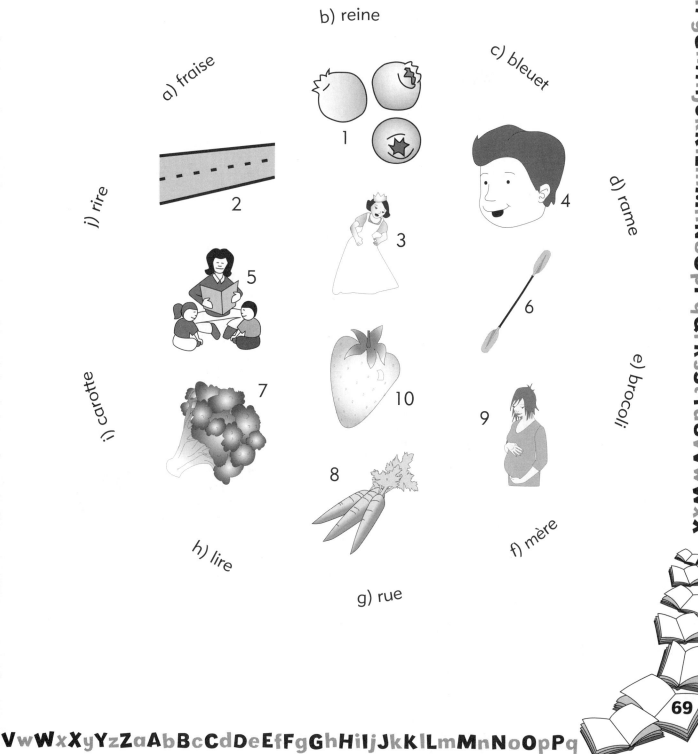

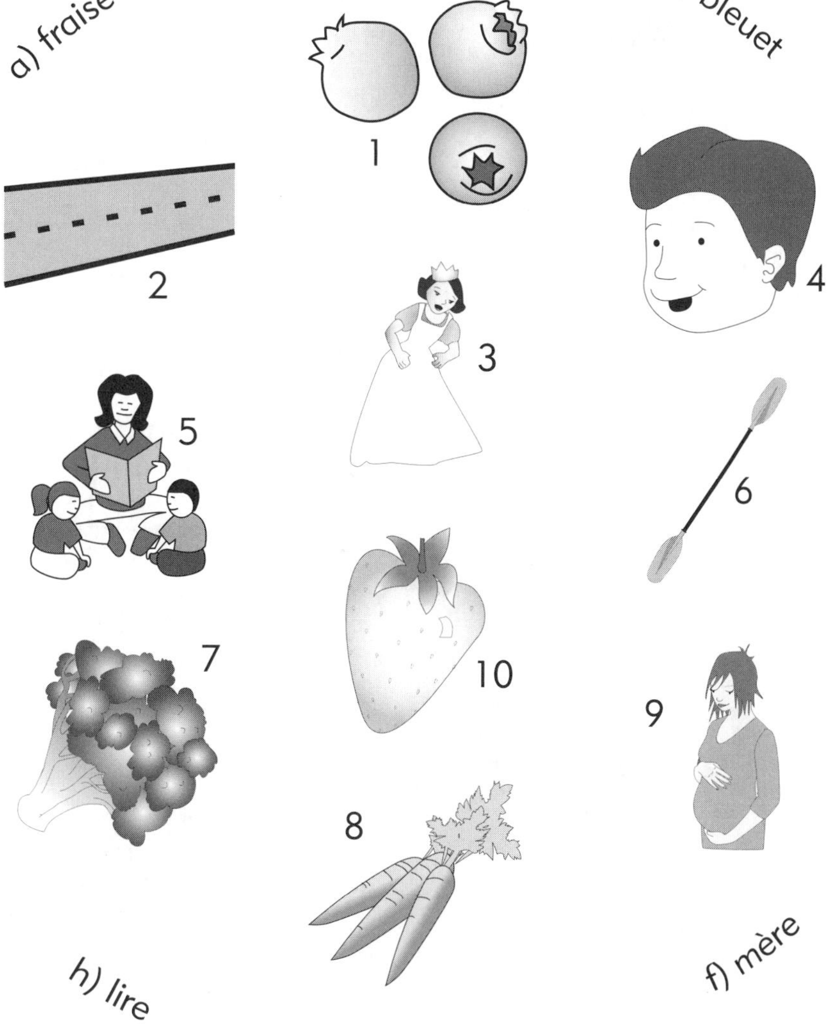

Les consonnes, les sons et les syllabes simples

Lorsque la pluie tombe, elle fait le son suivant :

Tu connais maintenant le son que fait la consonne « **t** ».

1. Colorie le dessin si tu entends le son « **t** » en disant le mot.

Les consonnes, les sons et les syllabes simples

Fais le son de la consonne « **t** », puis ajoute celui qui suit.

t → o, es, è, ai, a

t → ê, e, y, é, er

t → ez, u, ei, i, o

Lis les syllabes avec la consonne « **t** ».

té	ta	tê	to	tes
ti	tè	te	ty	tu

Lis les mots.

tes	tomate	tête	tirelire	été
tirer	note	mitaine	loto	moto

Lis les phrases.

Renée a ma mitaine.

Lola a une tirelire.

Lili aime les carottes .

Léa aime l'été.

Éli aime tes bleuets  et tes fraises .

Le brocoli  est à Ali.

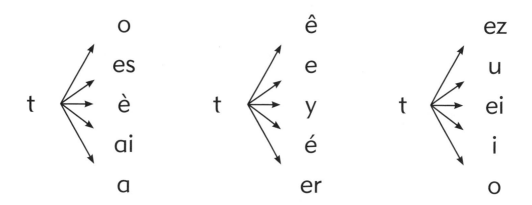

Léo a une moto.

Mia a mes notes.

Les consonnes, les sons et les syllabes simples

1. Encercle le mot qui correspond à l'image.

a) noto
moto
molo

b) mitaine
nitaime
mitaime

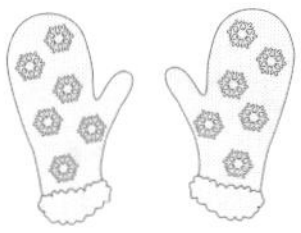

c) ètè
èté
été

d) tirelire
lirelire
tiretire

e) téte
têtê
tête

f) tonate
tamate
tomate

g) fraise
vraise
fréze

h) brocoli
drocoli
brosoli

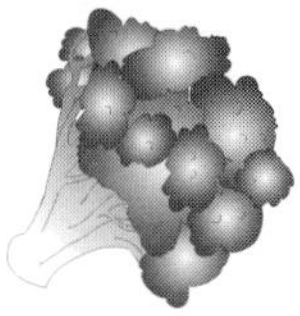

i) dleuet
bleuet
bleute

j) sarotte
carotte
corotte

k) note
mote
nate

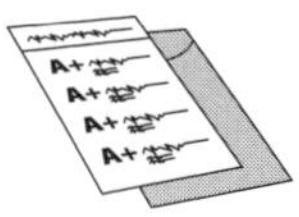

l) anie
ami
amie

Les consonnes, les sons et les syllabes simples

1. Associe chaque mot à l'image qui le représente en traçant une ligne.

a) moto

b) mitaine

c) note

d) fraise

e) été

f) brocoli

g) bleuet

h) tomate

i) tirelire

j) carotte

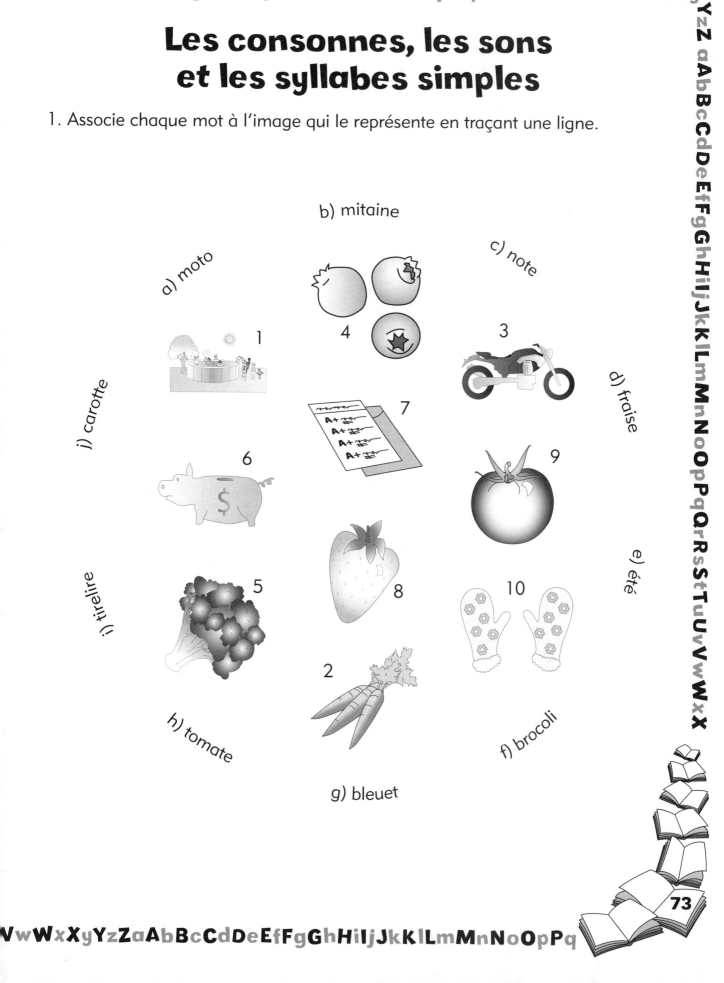

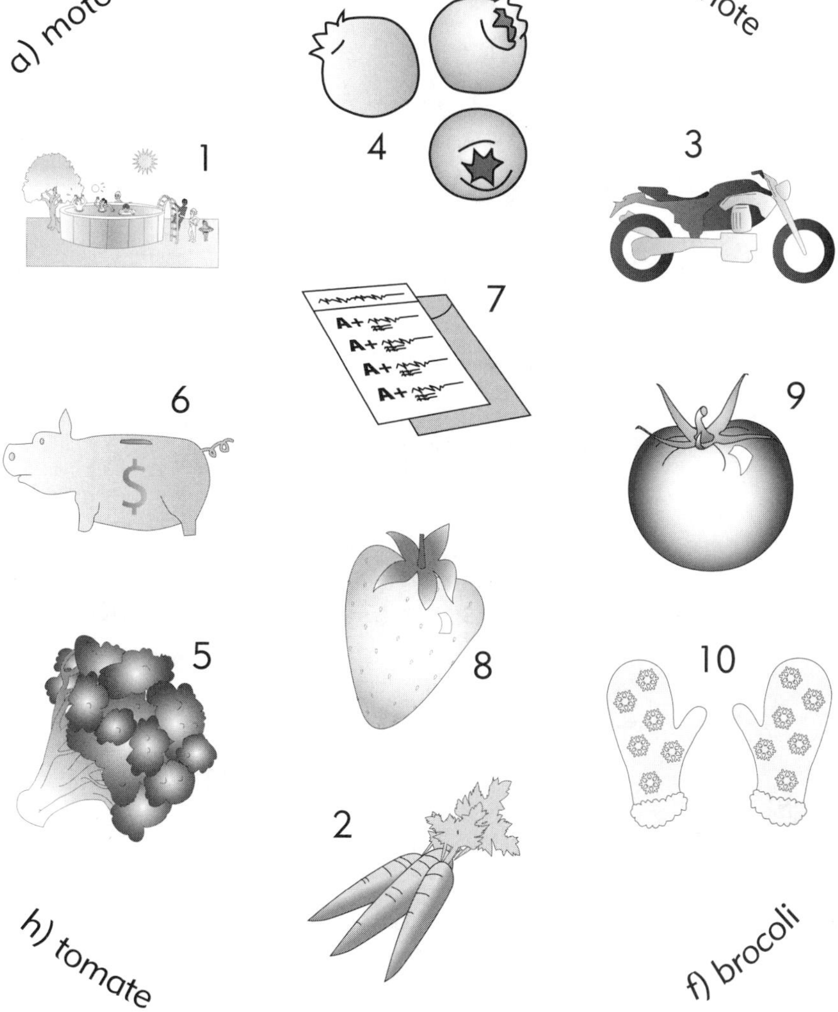

Les consonnes, les sons et les syllabes simples

Lorsque le bébé se pratique à dire papa, il fait le son suivant :

Tu connais maintenant le son que fait la consonne « **p** ».

1. Colorie le dessin si tu entends le son « **p** » en disant le mot.

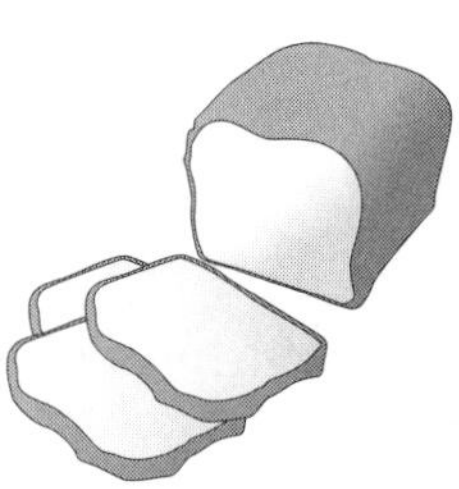
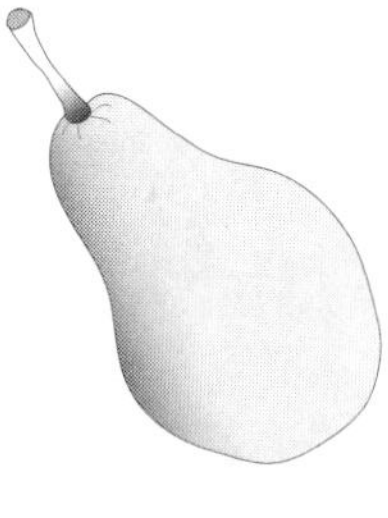
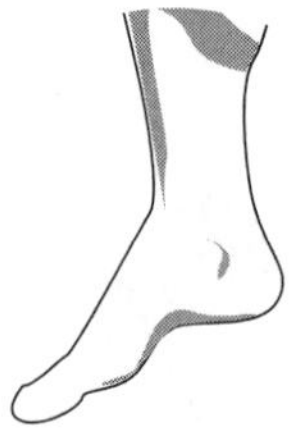

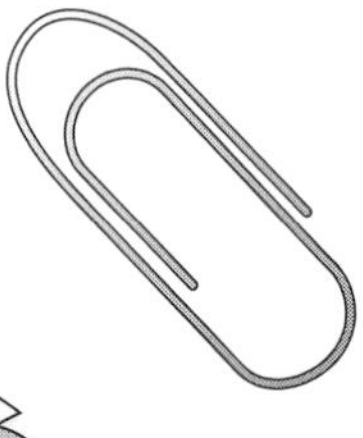

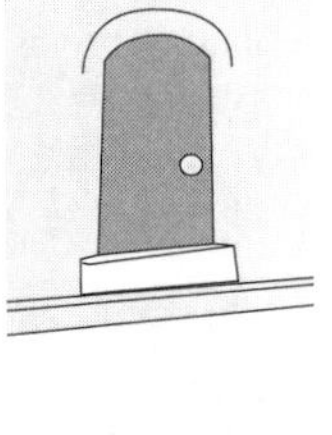

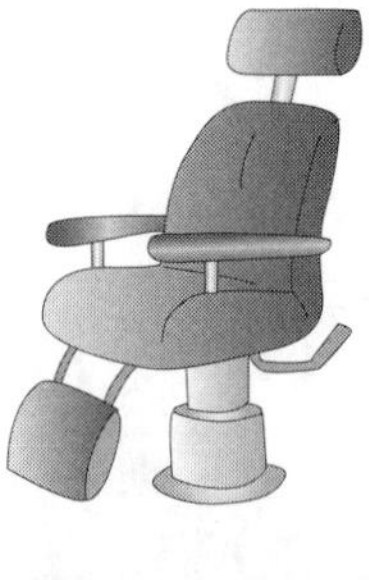

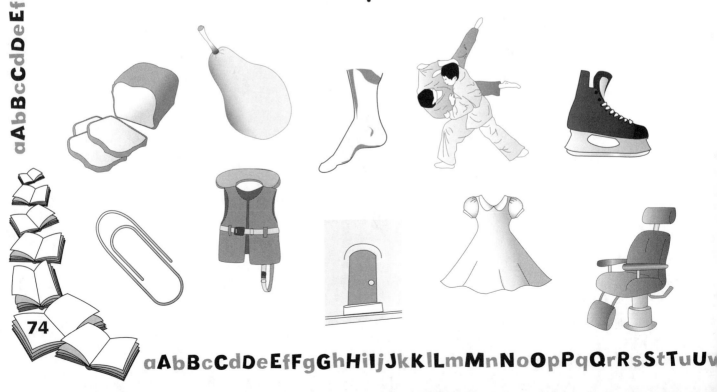

Les consonnes, les sons et les syllabes simples

Fais le son de la consonne « **p** », puis ajoute celui qui suit.

p → ai, e, è, a, es

p → é, ei, i, er, ê

p → o, y, é, u, ez

Lis les syllabes avec la consonne « **p** ».

pè	pe	pu	py	pé
po	pê	pi	pai	pa

Lis les mots.

père	papa	patate	petite	pâté
râper	purée	taper	pilule	poète

Lis les phrases.

Le poète aime la purée à la fraise .

Le père d'Amélie râpe la carotte .

Annie et Noé aiment les bleuets .

Noa aime le pâté à la patate.

Le papa a lu.

Le brocoli  est à Aline.

Line a la pilule.

Mylène a une mitaine.

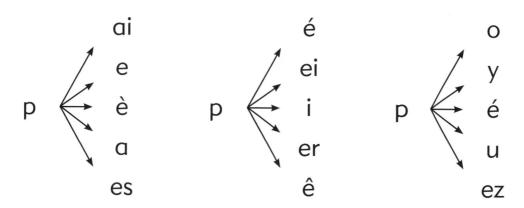

Les consonnes, les sons et les syllabes simples

1. Encercle le mot qui correspond à l'image.

a) patote
qatate
patate

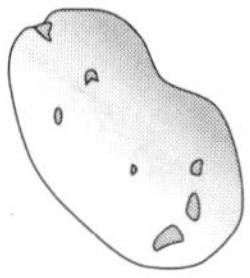

b) dleuet
bleuet
bleute

c) pilule
pilelu
bilule

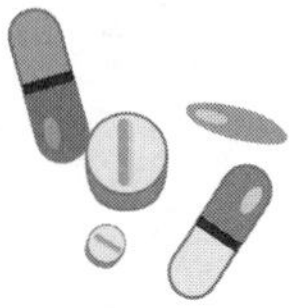

d) fraize
fraise
faraise

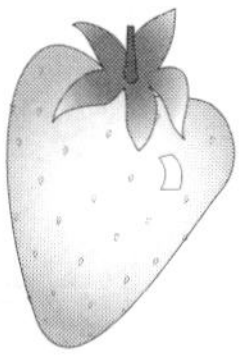

e) pâté
bâté
qâté

f) boète
pèote
poète

g) durée
purée
burée

h) brocoli
drocoli
brosoli

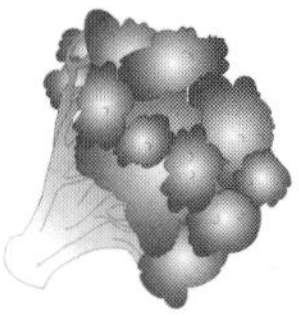

i) papa
qaqa
baba

j) sarotte
corotte
carotte

k) note
mote
râper

l) taper
ami
amie

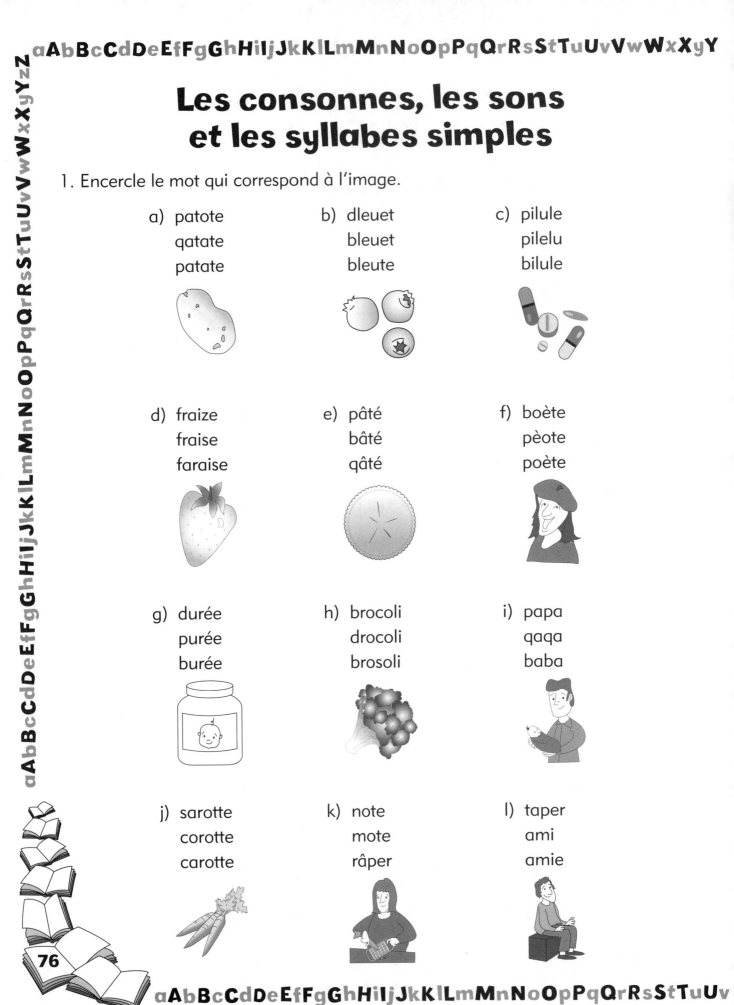

Les consonnes, les sons et les syllabes simples

1. Associe chaque mot à l'image qui le représente en traçant une ligne.

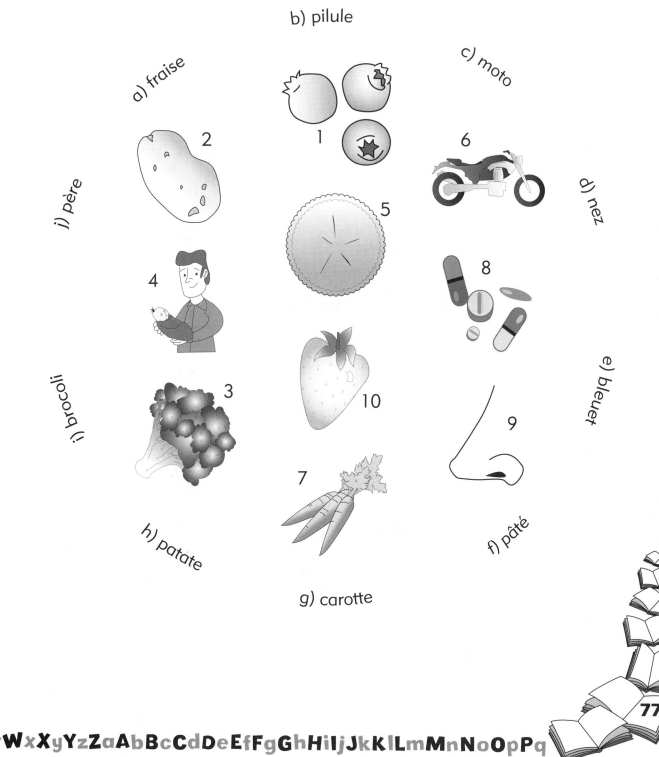

a) fraise
b) pilule
c) moto
d) nez
e) bleuet
f) pâté
g) carotte
h) patate
i) brocoli
j) père

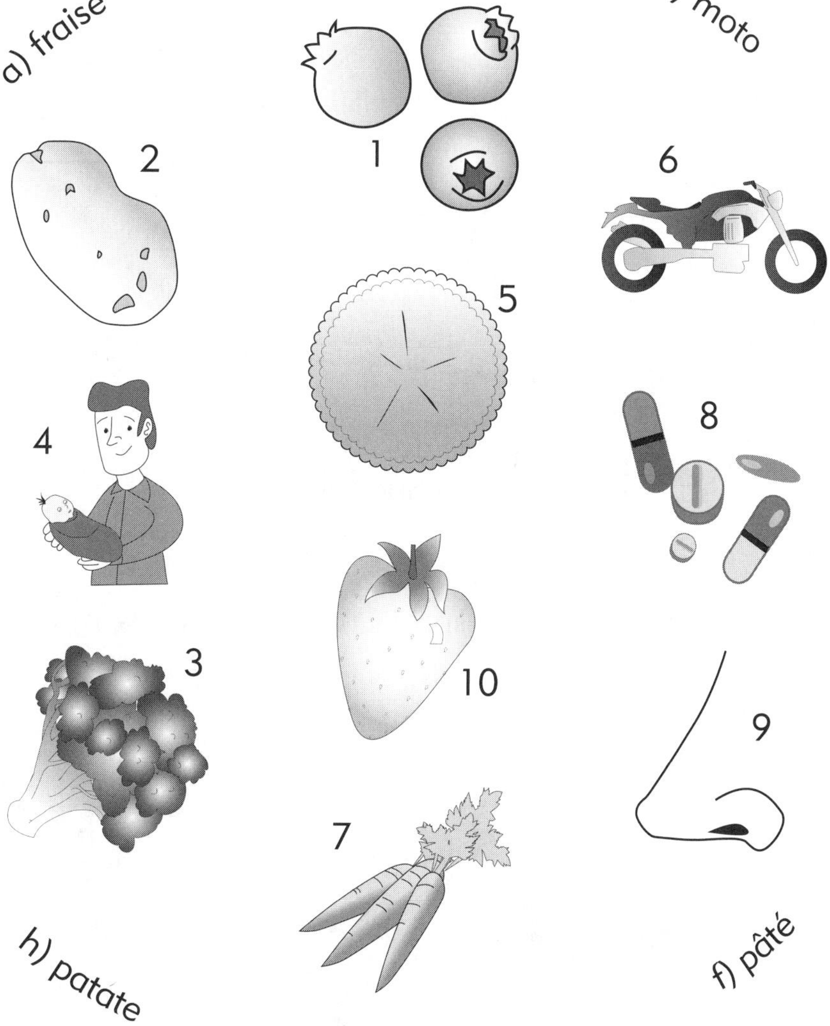

Les consonnes, les sons et les syllabes simples

Lorsque le fantôme veut nous faire peur, il fait le son suivant :

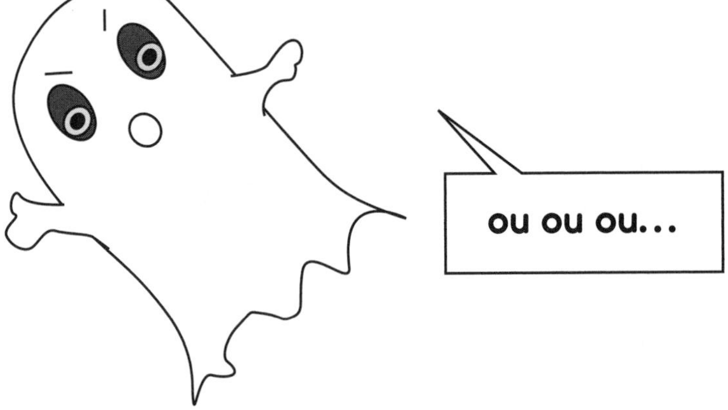

Tu connais maintenant le son que fait « **ou** ».

1. Colorie le dessin si tu entends le son « **ou** » en disant le mot.

Les consonnes, les sons et les syllabes simples

Fais le son des consonnes « **r** », « **t** » et « **p** », puis ajoute celui qui suit.

r →	ai	é	ou	er	è
t →	ou	es	é	ê	ez
p →	ei	é	ê	ou	er

Lis les syllabes.

rou	tes	mou	pou	per
nou	tou	rei	nez	lou

Lis les mots.

poule	moule	route	toupie	loupe
poupée	toutou	Marilou	Lou	Milou

Lis les phrases.

Renée et Marilou aiment les moules.

Lou et René imitent Milou le toutou.

Marilou râpe les carottes  et la patate.

Noémie mime la poule.

La moto roule.

Amélie a la poupée.

Émile et ma mère aiment les bleuets , les fraises  et le brocoli .

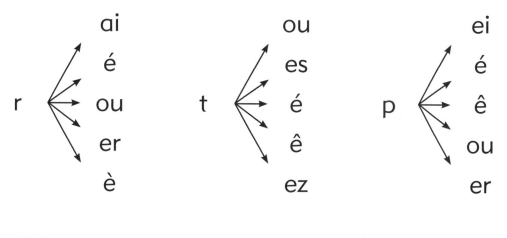

Les consonnes, les sons
et les syllabes simples

1. Encercle et écris la bonne syllabe pour former un mot.

a) mou lou nou

_______________ le

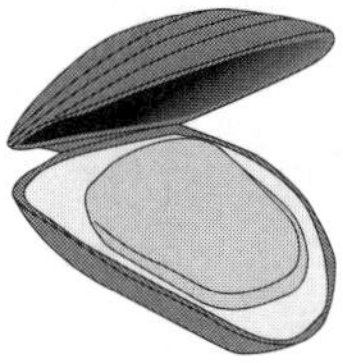

b) lou pou tou

_______________ tou

c) rou pou tou

_______________ pée

d) lou nou pou

_______________ le

e) tou nou mou

_______________ pie

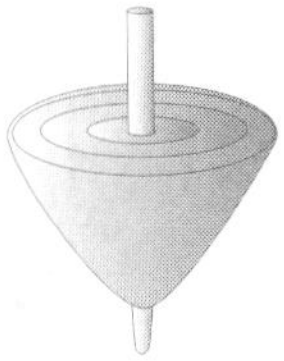

f) rou lou tou

_______________ pe

g) mou lou rou

_______________ te

h) lou pou tou

Mari _______________

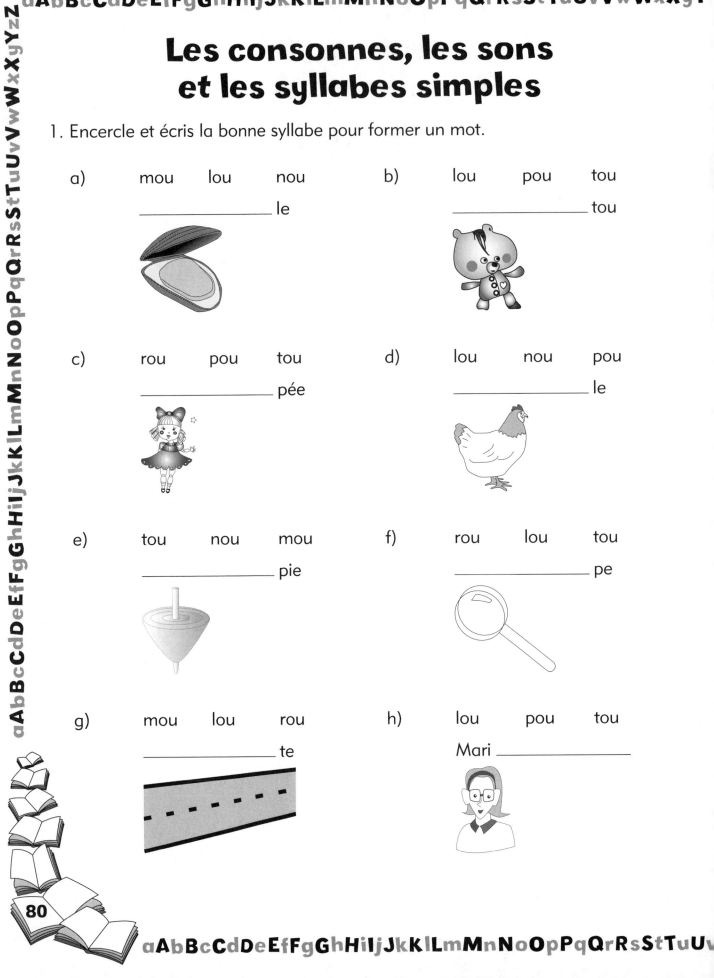

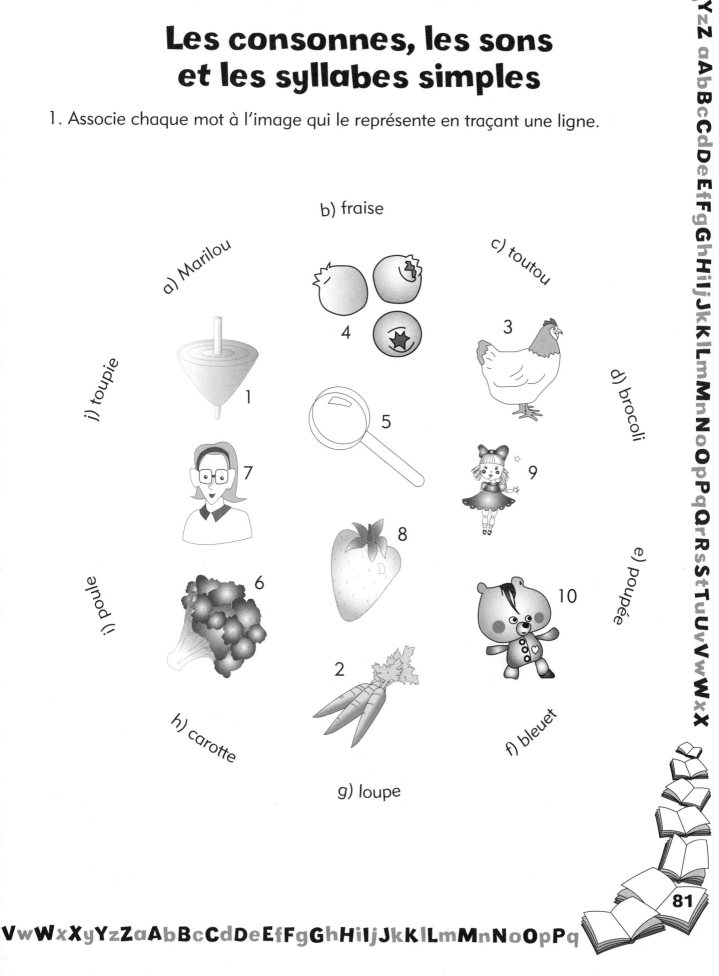

Les consonnes, les sons et les syllabes simples

1. Associe chaque mot à l'image qui le représente en traçant une ligne.

a) Marilou

b) fraise

c) toutou

d) brocoli

e) poupée

f) bleuet

g) loupe

h) carotte

i) poule

j) toupie

Les consonnes, les sons et les syllabes simples

Lorsque le père Noël rit, il fait le son suivant :

Tu connais maintenant le son que font « **o** », « **au** », et « **eau** ».

1. Colorie le dessin si tu entends le son correspondant aux lettres « **o** », « **au** », ou « **eau** » en disant le mot.

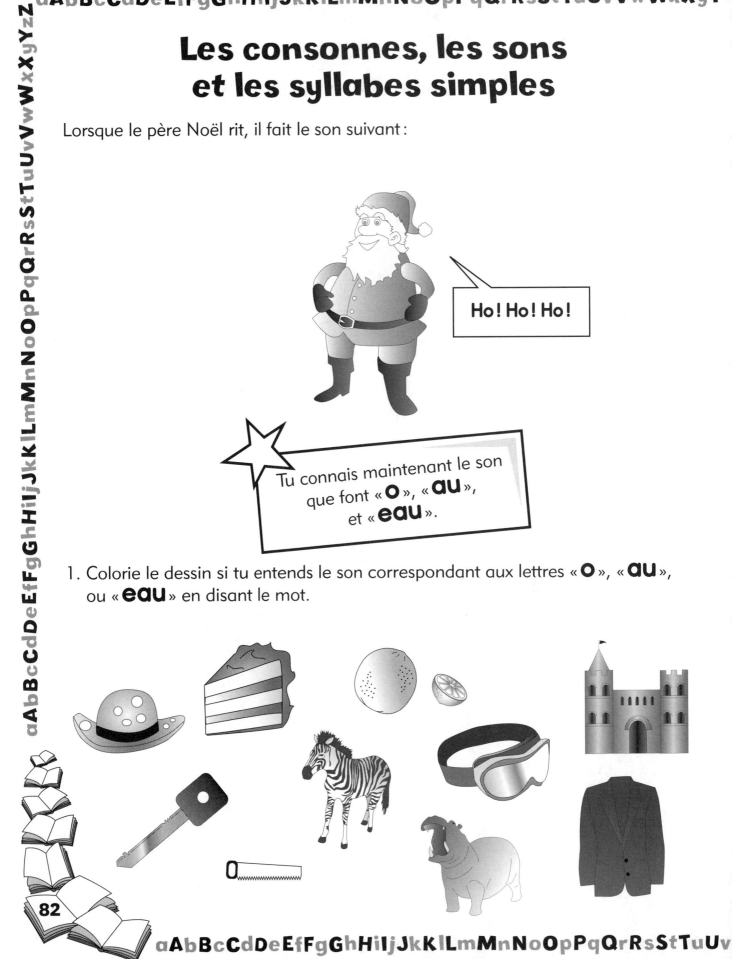

Les consonnes, les sons et les syllabes simples

⯮ Fais le son des consonnes « **r** », « **t** » et « **p** », puis ajoute celui qui suit.

r → eau, ou, ei, au, é

t → es, au, er, eau, ou

p → au, ai, ou, ez, eau

⯮ Lis les syllabes.

pau	reau	mou	teau	mau
nou	tau	peau	lou	rau

⯮ Lis les mots.

peau	râteau	rameau	taureau	poteau
auto	rouleau	taupe	eau	lapereau

⯮ Lis les phrases.

La petite taupe a une amie.

Mamie a les pâtés au <u>brocoli</u> .

Le taureau tire les râteaux.

Mylène et Marilou aiment les moules aux <u>carottes</u> .

Lili a l'eau à la <u>fraise</u> .

L'auto roule.

La reine aime les <u>bleuets</u> .

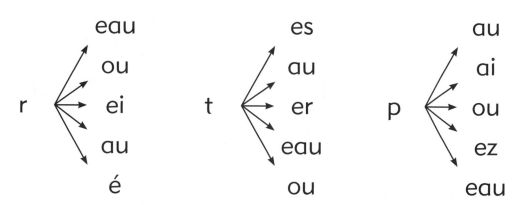

Les consonnes, les sons et les syllabes simples

1. Encercle et écris la bonne syllabe pour former un mot.

a) tau lau rau

_______________ pe

b) mau nau tau

_______________ reau

c) peau teau leau

râ _______________

d) leau neau peau

rou _______________

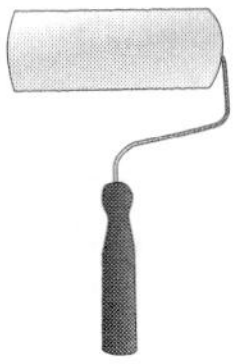

e) neau leau reau

lape _______________

f) au rau nau

_______________ to

g) meau teau reau

po _______________

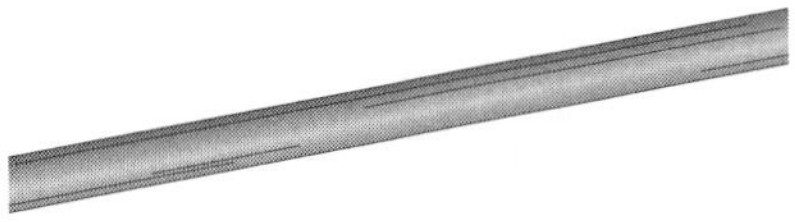

h) leau neau meau

ra _______________

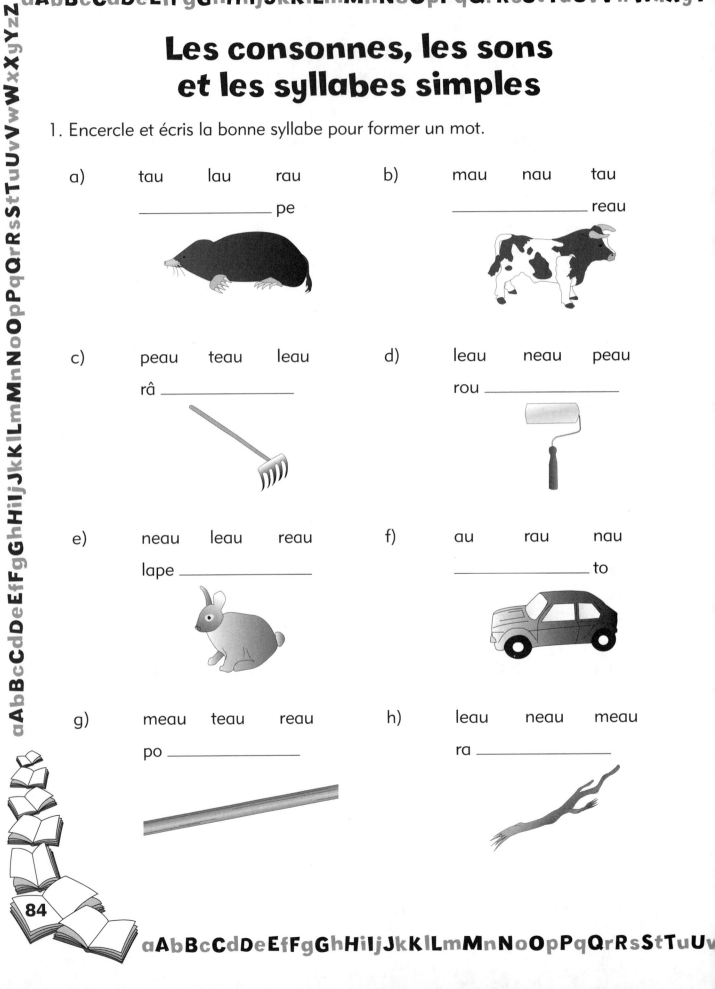

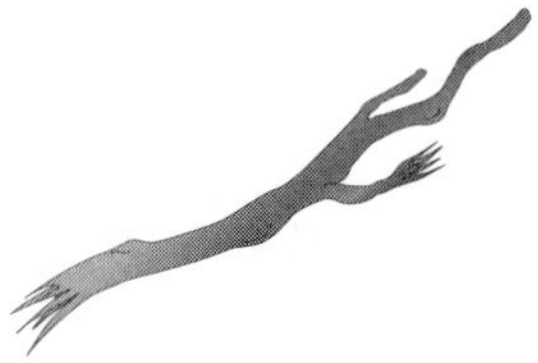

Les consonnes, les sons et les syllabes simples

1. Associe chaque mot à l'image qui le représente en traçant une ligne.

a) brocoli

b) râteau

c) rouleau

d) fraise

e) taupe

f) bleuet

g) eau

h) taureau

i) carotte

j) lapereau

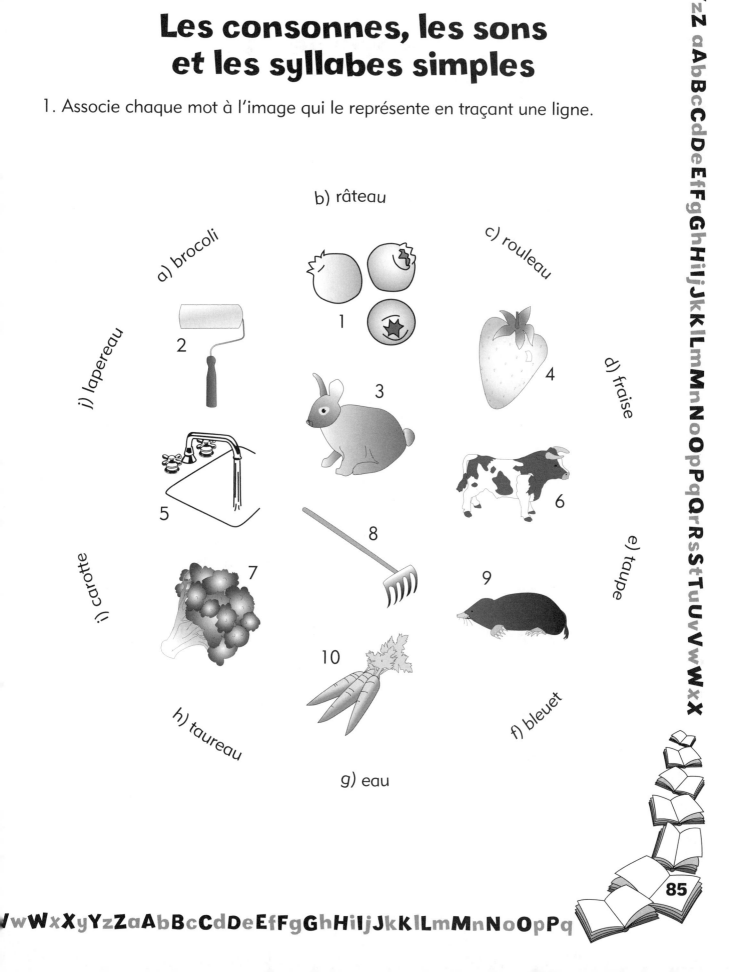

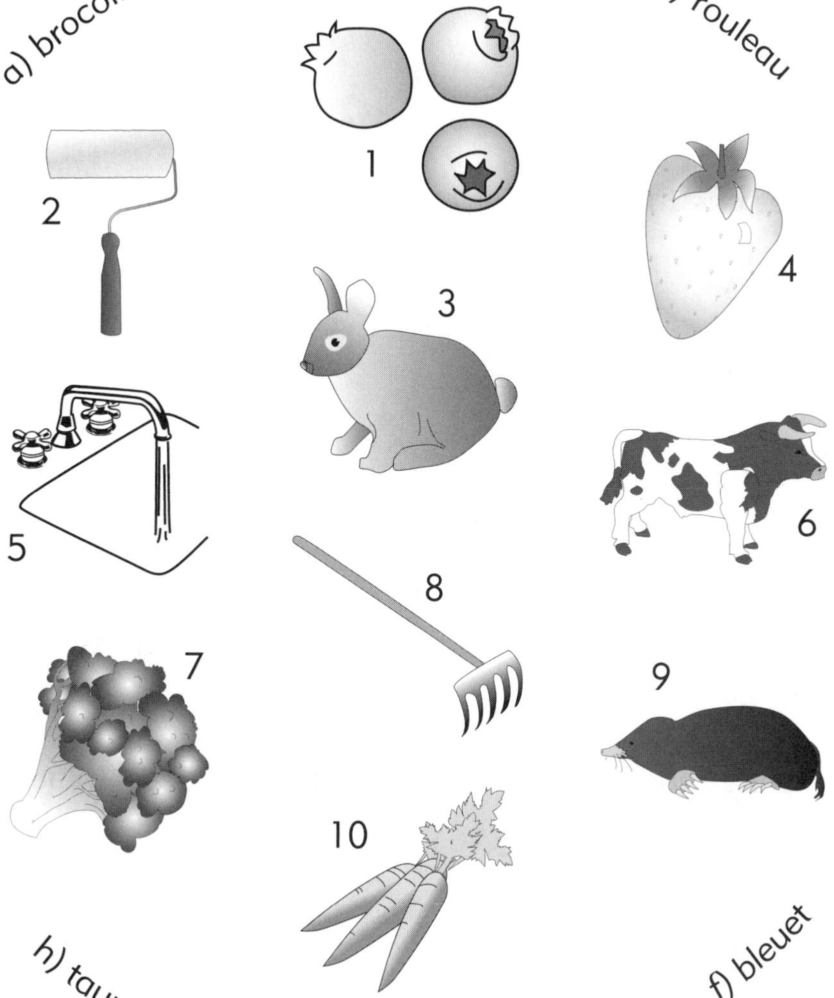

Résumé

Lis les mots que tu as appris en lecture globale.

crayon	livre	sac à dos	ciseaux
bleuet	fraise	brocoli	carotte

Bravo ! Tu en as reconnu ______ /8.

Lis les voyelles que tu as apprises en majuscule et en minuscule.

A	e	O	i
u	I	y	a
E	o	U	y

Bravo ! Tu en as reconnu ______ /12.

Lis les consonnes que tu as apprises en majuscule et en minuscule.

P	R	m	N
T	l	t	p
M	n	L	r

Bravo ! Tu en as reconnu ______ /12.

Résumé

Lis les sons que tu as appris.

ei	ê	es	au
eau	er	è	ai
é	ou	ez	

Bravo ! Tu en as reconnu ______ /11.

Lis les déterminants que tu as appris.

le	ma	l’
tes	mes	les
aux	la	une

Bravo ! Tu en as reconnu ______ /9.

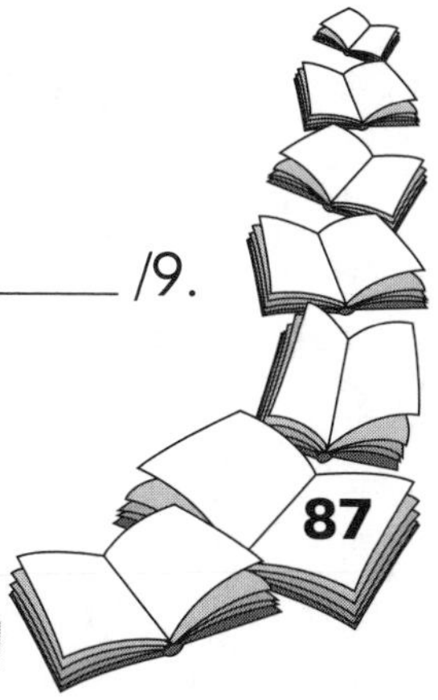

Résumé

Lis les noms communs que tu as appris à la première section.

île	lime	lame	lama
ami	amie	mamie	lune
manie	mine	âne	laine
naine	aile	laie	aine
aîné	aînée	nez	

Bravo ! Tu en as reconnu ______ /19.

Lis les noms communs que tu as appris à la deuxième section.

reine	rime	rame	mère
rue	morue	tomate	tête
tirelire	été	note	mitaine
loto	moto	père	papa
patate	pâté	purée	pilule
poète	poule	moule	route
toupie	loupe	poupée	toutou
peau	râteau	rameau	taureau
poteau	auto	lapereau	rouleau
eau	taupe		

Bravo ! Tu en as reconnu ______ /38.

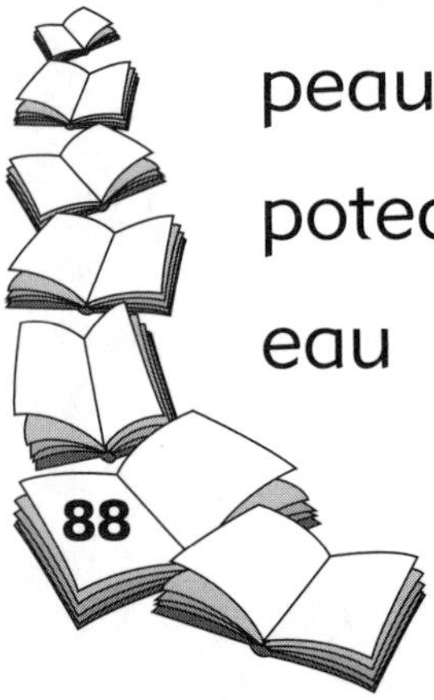

Résumé

Lis les noms propres que tu as appris.

Éli	Lola	Ali	Lili
Léo	Léa	Mia	Milou
Aline	Annie	Noé	Noa
Line	Mylène	Amélie	Noémie
Émilie	Émile	René	Renée
Marilou	Lou		

Bravo ! Tu en as reconnu ______ /22.

Lis les verbes que tu as appris.

lié, lier	mime, mimer	aime, aimé, aimer
mêle, mêler	lime, limer	râpe, râper
tape, taper	roule, rouler	imite, imiter
lu, lire	a	rire
tirer	est	

Bravo ! Tu en as reconnu ______ /14.

Résumé

» Lis les autres mots que tu as appris.

même	à	et
rare	petite	

Bravo ! Tu en as reconnu _____ /5.

» Lis les phrases suivantes.

1. Ma fraise est petite.
2. Mamie aime les purées aux bleuets.
3. Marilou râpe la carotte.
4. Lou aime le pâté au brocoli et aux patates.
5. Line a le toutou et même la poupée.
6. Ma tirelire est une poule.
7. Ma mère imite le poète.

Bravo ! Tu as reconnu _____ /41 mots.

Les consonnes, les sons et les syllabes simples

Troisième section

Thème 3 : **Les animaux**

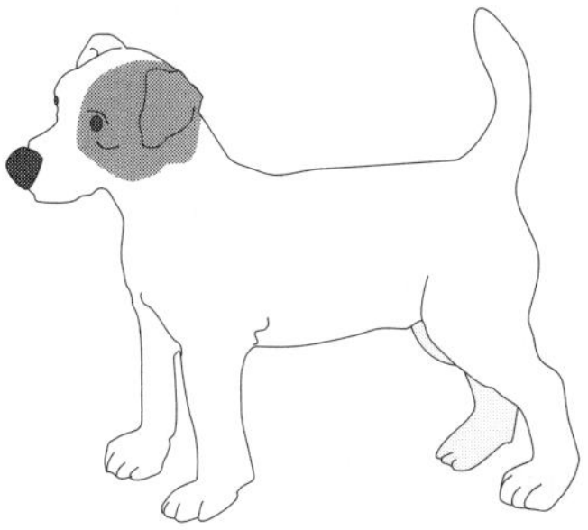

chien

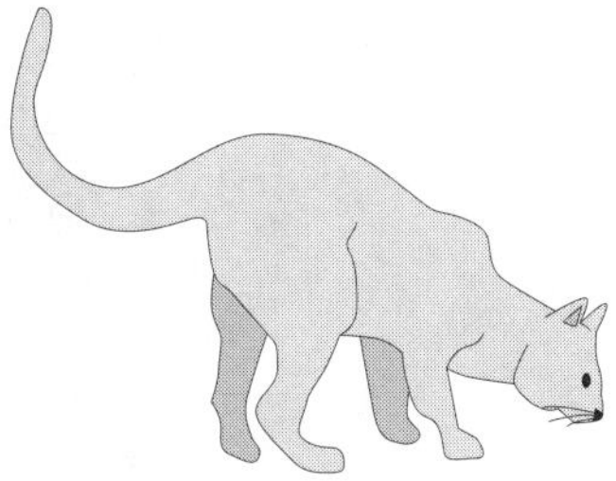

chat

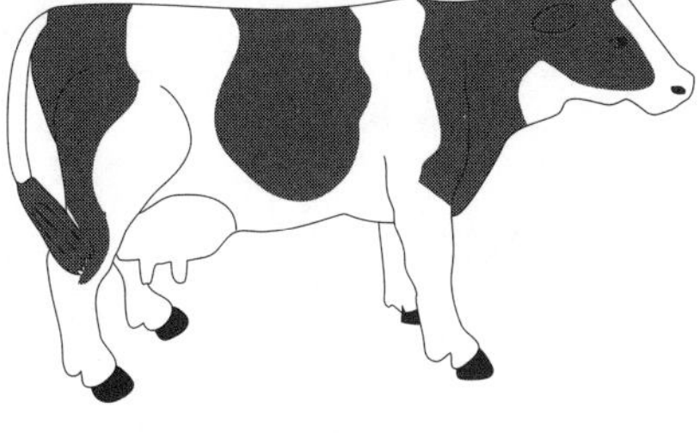

vache

mouffette

Les consonnes, les sons et les syllabes simples

Lorsque le bébé commence à faire des sons, il fait le son suivant :

Tu connais maintenant le son que fait la consonne « **b** ».

1. Colorie le dessin si tu entends le son « **b** » en disant le mot.

Les consonnes, les sons et les syllabes simples

Fais le son de la consonne « **b** », puis ajoute celui qui suit.

	er		è		ei
	a		e		i
b →	u	b →	au	b →	ê
	eau		é		ou
	y		ai		o

Lis les syllabes avec la consonne « **b** ».

bau	bai	bu	bes	ba
bê	bou	bez	bei	bo

Lis les mots.

beau	boule	robot	bobine	bébé
banane	baleine	robe	bateau	boa

Lis les phrases.

Le beau bébé aime la banane.

La petite baleine a une amie.

Tu es le chien  Milou.

Le chat  aime la petite vache .

La boule roule.

Marilou a la robe.

La mouffette  pue.

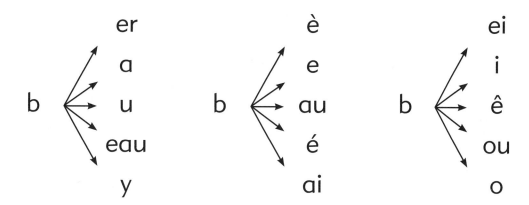

René a le bateau de papa.

Les consonnes, les sons et les syllabes simples

1. Écris les lettres en ordre pour former le mot.

a) a o b

___ ___ ___

b) e o b r

___ ___ ___ ___

c) a a e b n n

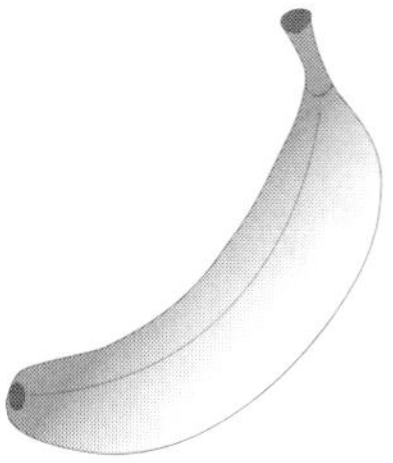

___ ___ ___ ___ ___ ___

d) é é b b

___ ___ ___ ___

e) a a e u b t

___ ___ ___ ___ ___ ___

f) a e e i b l n

___ ___ ___ ___ ___ ___ ___

g) o o b r t

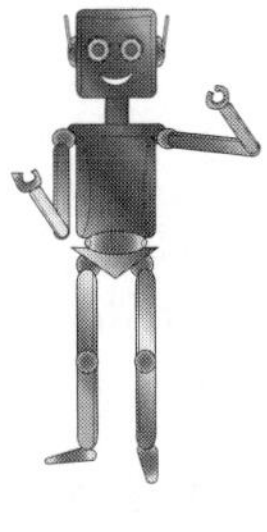

___ ___ ___ ___ ___

h) e i o b b n

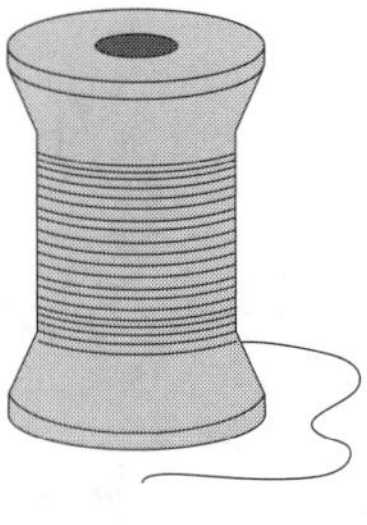

___ ___ ___ ___ ___ ___

Les consonnes, les sons et les syllabes simples

1. Associe chaque mot à l'image qui le représente en traçant une ligne.

a) bateau

b) baleine

c) chat

d) robot

e) bouée

f) vache

g) bébé

h) mouffette

i) chien

j) boa

Les consonnes, les sons et les syllabes simples

Lorsque David bégaie en disant son nom, il fait le son suivant :

Tu connais maintenant le son que fait la consonne « **d** ».

1. Colorie le dessin si tu entends le son « **d** » en disant le mot.

Les consonnes, les sons et les syllabes simples

Fais le son de la consonne « **d** », puis ajoute celui qui suit.

d → ai, i, ê, au, o

d → y, ou, u, ei, a

d → e, è, es, é, eau

Lis les syllabes avec la consonne « **d** ».

dai	deau	da	dou	dê
der	des	dau	de	dei

Lis les mots.

rideau	domino	bedaine	madame	des
malade	limonade	midi	dire	Dino

Lis les phrases.

La dame a les dominos.

Émilie dîne à midi.

Ma mère a une petite bedaine.

Le beau taureau aime la vache .

Dino, le chien , est malade.

Line imite la mouffette .

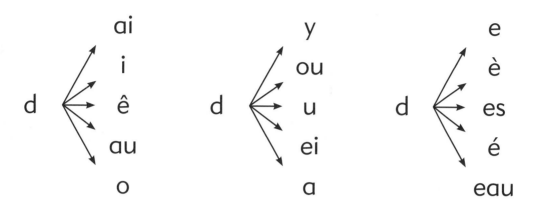

Ali a la limonade de Noé.

Le chat  lape l'eau.

Les consonnes, les sons et les syllabes simples

1. Écris les lettres en ordre pour former le mot.

a) i i d m

______

b) a a e d l m

______

c) i o o d m n

______

d) a e e i b d n

______

e) a e i o d l m n

______

f) a a e d m m

______

g) a e i u d r

______

h) e î d n r

______

Les consonnes, les sons et les syllabes simples

1. Associe chaque mot à l'image qui le représente en traçant une ligne.

b) midi

a) limonade

c) mouffette

j) dîner

d) malade

i) madame

e) chien

h) chat

f) bedaine

g) vache

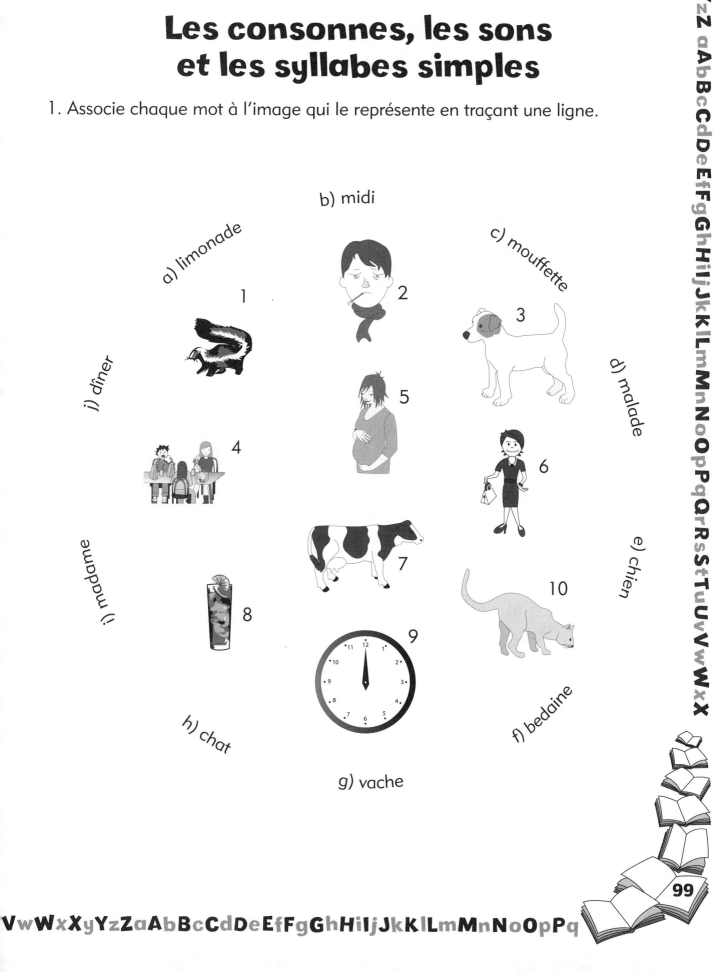

Les consonnes, les sons et les syllabes simples

Lorsque tu dis le chiffre 1, tu fais le son suivant :

1

un un un…

On retrouve parfois le son « **un** » dans un mot, mais le plus souvent, il est utilisé comme déterminant devant un nom masculin. Si on met le déterminant « **un** » au féminin, il devient « **une** ».

Tu connais maintenant le son que fait « **un** ».

Lis les mots suivants.

un crayon 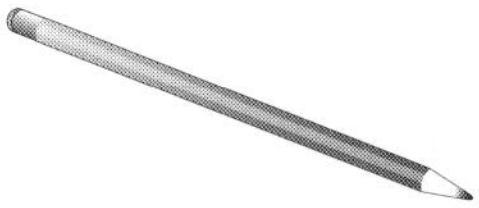	un livre 	un bonbon 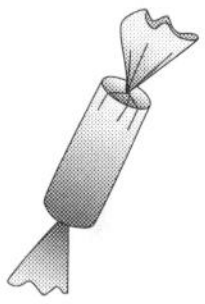	un sac à dos 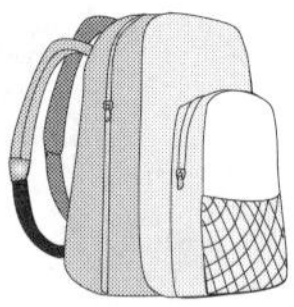
un bleuet 	une fraise 	un brocoli 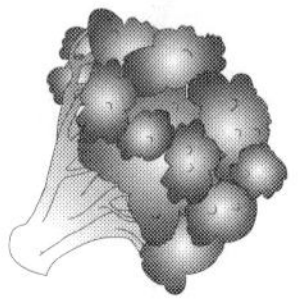	une carotte 
un chien 	un chat 	une vache 	une mouffette 

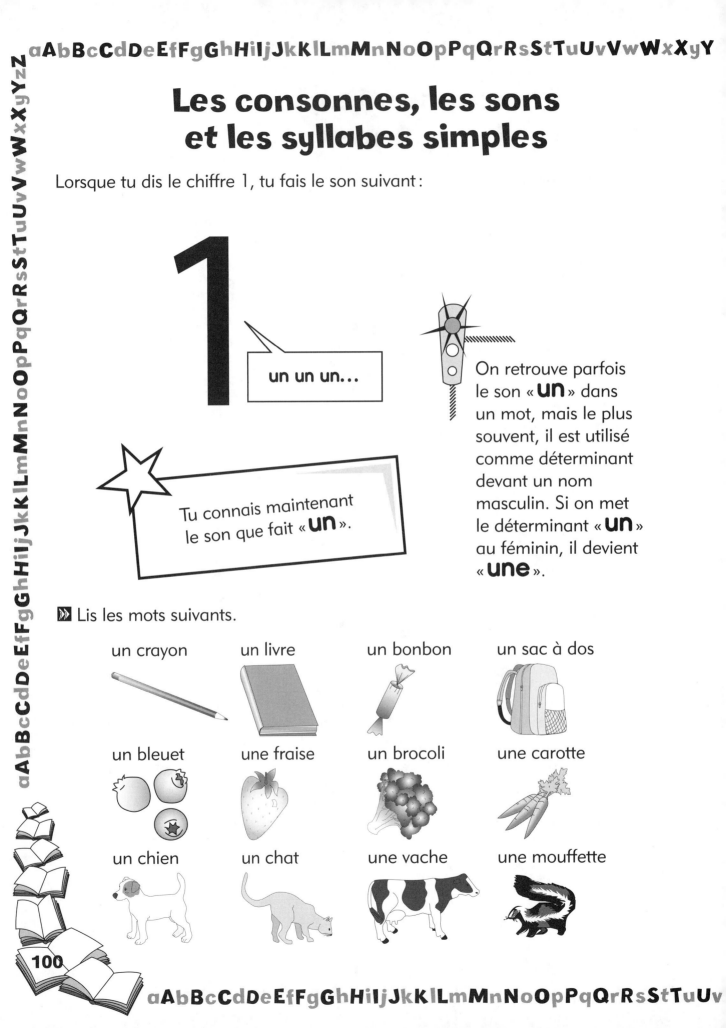

Les consonnes, les sons et les syllabes simples

Fais le son de la consonne « **p** », « **b** » et « **d** », puis ajoute celui qui suit.

	è		un		ou
	ou		eau		es
p →	er	b →	é	d →	un
	un		ou		eau
	eau		ê		au

Lis les syllabes.

lun	bun	nun	tun	beau
pun	mun	dun	run	peau

Lis les mots.

un	lundi	un ami	un lama	un âne
un nez	un été	un papa	un pâté	un boa

Lis les phrases.

Mylène a un chien .

Le poète a un ami.

La vache  est malade.

Mamie a lu la note de ma mère.

Lundi, Léa aura un chat .

Milou pue la mouffette .

Émile a un toutou.

La reine a un bateau.

Les consonnes, les sons et les syllabes simples

Représente chacun des mots par un dessin.

une limonade	une lune	une mitaine
un nez	une auto	une tomate
un bateau	une robe	une baleine
une banane	une moto	une poule

Les consonnes, les sons et les syllabes simples

1. Associe chaque mot à l'image qui le représente en traçant une ligne.

b) midi

a) chien

c) taureau

d) vache

j) île

i) mouffette

e) toupie

h) robot

f) chat

g) râteau

Les consonnes, les sons et les syllabes simples

Lorsque tu imites l'avion qui décolle, tu fais le son suivant :

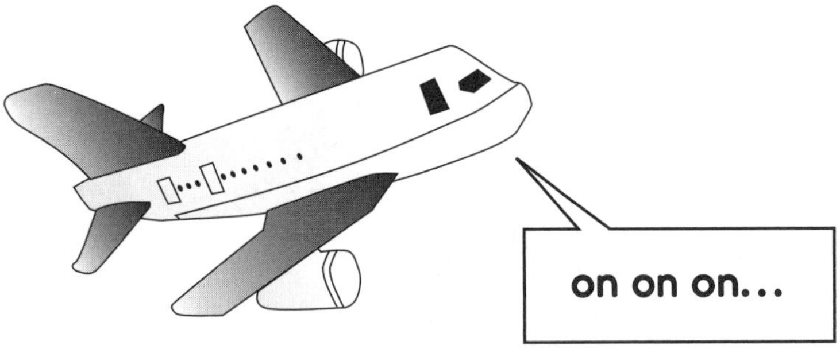

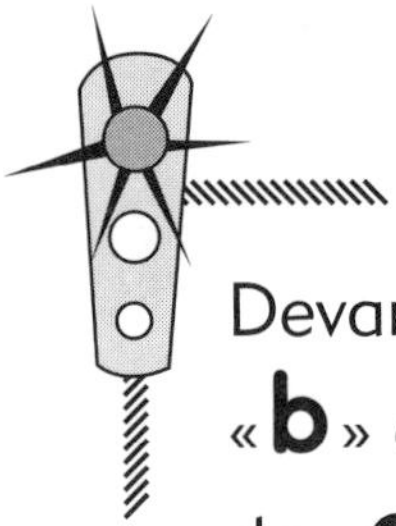

Devant les consonnes « **b** » et « **p** », le « **n** » de « **on** » se change en « **m** ». Le son reste le même. Attention, il y a des exceptions, par exemple « bo**n**bon ».

Tu connais maintenant le son que fait « **on** ».

1. Colorie le dessin si tu entends le son correspondant aux lettres « **on** » ou « **om** » en disant le mot.

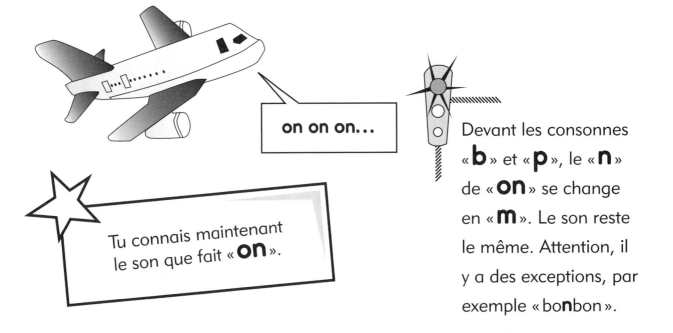

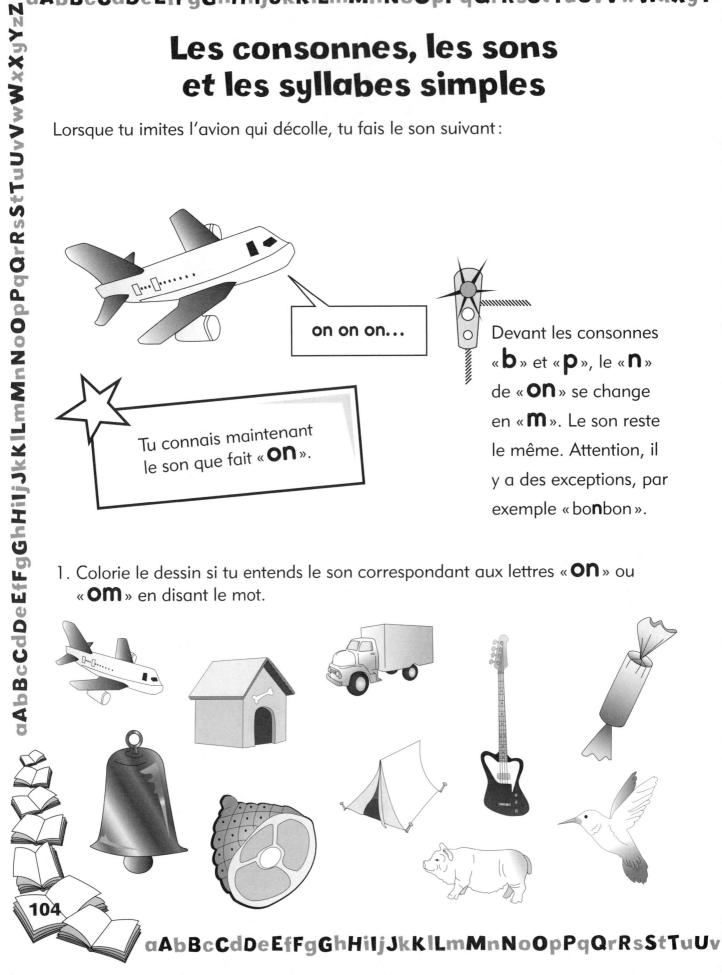

Les consonnes, les sons et les syllabes simples

Fais le son des consonnes « **p** », « **b** » et « **d** », puis ajoute celui qui suit.

p	un	b	au	d	on
	ou		om		un
	on		ou		au
	au		on		ou
	om		un		om

Lis les syllabes.

don	mon	pon	lon	bom
non	bon	ton	dom	ron

Lis les mots.

bedon	biberon	mouton	non	lion
raton	melon	bonbon	ton	Léon

Lis les phrases.

Tu es Léon le raton.

Noa imite le lion.

Papa a une petite vache .

Ton bonbon est bon.

Le bébé a un biberon.

Le chat  lape l'eau.

Tu auras un toutou chien .

Dino aime la mouffette .

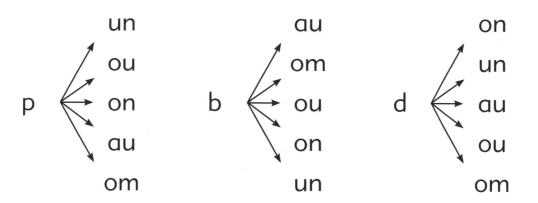

Les consonnes, les sons et les syllabes simples

» Représente chacun des mots par un dessin.

une vache	une mouffette	un chien
un chat	un bonbon	un raton
un lion	un mouton	un renard
un bedon	un melon	un bon pâté

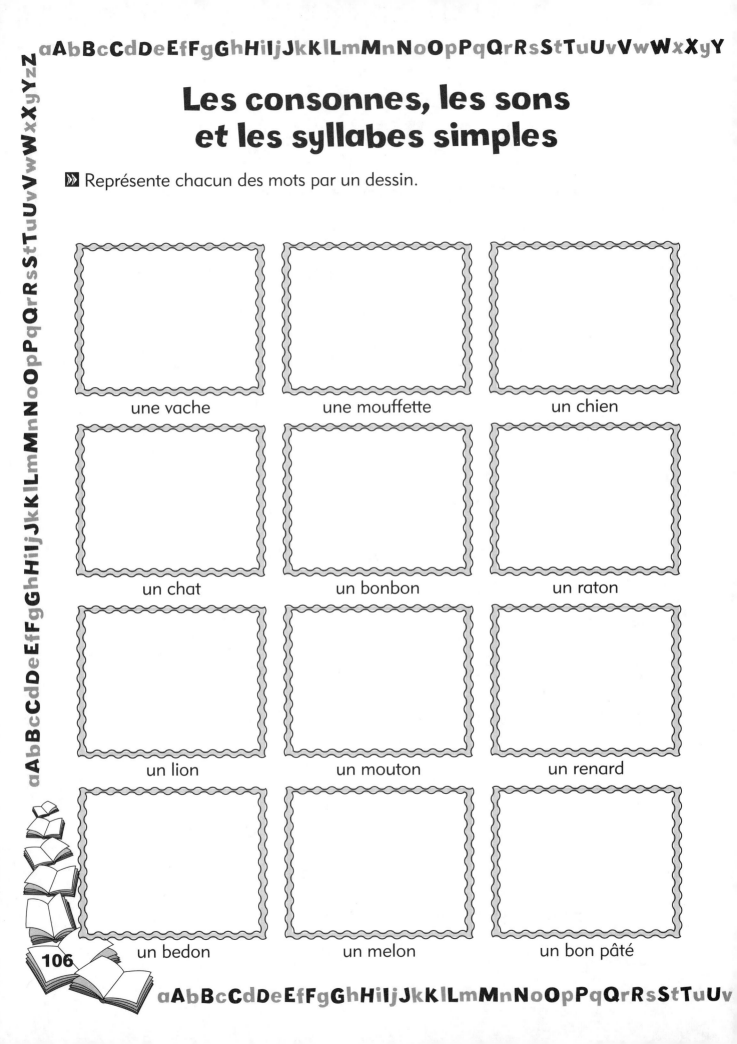

Les consonnes, les sons et les syllabes simples

1. Associe chaque mot à l'image qui le représente en traçant une ligne.

a) melon
b) bonbon
c) raton
d) vache
e) mouffette
f) lion
g) mouton
h) chat
i) chien
j) biberon

Résumé

Lis les mots que tu as appris en lecture globale.

crayon	livre	sac à dos	ciseaux
bleuet	fraise	brocoli	carotte
chien	chat	vache	mouffette

Bravo ! Tu en as reconnu ______ /12.

Lis les voyelles que tu as apprises en majuscule et en minuscule.

A	e	O	i
u	I	y	a
E	o	U	Y

Bravo ! Tu en as reconnu ______ /12.

Lis les consonnes que tu as apprises en majuscule et en minuscule.

P	b	m	N
T	l	t	D
M	n	L	r
B	R	d	p

Bravo ! Tu en as reconnu ______ /16.

Résumé

Lis les sons que tu as appris.

ei	ê	es	au
eau	er	è	ai
é	ou	ez	on
om	un		

Bravo ! Tu en as reconnu _____ /14.

Lis les déterminants que tu as appris.

le	ma	l'	des
tes	mes	les	un
aux	la	une	ton

Bravo ! Tu en as reconnu _____ /12.

Lis les noms communs que tu as appris à la première section.

île	lime	lame	lama	ami
amie	mamie	lune	manie	mine
âne	laine	naine	aile	laie
aine	aîné	aînée	nez	

Bravo ! Tu en as reconnu _____ /19.

Résumé

» Lis les noms communs que tu as appris à la deuxième section.

reine	rime	rame	mère	rue
morue	tomate	tête	tirelire	été
note	mitaine	loto	moto	père
papa	patate	pâté	purée	pilule
poète	poule	moule	route	toupie
loupe	poupée	toutou	peau	râteau
rameau	taureau	poteau	auto	lapereau
rouleau	eau	taupe		

Bravo ! Tu en as reconnu ______ /38.

» Lis les noms communs que tu as appris à la troisième section.

boule	robot	bobine	bébé	banane
baleine	robe	boa	bateau	bouée
rideau	domino	bedaine	madame	malade
limonade	midi	lundi	bedon	biberon
mouton	lion	raton	bonbon	melon
dame				

Bravo ! Tu en as reconnu ______ /26.

Résumé

Lis les noms propres que tu as appris.

Éli	Lola	Ali	Lili
Léo	Léa	Mia	Léon
Aline	Annie	Noé	Noa
Line	Mylène	Amélie	Noémie
Émilie	Émile	René	Renée
Marilou	Lou	Milou	Dino

Bravo ! Tu en as reconnu ______ /24.

Lis les verbes que tu as appris.

lié, lier	mime, mimer	aime, aimé, aimer
mêle, mêler	lime, limer	râpe, râper
tape, taper	roule, rouler	imite, imiter
lu, lire	a, aura	rire
tirer	es, est	pue, puer
dire	dîne, dîner	lape, laper

Bravo ! Tu en as reconnu ______ /18.

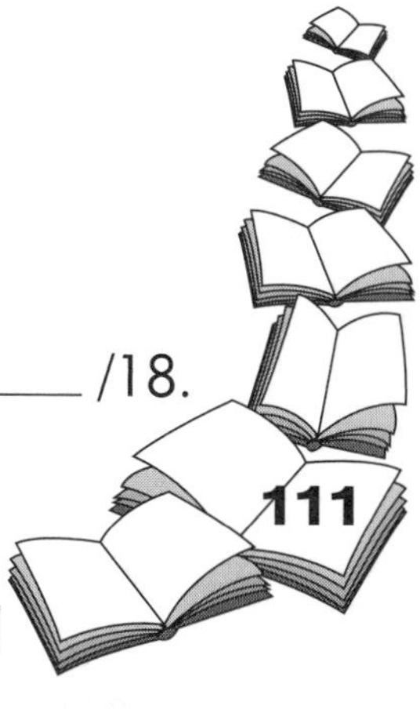

Résumé

Lis les autres mots que tu as appris.

même	à	et
rare	petite	non
beau	bon	de

Bravo ! Tu en as reconnu ______ /9.

Lis les phrases suivantes.

1. Milou, le chien, aime les bonbons au melon.
2. Ton chat aime mon raton.
3. Léon a le biberon du bébé.
4. Émile imite la petite vache.
5. La morue pue la mouffette.
6. La mère baleine a un beau bedon.
7. Lundi midi, tu as été malade.

Bravo ! Tu as reconnu ______ /42 mots.

Les consonnes, les sons et les syllabes simples

Quatrième section

Thème 4 : **Les parties du corps**

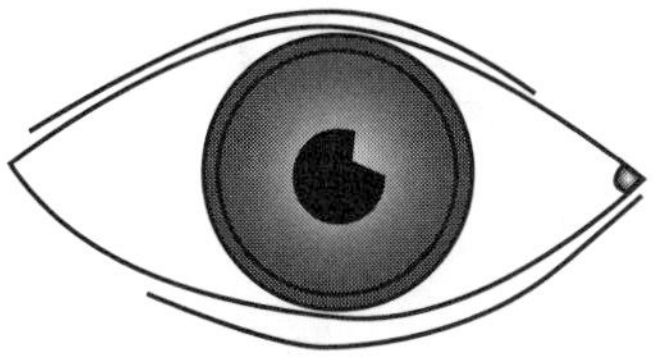

œil

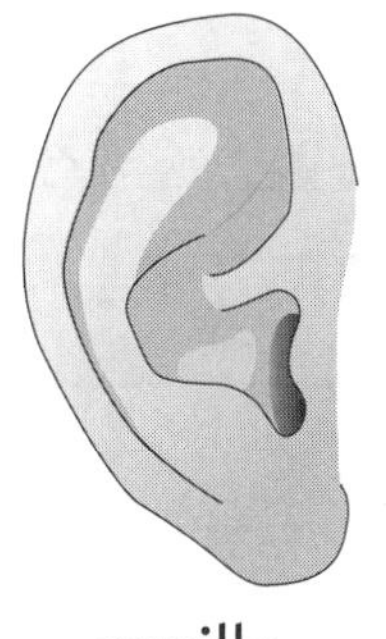

oreille

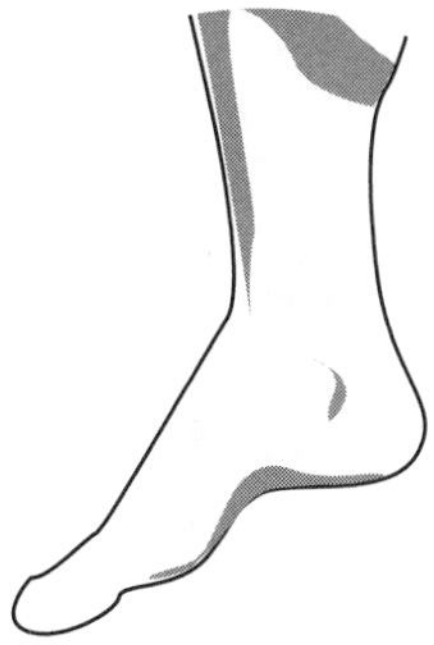

pied

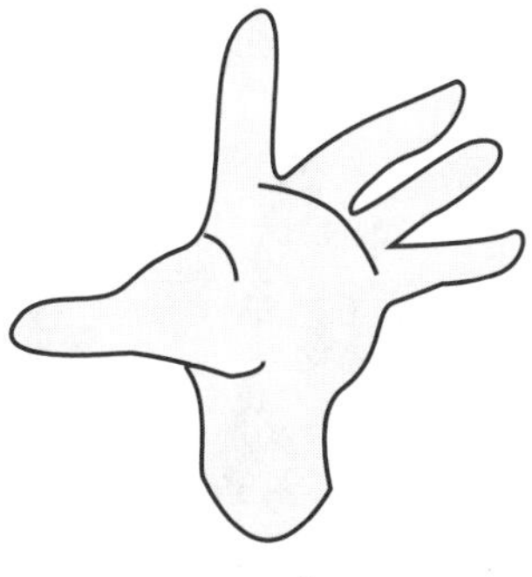

main

Les consonnes, les sons et les syllabes simples

Lorsque tu souffles sur une chandelle, tu fais le son suivant :

Tu connais maintenant le son que font « **f** » et « **ph** ».

1. Colorie le dessin si tu entends le son correspondant aux lettres « **f** » ou « **ph** » en disant le mot.

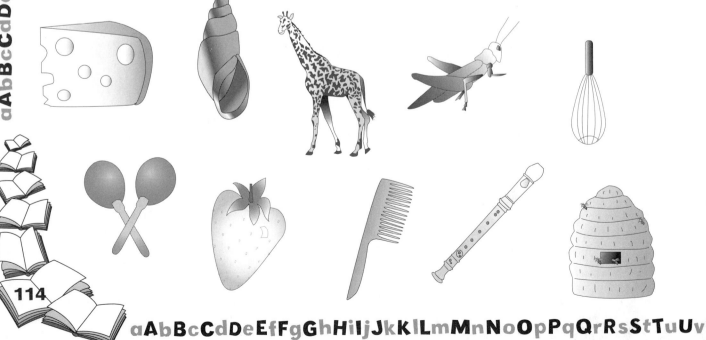

Les consonnes, les sons et les syllabes simples

Fais le son « **f** » ou « **ph** », puis ajoute celui qui suit.

f → ê, ou, a, on, o

ph → e, au, u, ai, y

f → é, un, i, er, eau

Lis les syllabes avec la consonne « **f** ».

fè	fun	fa	fon	fe
fom	fou	fau	fi	fo

Lis les mots.

fumée	farine	famine	fête	fée
fêlure	faire	photo	phobie	Philippe

Lis les phrases.

Lundi, Philippe fait des moules.

Amélie tape du pied .

Éli lie les mains  de René.

La photo d'Ali est belle.

Milou a des petites oreilles .

Lou aime les fêtes.

Léon me fait de l'œil .

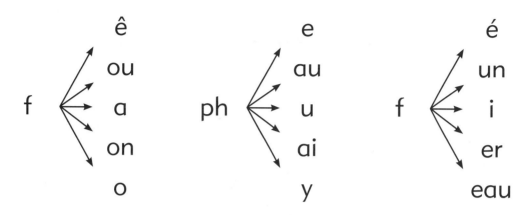

La fée a une phobie.

Les consonnes, les sons et les syllabes simples

1. Écris la lettre manquante.

Tu peux choisir chaque lettre une seule fois.

l d n b p f m t r

ph ou au on ei eau

a) _____ oto

b) _____ omate

c) _____ ama

d) _____ outon

e) balei _____ e

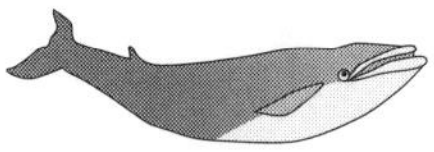

f) tau _____ eau

g) _____ oupée

h) laper _____

i) _____ to

j) r _____ ne

k) mi _____ i

l) _____ arine

m) bonb _____

n) _____ anane

o) r _____ leau

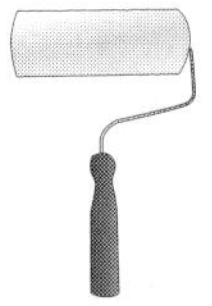

Les consonnes, les sons et les syllabes simples

1. Associe chaque mot à l'image qui le représente en traçant une ligne.

b) photo

c) œil

a) farine

1 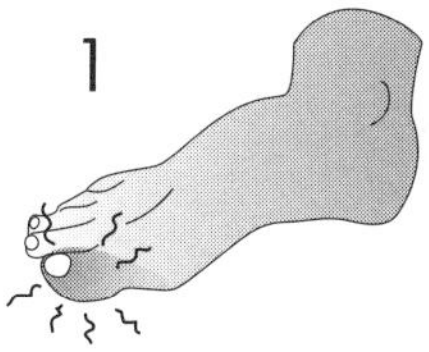

2 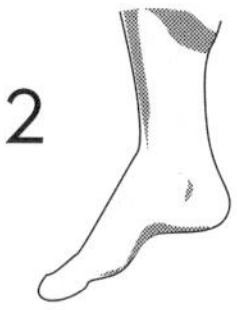

j) fêlure

4 

d) fumée

3 

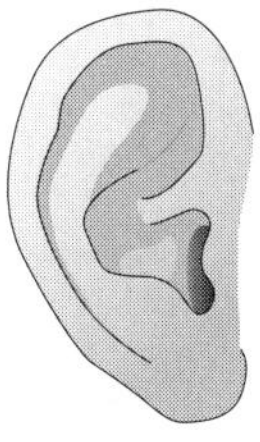 5

 6

7 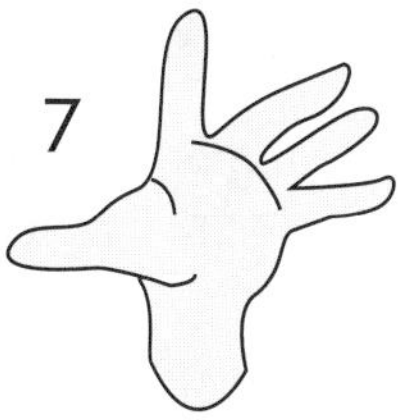

e) pied

i) main

 9

 8

10 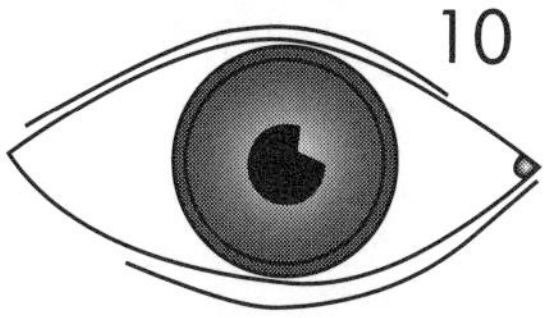

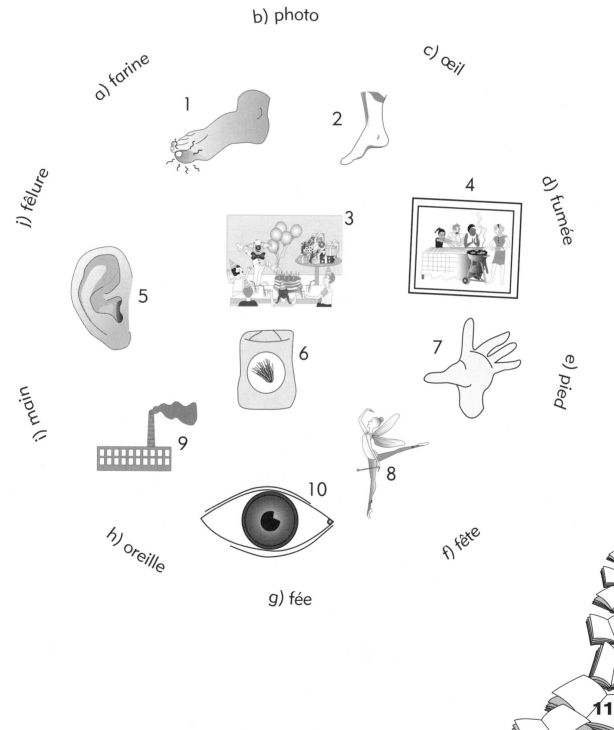

h) oreille

f) fête

g) fée

Les consonnes, les sons et les syllabes simples

Lorsque le vent souffle, il fait le son suivant :

Tu connais maintenant le son que fait la consonne « **v** ».

1. Colorie le dessin si tu entends le son « **v** » en disant le mot.

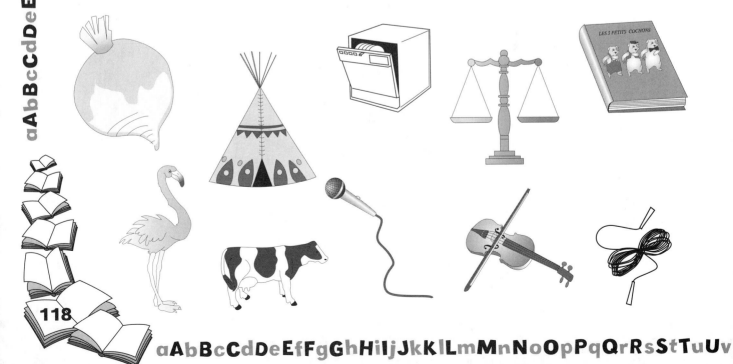

Les consonnes, les sons et les syllabes simples

Fais le son de la consonne « **V** », puis ajoute celui qui suit.

v → è, a, un, ai, u	v → ou, é, on, i, eau	v → o, au, ê, y, e

Lis les syllabes avec la consonne « **V** ».

va	vou	vun	von	vi
veau	ve	vu	vai	vau

Lis les mots.

vétérinaire	lave	avale	vide	fève
violon	veau	vipère	vérité	Violaine

Lis les phrases.

Lili avale une fève.

Le vétérinaire aime les animaux.

Lola fait de la photo.

Philippe tape des <u>mains</u> .

Éli lave l'<u>oreille</u>  de Dino.

Ali aime le violon.

Violaine répare le <u>pied</u>  et l'<u>œil</u>  de sa poupée.

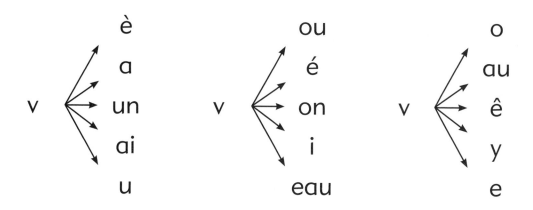

Les consonnes, les sons et les syllabes simples

1. Écris la lettre manquante.

Tu peux choisir chaque lettre une seule fois.

l d n b p f v m t r

ou au on ai eau

a) vétérin _____ re

b) bat _____

c) _____ ève

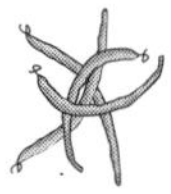

d) _____ âteau

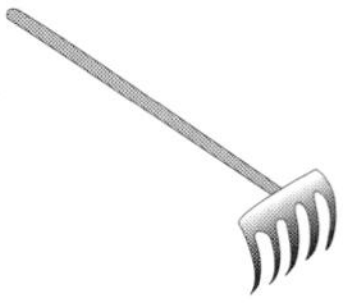

e) _____ une

f) be _____ aine

g) t _____ pe

h) bi _____ eron

i) _____ iolon

j) limo _____ ade

k) mel _____

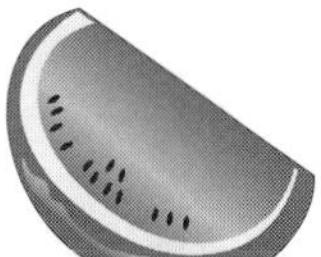

l) _____ outon

m) lou _____ e

n) b _____ ée

o) fê _____ e

Les consonnes, les sons et les syllabes simples

1. Associe chaque mot à l'image qui le représente en traçant une ligne.

a) veau

b) pied

c) vipère

d) violon

e) oreille

f) vétérinaire

g) œil

h) fève

i) Violaine

j) main

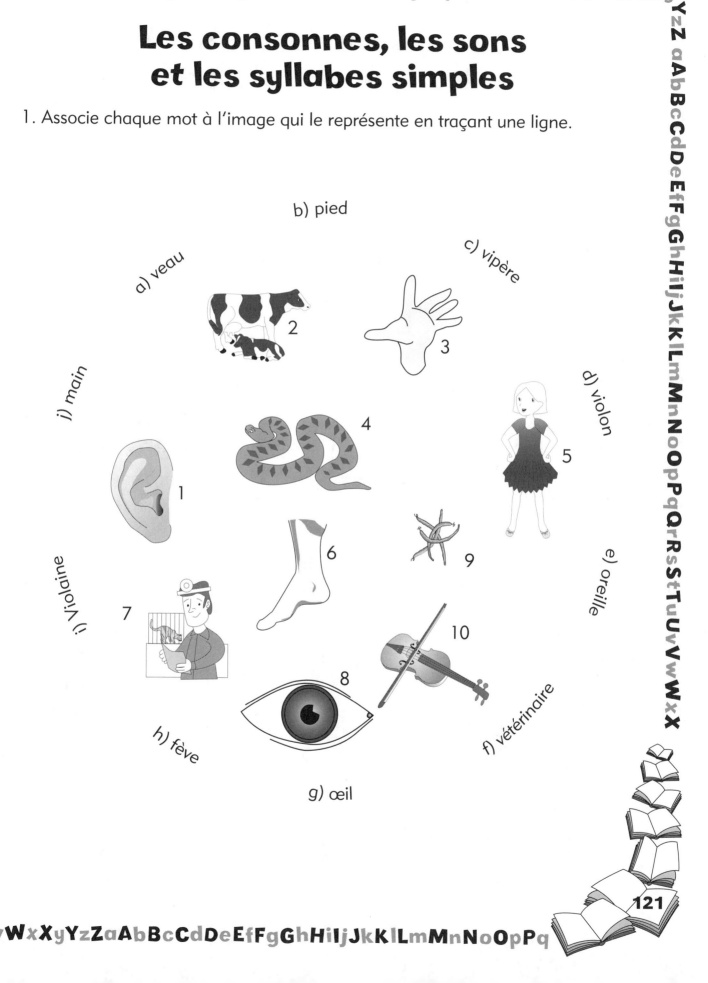

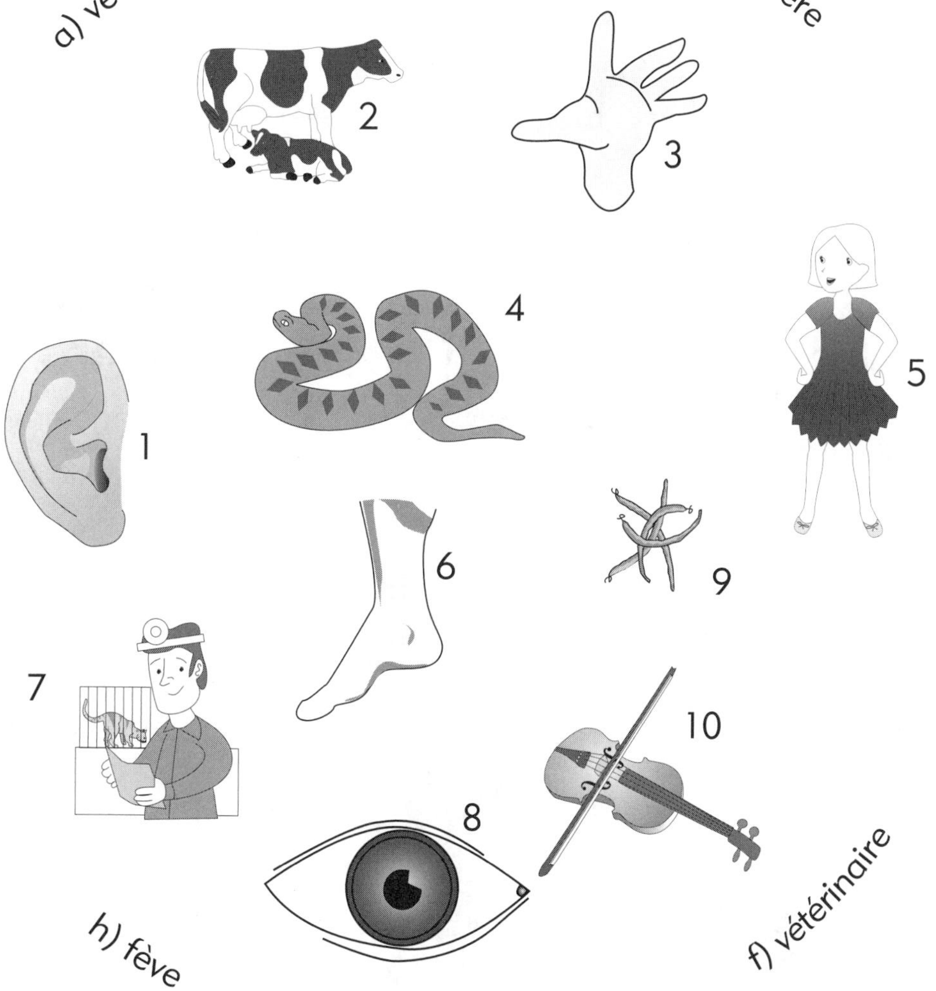

Les consonnes, les sons et les syllabes simples

Lorsque que le cheval hennit, il fait le son suivant :

Tu connais maintenant le son que font « **en** », « **em** », « **an** » et « **am** ».

Devant les consonnes « **b** » et « **p** », le « **n** » de « **en** », « **an** » se change en « **m** ». Le son reste le même.

1. Colorie le dessin, si tu entends le son correspondant aux lettres « **en** », « **em** », « **an** » ou « **am** » en disant le mot.

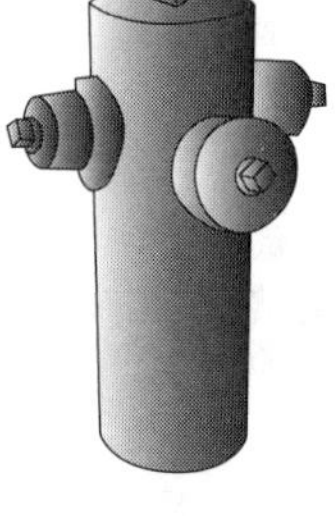
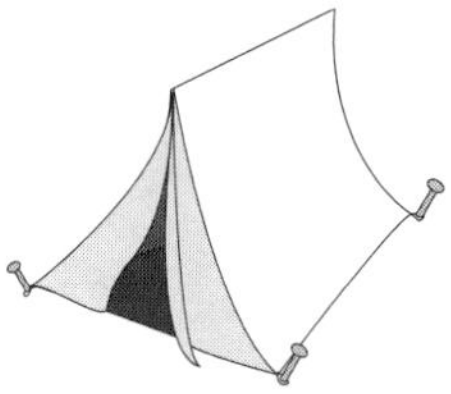

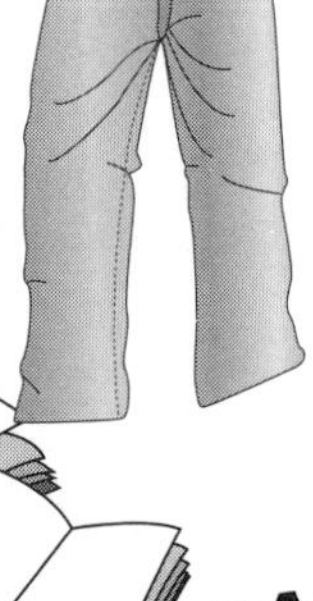

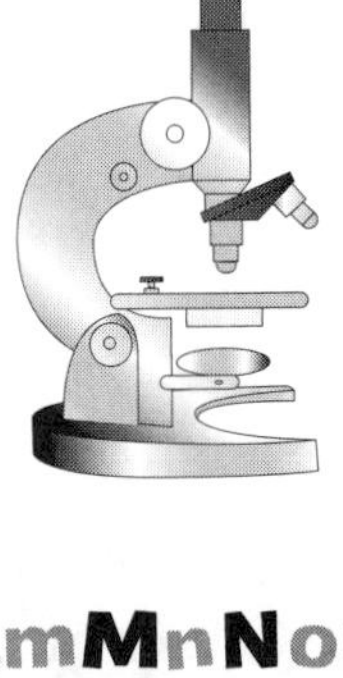

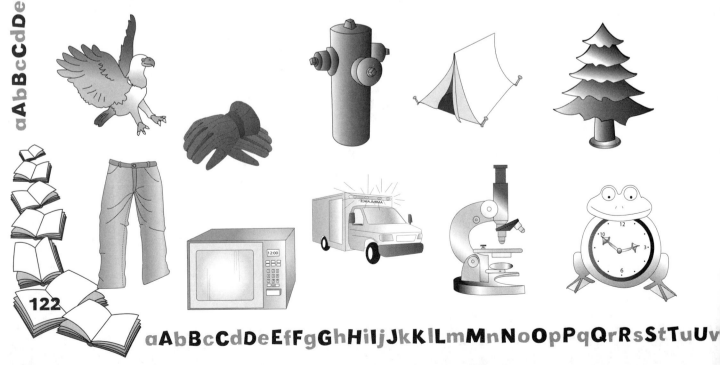

Les consonnes, les sons et les syllabes simples

Fais le son « **f** », « **ph** » ou « **v** », puis ajoute celui qui suit.

f → an, eau, on, ou, em

ph → au, en, un, am, ai

v → en, ei, om, em, an

Lis les syllabes.

ven	phan	nan	dam	pen
ban	fem	tem	ram	men

Lis les mots.

enfant	vent	dent	tente	pantalon
antilope	panda	lampe	manteau	éléphant

Lis les phrases.

L'éléphant aide l'enfant.

Léo aime tes pantalons.

Léa a une petite <u>main</u> .

Papa lave les <u>oreilles</u>  d'Amélie.

L'antilope tape du <u>pied</u> .

Mon toutou panda a un <u>œil</u> .

Mia répare ton manteau.

Aline monte la tente de mamie.

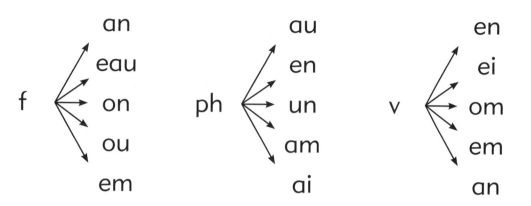

aAbBcCdDeEfFgGhHiIjJkKlLmMnNoOpPqQrRsStTuUvVwWxXyY

Les consonnes, les sons et les syllabes simples

Représente chacun des mots par un dessin.

un œil | un pied | une oreille

une main | un éléphant | un manteau

une lampe | un panda | un pantalon

une tente | une dent | du vent

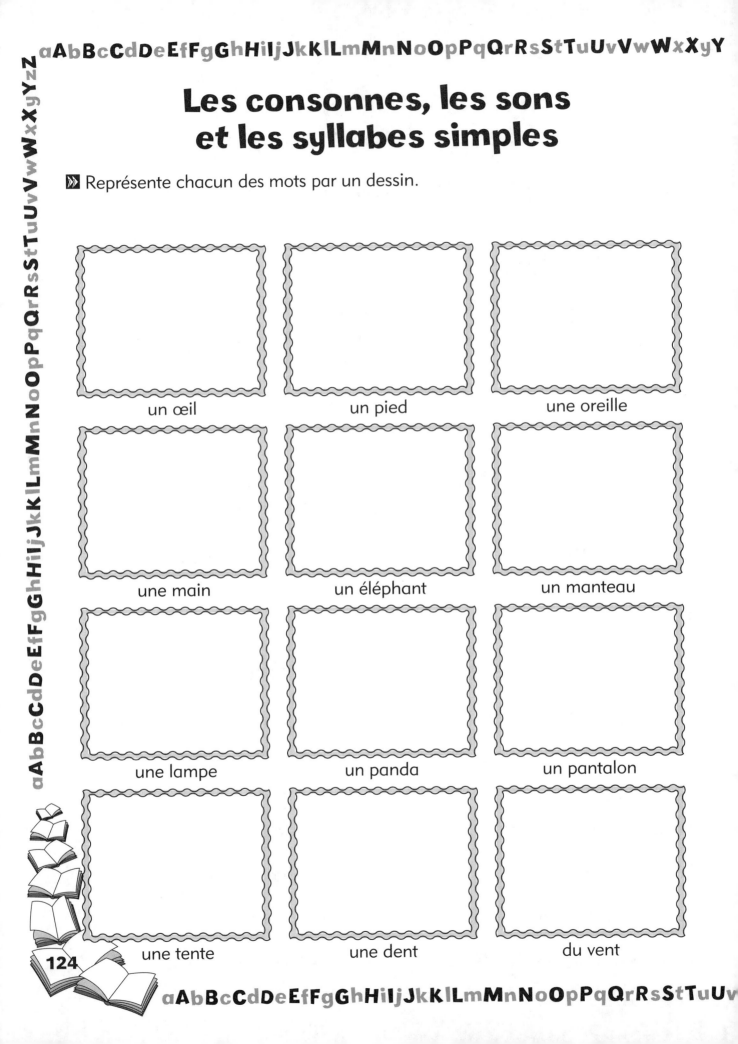

aAbBcCdDeEfFgGhHiIjJkKlLmMnNoOpPqQrRsStTuUv

Les consonnes, les sons et les syllabes simples

1. Associe chaque mot à l'image qui le représente en traçant une ligne.

a) enfant
b) main
c) tente
d) œil
e) pied
f) panda
g) manteau
h) éléphant
i) oreille
j) antilope

Les consonnes, les sons et les syllabes simples

Lorsque le canard cancane, il fait le son suivant :

Tu connais maintenant le son que font « **in** », « **im** » et « **ain** ».

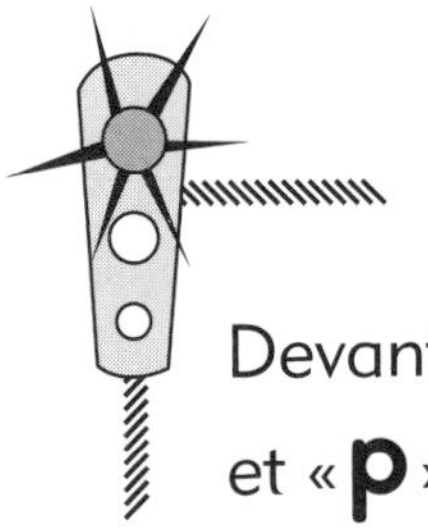

Devant les consonnes « **b** » et « **p** », le « **n** » de « **in** » se change en « **m** ». Le son reste le même.

1. Colorie le dessin, si tu entends le son correspondant aux lettres « **in** », « **im** » ou « **ain** » en disant le mot.

Les consonnes, les sons et les syllabes simples

Fais le son «**f**», «**ph**» ou «**v**», puis ajoute celui qui suit.

f	in, am, un, om, eau	ph	ain, im, an, au, em	v	in, on, ou, ain, en

Lis les syllabes.

pim	laim	vim	bin	din
min	fin	phin	nin	tin

Lis les mots.

main	pain	bain	vin	lutin
nain	demain	lapin	patin	dindon

Lis les phrases.

Annie lave les <u>oreilles</u>  du bébé.

Amélie tape la <u>main</u>  du lutin.

Mylène pue des <u>pieds</u> .

Noémie aiguise la lame de tes patins.

Noé avale tout le vin.

Line aime l'<u>œil</u>  de ton lapin.

Le dindon nain a faim.

Demain matin, Noa fera du pain.

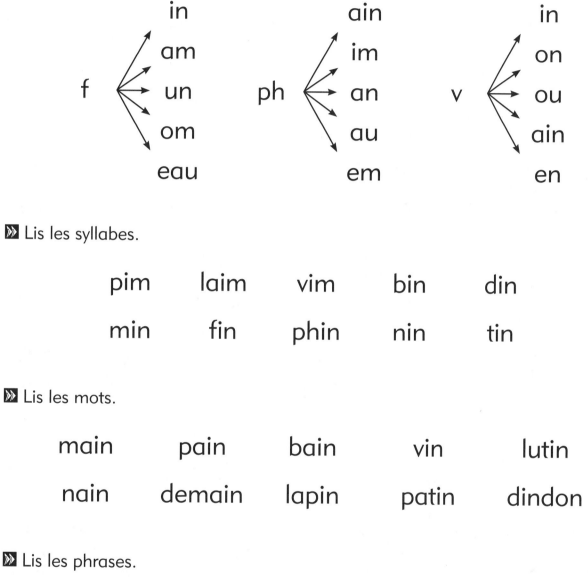

Les consonnes, les sons et les syllabes simples

Représente chacun des mots par un dessin.

un dindon	un œil	un patin
un pied	un lapin	un nain
une oreille	un lutin	du vin
un bain	un pain	une main

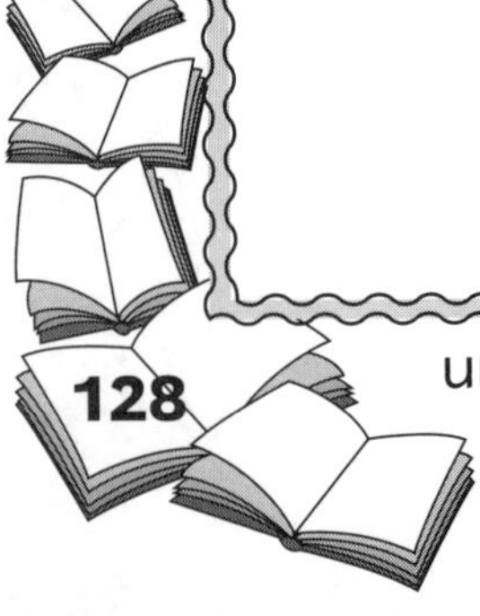

Les consonnes, les sons et les syllabes simples

1. Associe chaque mot à l'image qui le représente en traçant une ligne.

a) nain

b) oreille

c) vin

d) lutin

e) pied

f) patin

g) pain

h) bain

i) main

j) œil

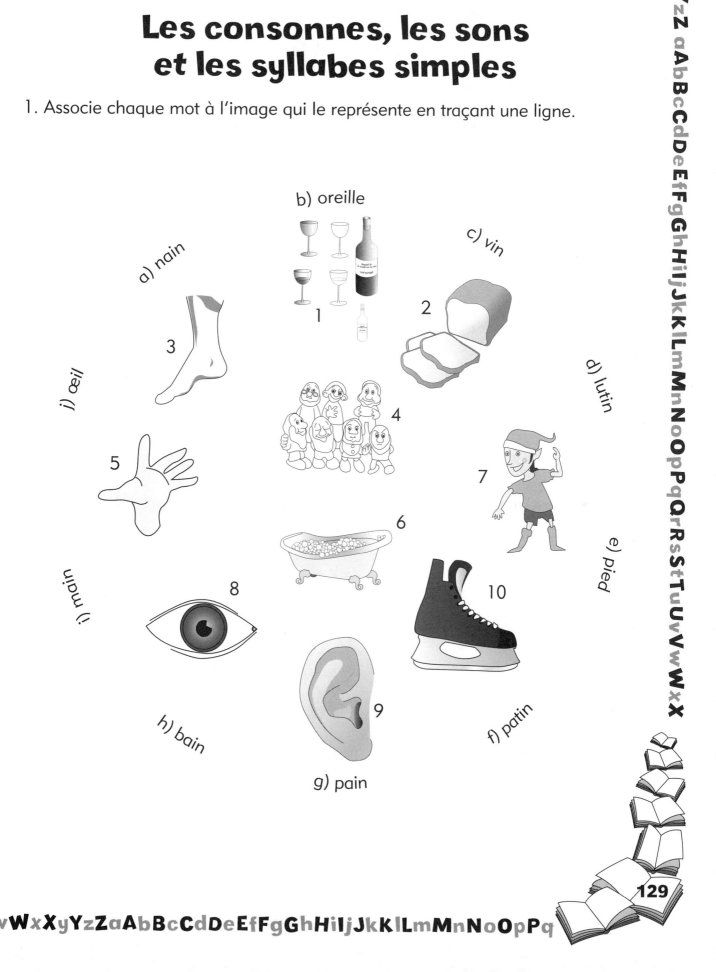

Résumé

Lis les mots que tu as appris en lecture globale.

crayon	livre	sac à dos	ciseaux
bleuet	fraise	brocoli	carotte
chien	chat	vache	mouffette
œil	pied	oreille	main

Bravo ! Tu en as reconnu _____ /16.

Lis les voyelles que tu as apprises en majuscule et en minuscule.

A	e	O	i	u	I
A	y	E	o	U	Y

Bravo ! Tu en as reconnu _____ /12.

Lis les consonnes que tu as apprises en majuscule et en minuscule.

P	b	f	N	T	l	t
V	M	n	L	r	B	R
d	p	F	v	m	D	

Bravo ! Tu en as reconnu _____ /20.

Lis les sons que tu as appris.

ei	em	es	au	eau	er	è	
im	é	ou	an	on	om	un	
ph	en	ê	ez	am	in	ai	ain

Bravo ! Tu en as reconnu _____ /22.

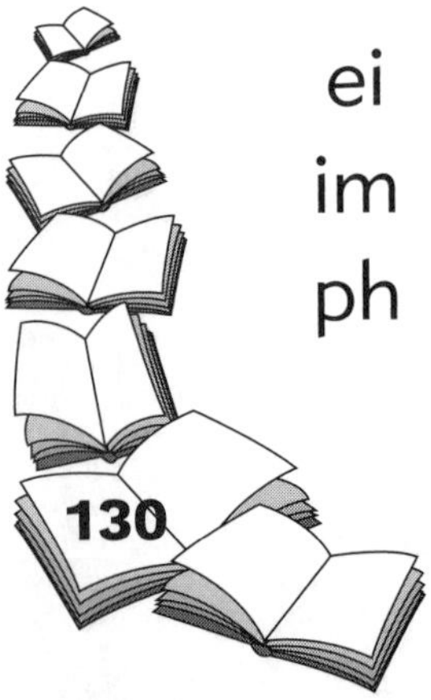

Résumé

Lis les déterminants que tu as appris.

le	ma	l'	des
tes	mes	les	un
aux	la	une	ton

Bravo ! Tu en as reconnu ______ /12.

Lis les noms communs que tu as appris à la première section.

île	lime	lame	lama	ami
amie	mamie	lune	manie	mine
âne	laine	naine	aile	laie
aine	aîné	aînée	nez	

Bravo ! Tu en as reconnu ______ /19.

Lis les noms communs que tu as appris à la deuxième section.

reine	rime	rame	mère	rue
morue	tomate	tête	tirelire	été
note	mitaine	loto	moto	père
papa	patate	pâté	purée	pilule
poète	poule	moule	route	toupie
loupe	poupée	toutou	peau	râteau
rameau	taureau	poteau	auto	lapereau
rouleau	eau	taupe		

Bravo ! Tu en as reconnu ______ /38.

Résumé

▶ Lis les noms communs que tu as appris à la troisième section.

boule	robot	bobine	bébé	banane
baleine	robe	boa	bateau	bouée
rideau	domino	bedaine	madame	malade
limonade	midi	lundi	bedon	biberon
mouton	lion	raton	bonbon	melon

Bravo ! Tu en as reconnu ______ /25.

▶ Lis les noms communs que tu as appris à la quatrième section.

fumée	farine	famine	fête	fée
photo	phobie	fêlure	vétérinaire	fève
violon	veau	vipère	vérité	animaux
enfant	vent	dent	tente	pantalon
antilope	panda	lampe	manteau	éléphant
main	pain	bain	vin	lutin
nain	demain	lapin	patin	dindon
matin	faim			

Bravo ! Tu en as reconnu ______ /37.

Résumé

Lis les noms propres que tu as appris.

Éli	Lola	Ali	Lili
Léo	Léa	Mia	Violaine
Aline	Annie	Noé	Noa
Line	Mylène	Amélie	Noémie
Émilie	Émile	René	Renée
Marilou	Lou	Milou	Dino
Léon	Philippe		

Bravo ! Tu en as reconnu ______ /26.

Lis les verbes que tu as appris.

lié, lier	mime, mimer	aime, aimé, aimer
mêle, mêler	lime, limer	râpe, râper
tape, taper	roule, rouler	imite, imiter
lu, lire	a, aura	rire
tirer	es, est	pue, puer
dire	dîne, dîner	lape, laper
fait, faire	lave, laver	avale, avaler
vide, vider	répare, réparer	aide, aider
monte, monter		

Bravo ! Tu en as reconnu ______ /25.

Résumé

Lis les autres mots que tu as appris.

même	à	et
rare	petite	non
beau	bon	de
du	me	tout

Bravo ! Tu en as reconnu ______ /12.

Lis les phrases suivantes.

1. La main de Violaine est petite.
2. Le vétérinaire aide les animaux malades.
3. Le lutin nain aime le vin et le pain.
4. Philippe lave le bain de ta mamie.
5. Demain matin, le lapin aura faim.
6. Mon père fait dîner le bébé panda.
7. L'éléphant a une fêlure à la patte.

Bravo ! Tu as reconnu ______ /48 mots.

Les consonnes, les sons et les syllabes simples

Cinquième section

Thème 5 : **La nourriture**

œuf

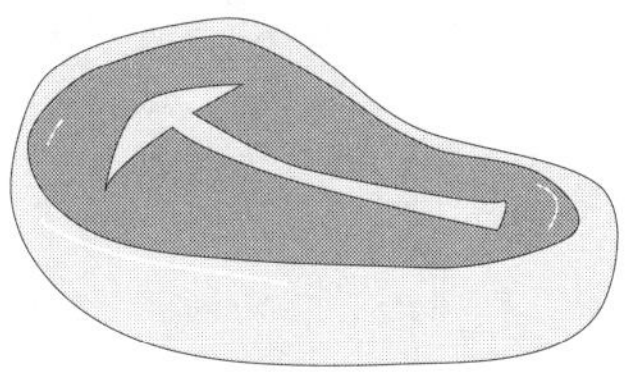

bœuf

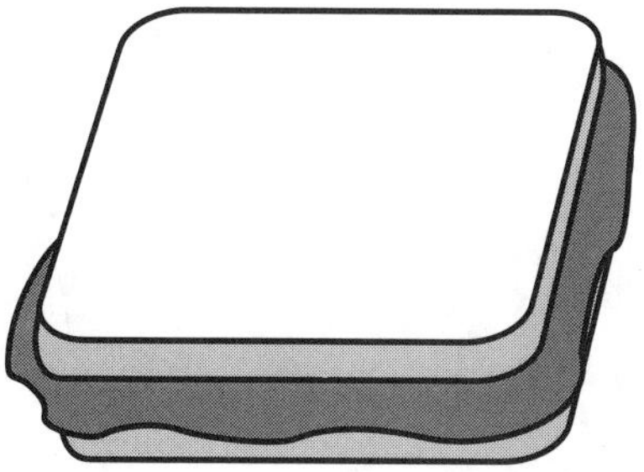

sandwich

citrouille

Les consonnes, les sons et les syllabes simples

Lorsque la voiture ne démarre pas en hiver, elle fait le son suivant :

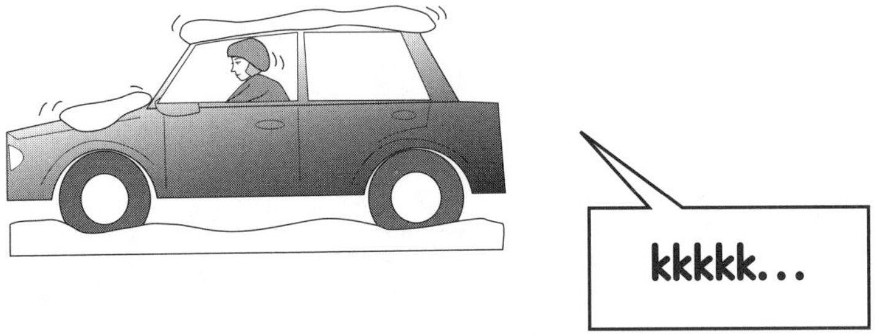

Tu connais maintenant le son que font « **k** » et « **qu** ».

1. Colorie le dessin si tu entends le son correspondant aux lettres « **k** » ou « **qu** » en disant le mot.

Les consonnes, les sons et les syllabes simples

Fais le son « **k** » ou « **qu** », puis ajoute celui qui suit.

k → in, en, ai, u, eau

qu → a, o, é, i, e

k → è, ou, y, ê, on

Lis les syllabes.

qué	koi	ka	que	kan
kou	qui	ko	kin	quê

Lis les mots.

koala	kimono	képi	piqûre	requin
phoque	banque	kaki	karaté	Karine

Lis les phrases.

Karine fait rouler l'<u>œuf</u> .

Émile a une piqûre.

Marilou aime les pâtés au <u>bœuf</u> .

Lou fait son <u>sandwich</u> .

Émilie fait du karaté.

René imite le requin.

Renée aime les koalas.

Léon vide la <u>citrouille</u> .

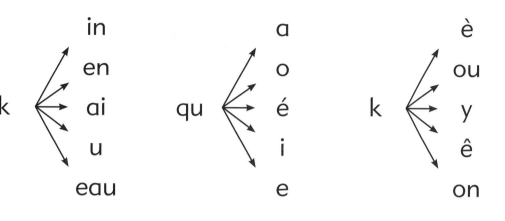

aAbBcCdDeEfFgGhHiIjJkKlLmMnNoOpPqQrRsStTuUvVwWxXyY

Les consonnes, les sons et les syllabes simples

Encercle l'image qui correspond au mot.

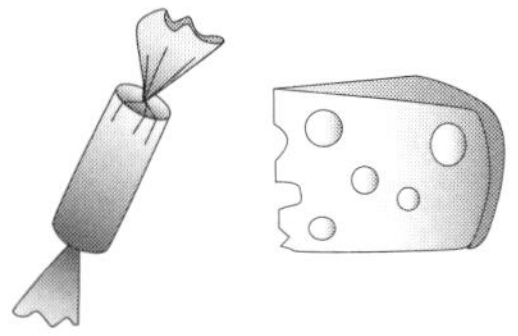

bœuf

kimono

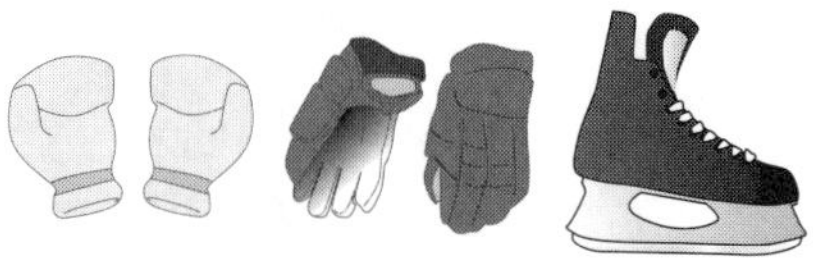

patin

koala

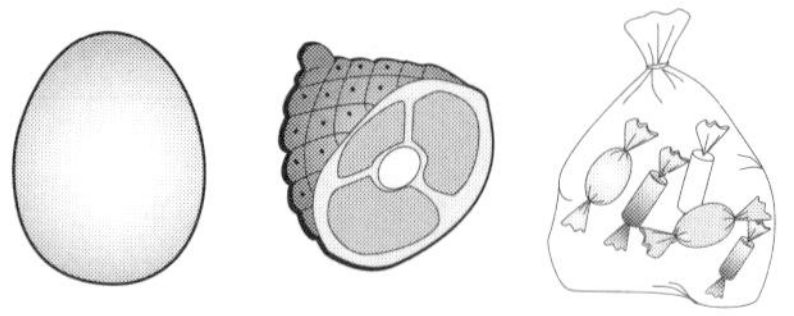

œuf

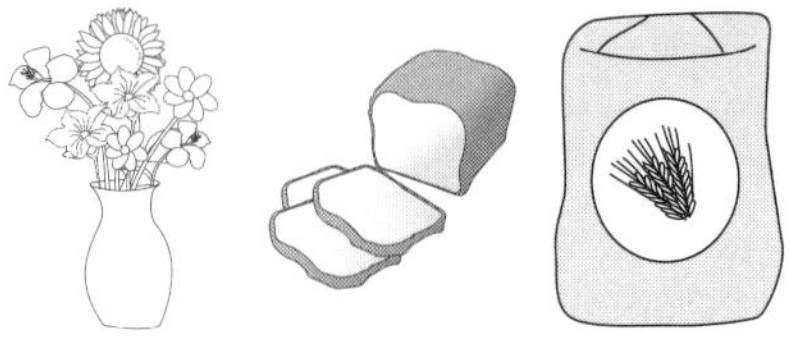

pain

képi

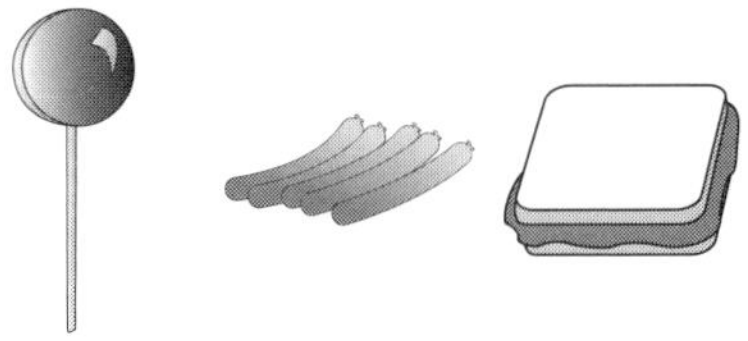

sandwich

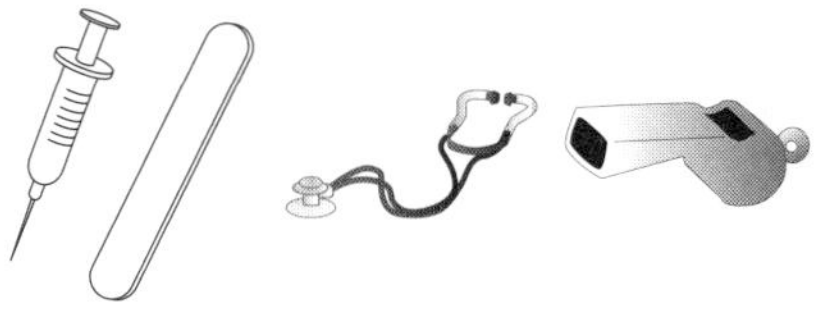

piqûre

lapin

requin

citrouille

phoque

banque

lion

violon

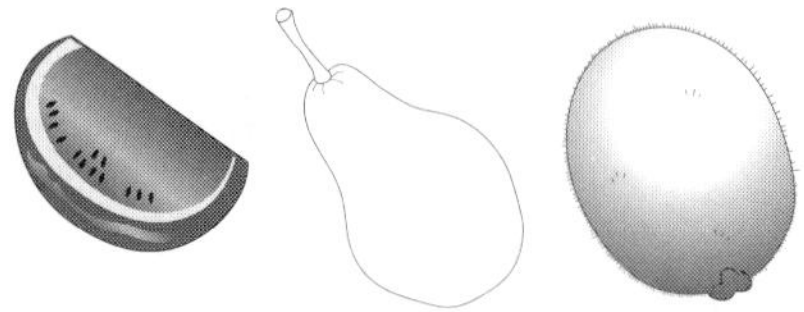

melon

karaté

aAbBcCdDeEfFgGhHiIjJkKlLmMnNoOpPqQrRsStTuUv

Les consonnes, les sons et les syllabes simples

1. Associe chaque mot à l'image qui le représente en traçant une ligne.

a) œuf
b) phoque
c) requin
d) bœuf
e) koala
f) sandwich
g) citrouille
h) karaté
i) képi
j) kimono

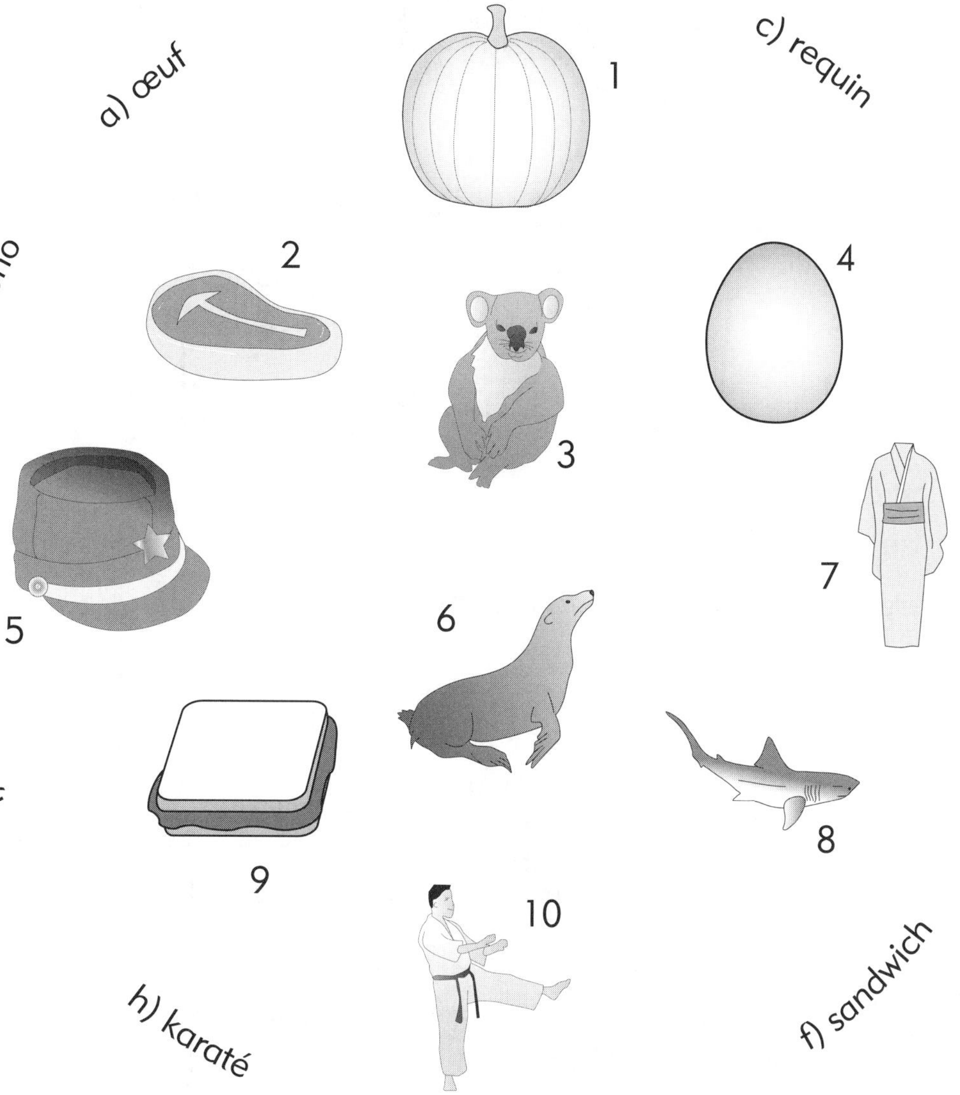

Les consonnes, les sons et les syllabes simples

Lorsque la voiture ne démarre pas en hiver, elle fait le son suivant :

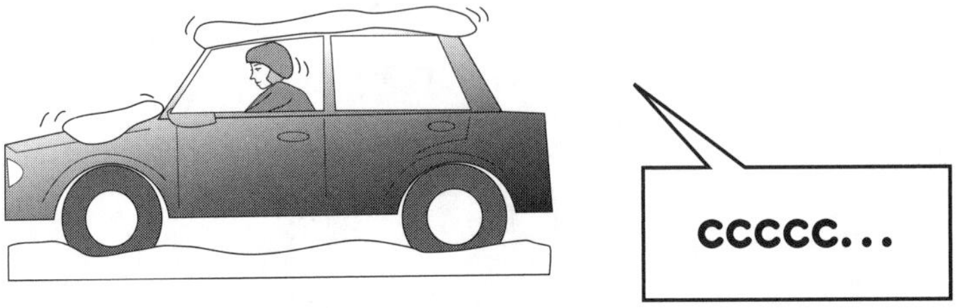

Tu connais maintenant le son que fait « **C** » dur.

Lorsque le serpent est en colère, il fait le son suivant :

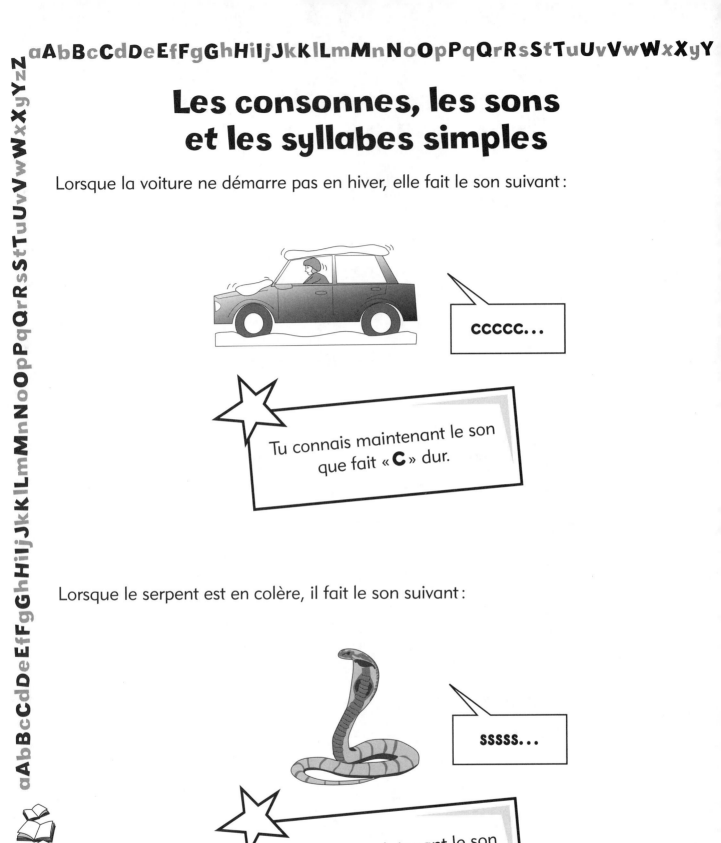

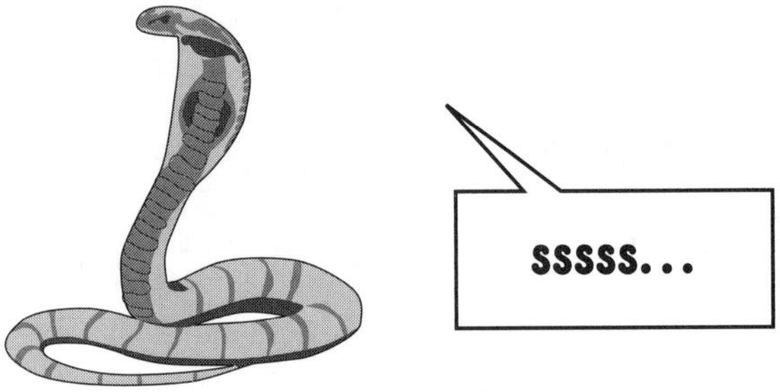

Tu connais maintenant le son que fait « **C** » doux.

Les consonnes, les sons et les syllabes simples

1. Colorie le dessin si tu entends le son « **C** » dur en disant le mot.

2. Colorie le dessin si tu entends le son « **C** » doux en disant le mot.

Les consonnes, les sons et les syllabes simples

La consonne « **c** » fait deux sons.

Elle fait un « **c** » **dur** devant :

c → a, o, u

Elle fait un « **c** » **doux** devant :

c → e, é, è, ê, i, y

Pour transformer le « **c** » **dur** en « **c** » **doux**, il faut ajouter une cédille.

ç → a, o, u

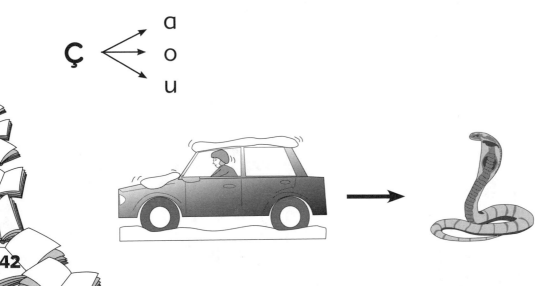

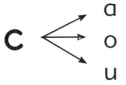

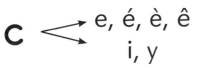

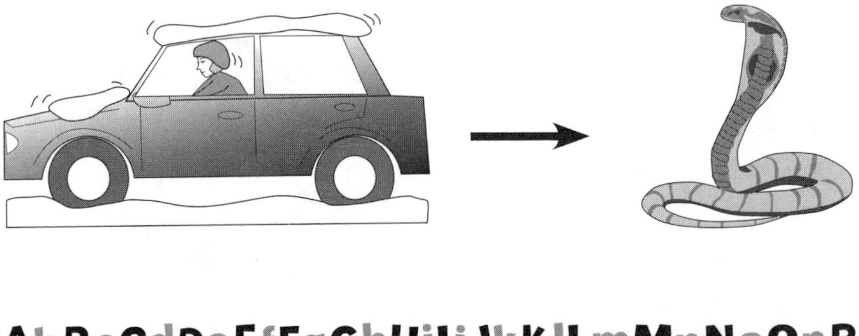

Les consonnes, les sons et les syllabes simples

Fais le son « **C** » dur ou « **C** » doux, puis ajoute celui qui suit.

c → e, ou, o, au, ê

c → è, a, eau, i, an

c → u, en, y, on, é

Lis les syllabes.

cai	cei	ces	cun	com
cem	cam	cin	cain	cer

Lis les mots.

céleri	école	canari	cadeau	canot
café	police	cantaloup	lionceau	Caroline

Lis les phrases.

Milou et Dino aiment le <u>bœuf</u>.

Violaine coupe le cantaloup.

Caroline va à l'école.

Céline a un <u>sandwich</u> à la tomate.

Philippe aime les <u>œufs</u>.

Karine déballe le cadeau.

Le lionceau avale le canari.

Coralie lave la citrouille.

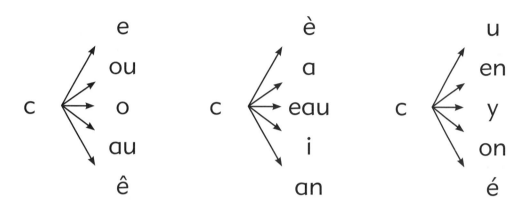

Les consonnes, les sons et les syllabes simples

1. Colorie le rectangle qui contient le bon « **c** ».

a) **C**éline	C doux	C dur
b) lion**c**eau	C doux	C dur
c) **c**anari	C doux	C dur
d) **c**afé	C doux	C dur
e) **c**éleri	C doux	C dur
f) ma**c**aroni	C doux	C dur
g) **c**inéma	C doux	C dur
h) é**c**ole	C doux	C dur
i) **C**aroline	C doux	C dur
j) **c**adeau	C doux	C dur
k) **c**anot	C doux	C dur
l) poli**c**e	C doux	C dur
m) **c**antaloup	C doux	C dur
n) **C**oralie	C doux	C dur
o) **c**abane	C doux	C dur
p) fa**c**ile	C doux	C dur
q) **c**e**c**i	C doux	C dur
r) lima**c**e	C doux	C dur

Les consonnes, les sons et les syllabes simples

1. Associe chaque mot à l'image qui le représente en traçant une ligne.

b) cantaloup

a) céleri

c) bœuf

9

5

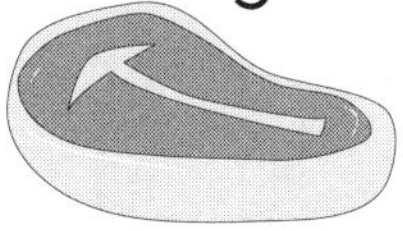

7

1

j) lionceau

d) canari

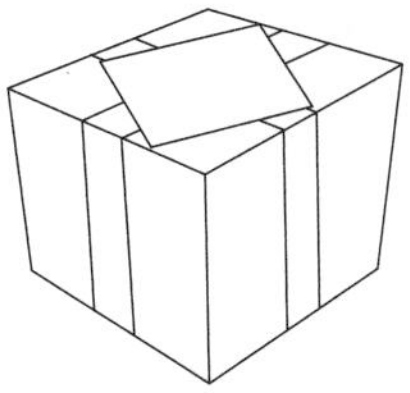

10

4

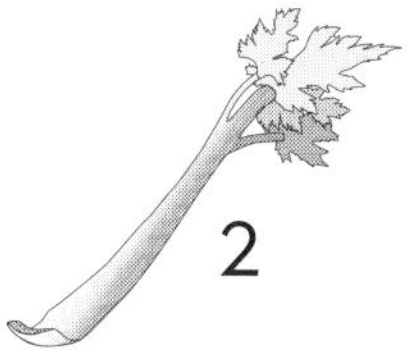

2

e) sandwich

i) canot

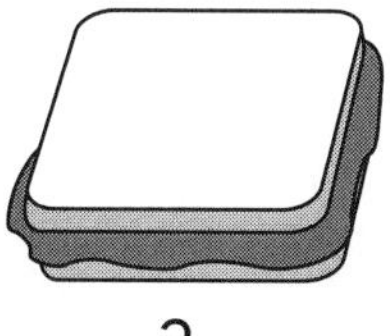

3

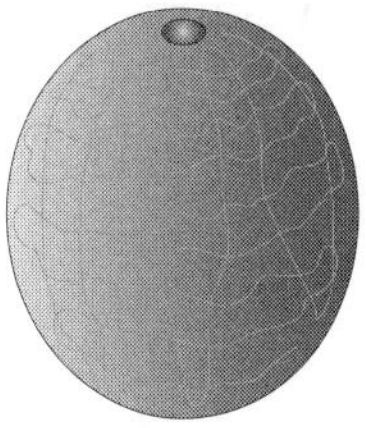

6

8

h) citrouille

f) cadeau

g) œuf

Les consonnes, les sons et les syllabes simples

Lorsque tu sens quelque chose de mauvais, tu fais le son suivant :

Tu connais maintenant le son que fait « **oi** ».

1. Colorie le dessin, si tu entends le son « **oi** » en disant le mot.

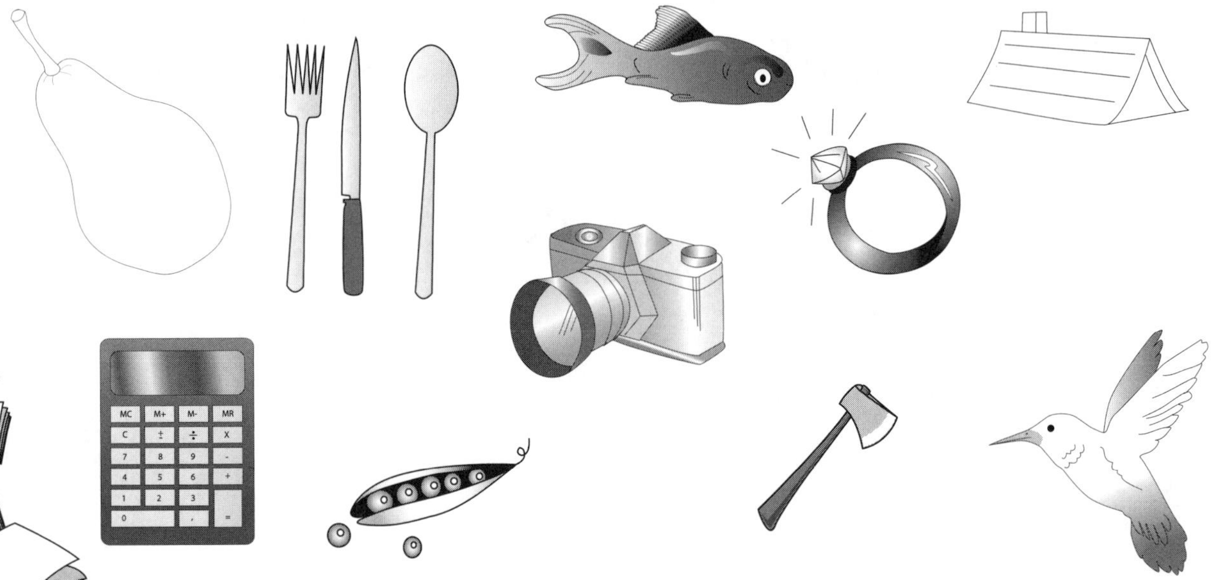

Les consonnes, les sons et les syllabes simples

Fais le son « **k** », « **qu** », « **c** », puis ajoute celui qui suit.

k	an oi ain om un	qu	em eau in oi ou	c	am oi on en im

Lis les syllabes.

foi	boi	poi	quoi	phoi
doi	toi	coi	voi	koi

Lis les mots.

moi	roi	balançoire	poire	noire
toi	pois	voiture	boire	Benoit

Lis les phrases.

Le bébé boit du lait.

Coralie aime le <u>bœuf</u>  mariné.

Karine lave les pois et les poires.

Le roi aime les <u>sandwichs</u>  aux <u>œufs</u> .

Tu as une voiture kaki.

Maude coupe la <u>citrouille</u> .

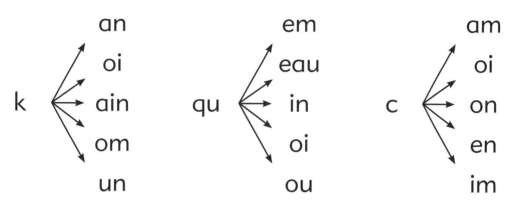

Caroline répare la balançoire.

Benoit a la peau noire.

Les consonnes, les sons et les syllabes simples

1. Encercle la première lettre du mot et écris celle-ci sur la ligne.

a) p b d

_____ oigt

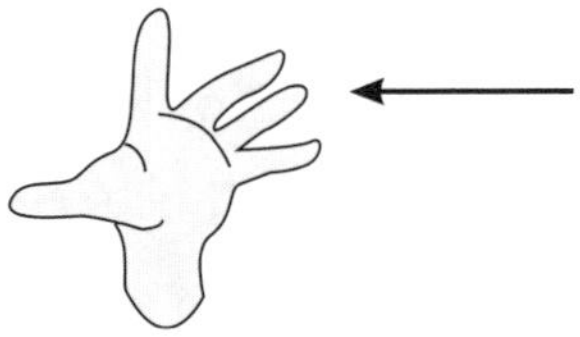

b) d b p

_____ ois

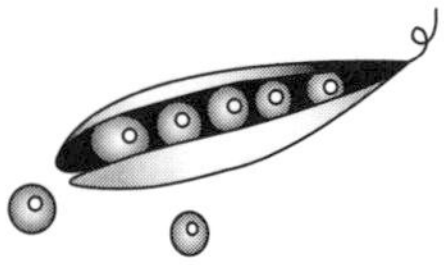

c) b d p

elle _____ oit

d) r t m

_____ oi

e) t r m

_____ oi

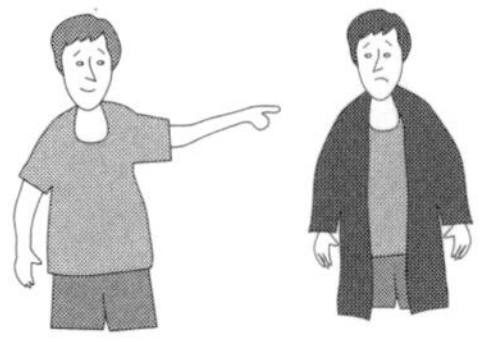

f) m t r

_____ oi

g) v m t n

_____ iroir

h) f t n v

_____ oix

i) t n f v

_____ oit

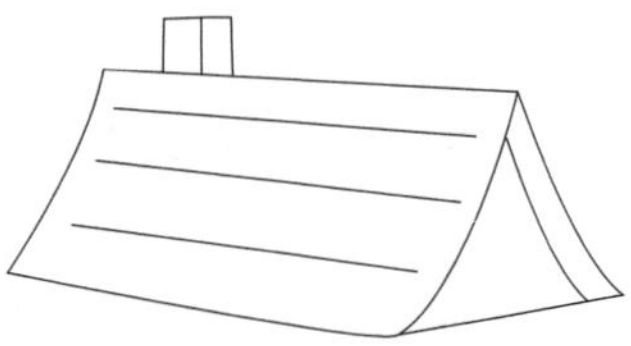

j) v n t f

_____ oix

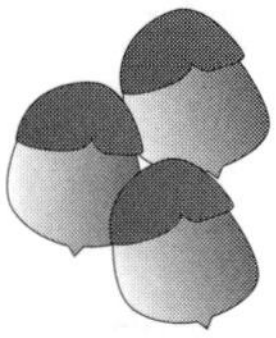

Les consonnes, les sons et les syllabes simples

1. Associe chaque mot à l'image qui le représente en traçant une ligne.

a) boire

b) poire

c) sandwich

d) voiture

e) œuf

f) bœuf

g) balançoire

h) citrouille

i) pois

j) roi

1

2
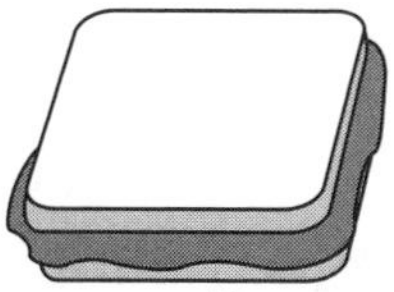

3
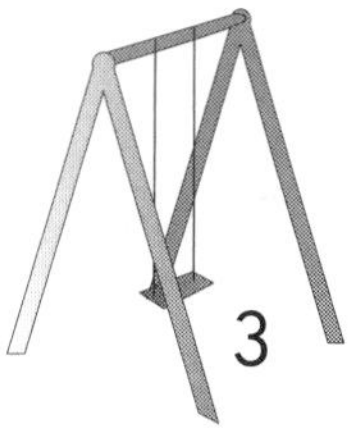

4

5

6

7

8
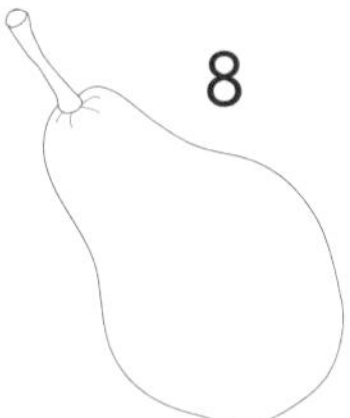

9
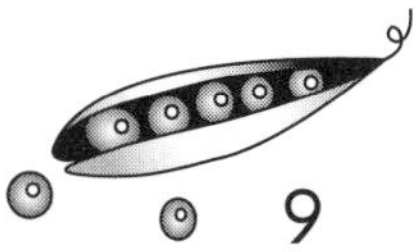

10
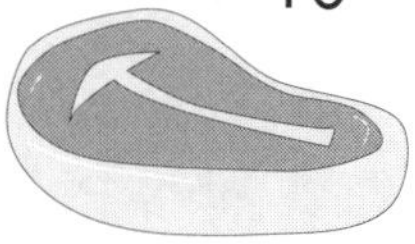

Résumé

⯮ Lis les mots que tu as appris en lecture globale.

crayon	livre	sac à dos	ciseaux
bleuet	fraise	brocoli	carotte
chien	chat	vache	mouffette
œil	pied	oreille	main
œuf	bœuf	sandwich	citrouille

Bravo ! Tu en as reconnu _____ /20.

⯮ Lis les voyelles que tu as apprises en majuscule et en minuscule.

A	e	O	i	u	I
A	y	E	o	U	Y

Bravo ! Tu en as reconnu _____ /12.

⯮ Lis les consonnes que tu as apprises en majuscule et en minuscule.

P	b	f	N	T	l	t
V	M	C	L	q	B	R
d	p	F	v	m	D	k
Q	K	c	r	n		

Bravo ! Tu en as reconnu _____ /26.

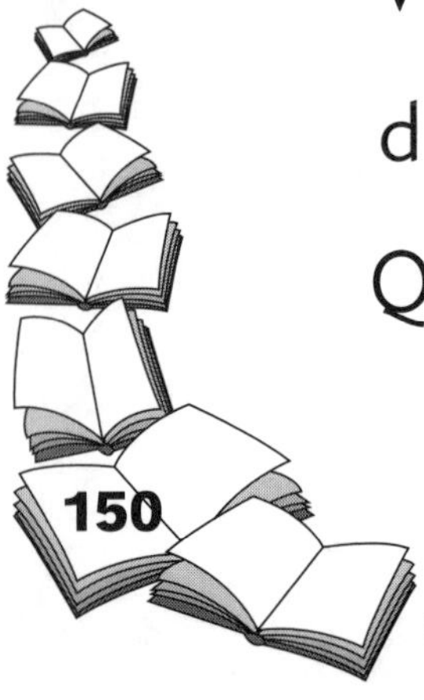

Résumé

Lis les sons que tu as appris.

ei	em	es	au	eau	er	è
im	é	ou	an	on	om	un
ph	en	ê	ez	am	in	ai
ain	oi					

Bravo ! Tu en as reconnu ______ /23.

Lis les déterminants que tu as appris.

le	ma	l'	des
tes	mes	les	un
aux	la	une	ton

Bravo ! Tu en as reconnu ______ /12.

Lis les noms communs que tu as appris à la première section.

île	lime	lame	lama	ami
amie	mamie	lune	manie	mine
âne	laine	naine	aile	laie
aine	aîné	aînée	nez	

Bravo ! Tu en as reconnu ______ /19.

Résumé

» Lis les noms communs que tu as appris à la deuxième section.

reine	rime	rame	mère	rue
morue	tomate	tête	tirelire	été
note	mitaine	loto	moto	père
papa	patate	pâté	purée	pilule
poète	poule	moule	route	toupie
loupe	poupée	toutou	peau	râteau
rameau	taureau	poteau	auto	lapereau
rouleau	eau	taupe		

Bravo ! Tu en as reconnu _____ /38.

» Lis les noms communs que tu as appris à la troisième section.

boule	robot	bobine	bébé	banane
baleine	robe	boa	bateau	bouée
rideau	domino	bedaine	madame	malade
limonade	midi	lundi	bedon	biberon
mouton	lion	raton	bonbon	melon

Bravo ! Tu en as reconnu _____ /25.

Résumé

Lis les noms communs que tu as appris à la quatrième section.

fumée	farine	famine	fête	fée
photo	phobie	fêlure	vétérinaire	fève
violon	veau	vipère	vérité	animaux
enfant	vent	dent	tente	pantalon
antilope	panda	lampe	manteau	éléphant
main	pain	bain	vin	lutin
nain	demain	lapin	patin	dindon
matin	faim			

Bravo ! Tu en as reconnu ______ /37.

Lis les noms communs que tu as appris à la cinquième section.

koala	kimono	képi	piqûre	requin
phoque	banque	karaté	céleri	école
canari	cadeau	canot	café	police
cantaloup	lionceau	roi	balançoire	boire
pois	voiture	poire	noire	lait

Bravo ! Tu en as reconnu ______ /25.

Résumé

Lis les noms propres que tu as appris.

Éli	Lola	Ali	Lili
Léo	Léa	Mia	Maude
Aline	Annie	Noé	Noa
Line	Mylène	Amélie	Noémie
Émilie	Émile	René	Renée
Marilou	Lou	Milou	Dino
Léon	Philippe	Violaine	Karine
Caroline	Coralie	Céline	Benoit

Bravo ! Tu en as reconnu ______ /32.

Résumé

Lis les verbes que tu as appris.

lié, lier
mêle, mêler
tape, taper
lu, lire
tirer
dire
fait, faire
vide, vider
monte, monter
va

mime, mimer
lime, limer
roule, rouler
a, aura
es, est
dîne, dîner
lave, laver
répare, réparer
coupe, couper

aime, aimé, aimer
râpe, râper
imite, imiter
rire
pue, puer
lape, laper
avale, avaler
aide, aider
déballe, déballer

Bravo ! Tu en as reconnu _____ /28.

Lis les autres mots que tu as appris.

même
rare
beau
du

à
petite
bon
me

et
non
de
tout

kaki
moi
toi
mariné

Bravo ! Tu en as reconnu _____ /16.

Résumé

Lis les phrases suivantes.

1. Demain matin, tu auras tes patins.
2. Le vétérinaire aide le lionceau malade.
3. La reine et le roi font du bateau.
4. Caroline a reçu un canari en cadeau.
5. Le policier roule vite en voiture.
6. Lundi midi, mon ami Benoit dînera à l'école.
7. Lou adore les sandwichs aux œufs et les poires.
8. Coralie coupe le céleri et le pain.
9. Maman boit un café au lait.
10. Céline répare la balançoire noire.

Bravo ! Tu as reconnu ______ /69 mots.

Les consonnes, les sons et les syllabes simples

Sixième section

Thème 6 : **Les instruments de musique**

guitare

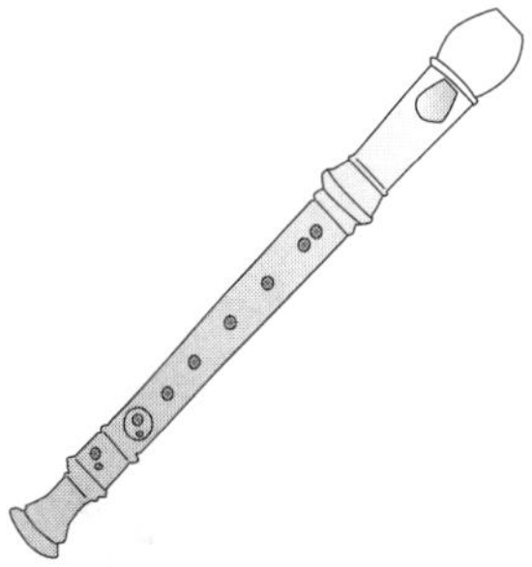

flûte

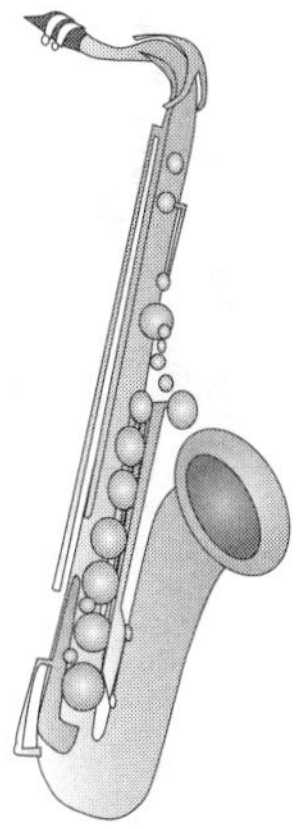

saxophone

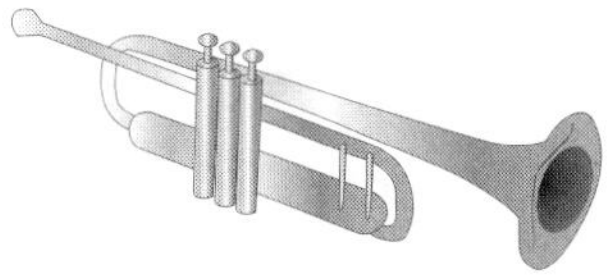

trompette

Les consonnes, les sons et les syllabes simples

Un moustique vole autour de toi, il fait le son suivant :

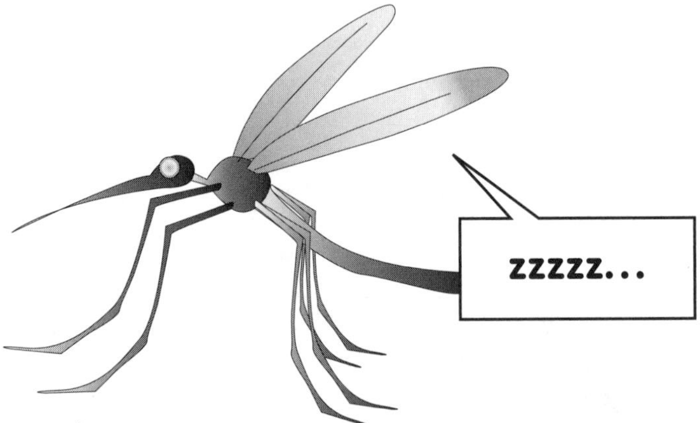

Tu connais maintenant le son que fait « **z** ».

1. Colorie le dessin si tu entends le son « **z** » en disant le mot.

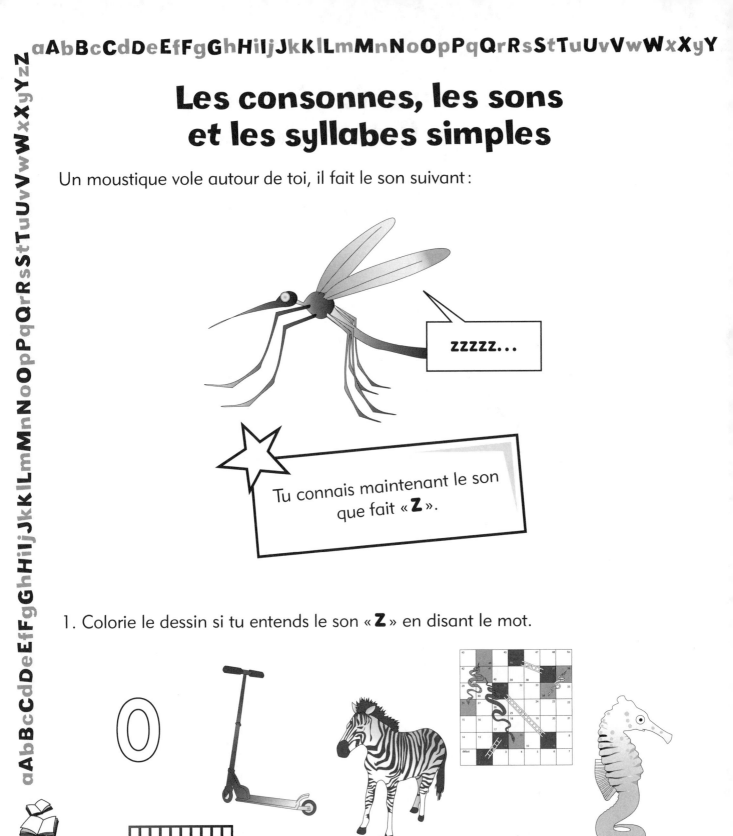

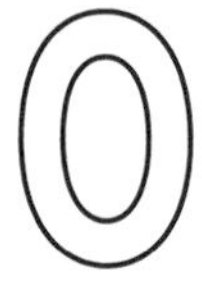

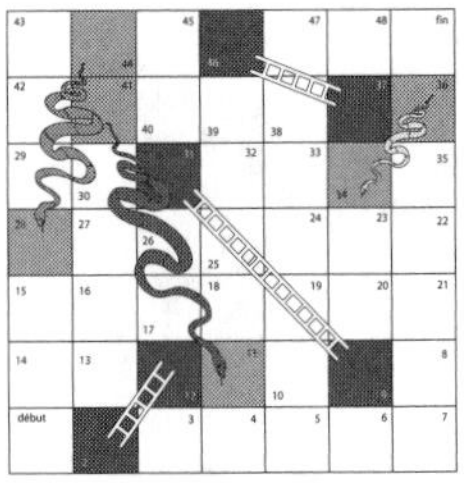
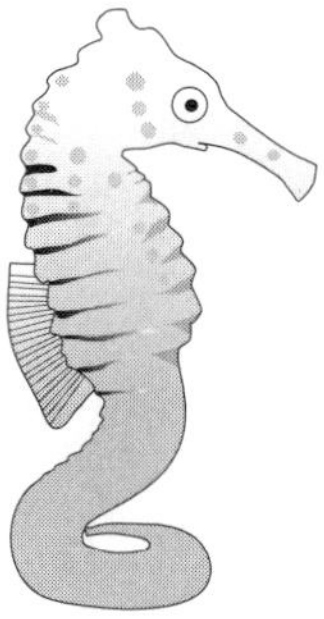

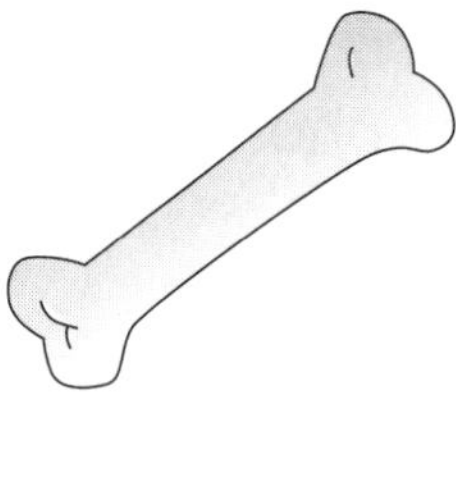

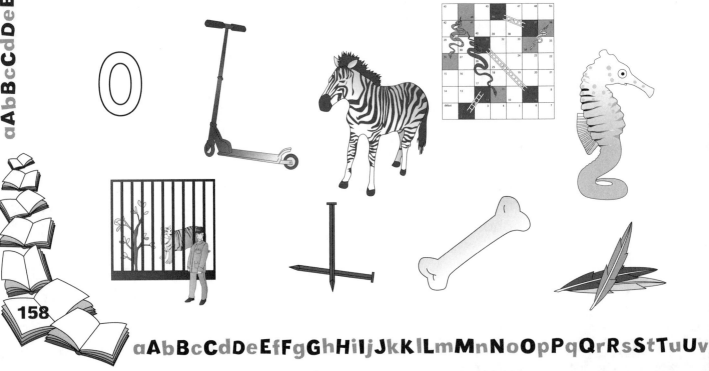

Les consonnes, les sons et les syllabes simples

Fais le son « **z** », puis ajoute celui qui suit.

z → i, oi, a, in, è	z → u, en, y, eau, é	z → o, ou, e, on, ê

Lis les syllabes avec la consonne « **z** ».

zai	zou	zau	zi	zei
zain	za	zan	zun	zè

Lis les mots.

zéro	zone	zébu	zibeline	zèle
zinzin	zodiaque	zona	zoo	Zoé

Lis les phrases.

Philippe a le zona.

Benoit lave ton <u>saxophone</u> .

Karine et Émile vont au zoo.

Coralie aime ta <u>guitare</u> .

Zoé fait du zèle.

La <u>trompette</u>  du roi est kaki.

Le zébu aime la zibeline.

Amélie a une <u>flûte</u> .

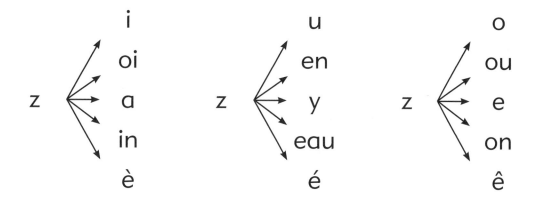

Les consonnes, les sons et les syllabes simples

1. Écris la lettre manquante.

Tu peux choisir chaque lettre ou chaque son une seule fois.

z c qu k v ph f d b p

oi è é in an

a) z ______ bu

b) zodia ______ e

c) ______ oo

d) zi ______ eline

e) élé ______ ant

f) p ______ re

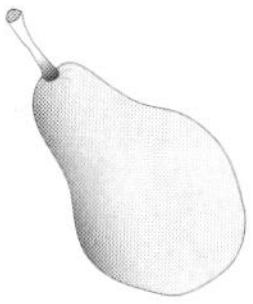

g) requ ______

h) ______ anari

i) ______ ois

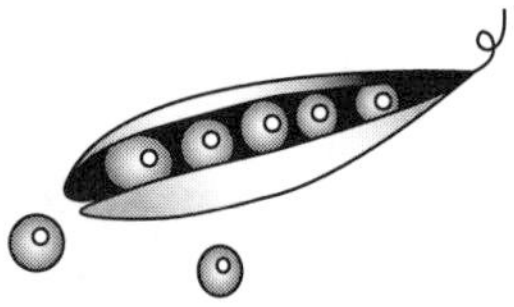

j) f ______ ve

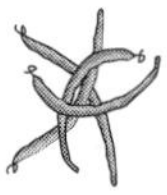

k) ca ______ é

l) ca ______ eau

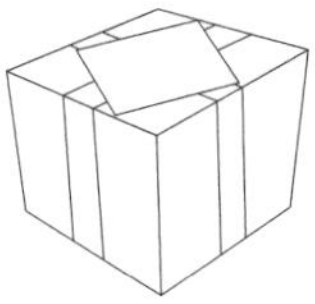

m) bal ______ çoire

n) ______ épi

o) ______ oiture

Les consonnes, les sons et les syllabes simples

1. Associe chaque mot à l'image qui le représente en traçant une ligne.

a) guitare

b) zoo

c) flûte

d) zodiaque

e) saxophone

f) zibeline

g) trompette

h) zébu

i) zéro

j) lait

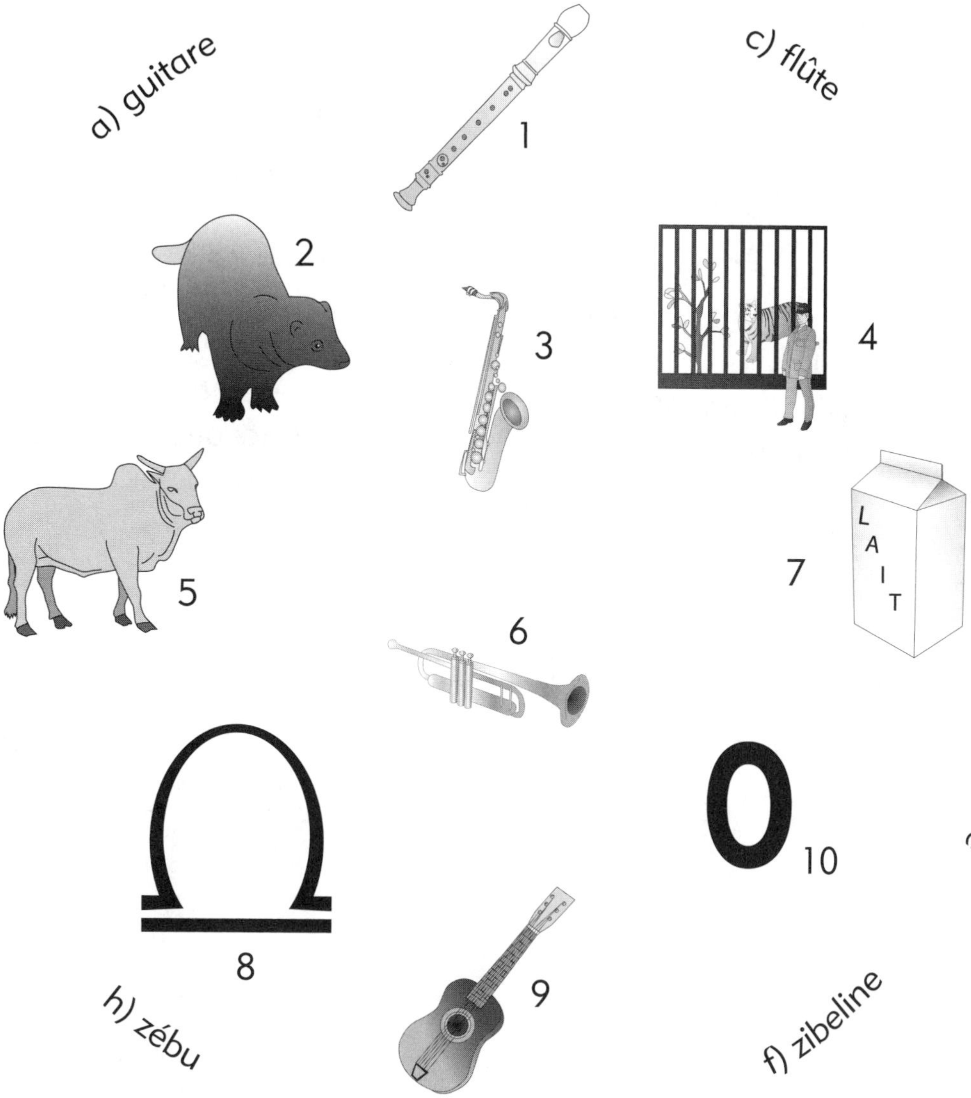

Les consonnes, les sons et les syllabes simples

Lorsque le serpent sort sa langue, il fait le son suivant :

Tu connais maintenant le son que fait « **S** ».

Le « **S** » se prononce comme un « **Z** » lorsqu'il est entre deux voyelles.
Attention, il y a des exceptions, par exemple : « parasol ».

1. Colorie le dessin si tu entends le son « **S** » en disant le mot.

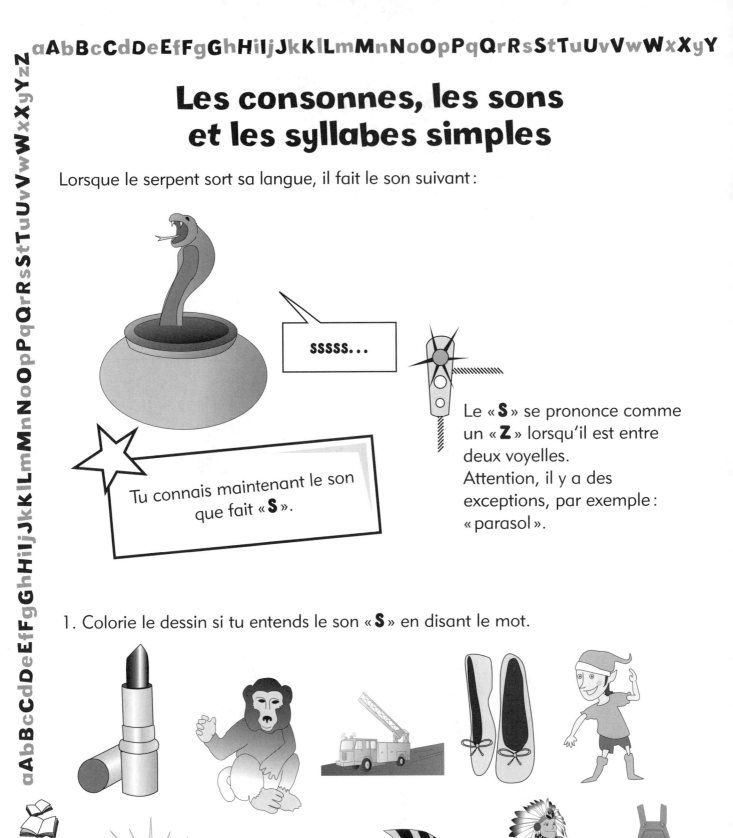

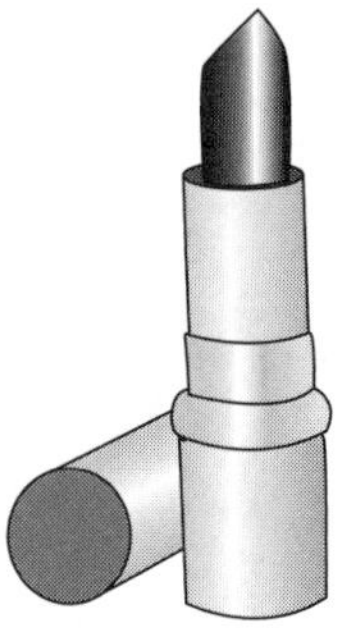   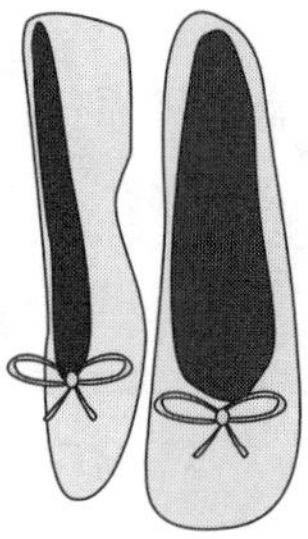 

zZaAbBcCdDeEfFgGhHiIjJkKlLmMnNoOpPqQrRsStTuUvVwWxXy

Les consonnes, les sons et les syllabes simples

Fais le son « **S** », puis ajoute celui qui suit.

s → ai, e, an, o, in		s → om, a, i, oi, ou		s → u, un, es, eau, é

Lis les syllabes avec la consonne « **S** ».

sê	sy	se	sei	sai
sau	sain	so	soi	su

Lis les mots.

salon	sapin	soulier	savon	Sonya
mai**s**on	rai**s**in	oi**s**eau	fu**s**ée	mu**s**ique

Lis les phrases.

Sonya écoute de la musique.

Céline aime le son de la guitare.

Violaine polit son saxophone.

Le sapin est dans le salon.

L'oiseau imite le son de la flûte.

Zoé a la trompette de Maude.

Marilou aime les raisins.

La fusée décolle ce midi.

VwWxXyYzZaAbBcCdDeEfFgGhHiIjJkKlLmMnNoOpPq

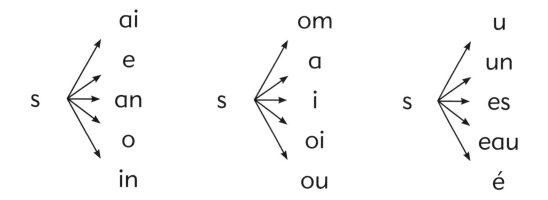

Les consonnes, les sons et les syllabes simples

1. Écris la lettre manquante.

Tu peux choisir chaque lettre une seule fois.

s z c qu p d b v f l

ai ou on in eau

a) sa ______ on

b) sa ______ in

c) s ______ lier

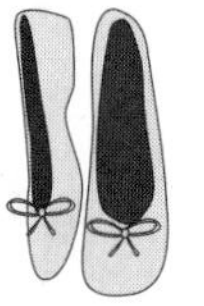

d) sa ______ on

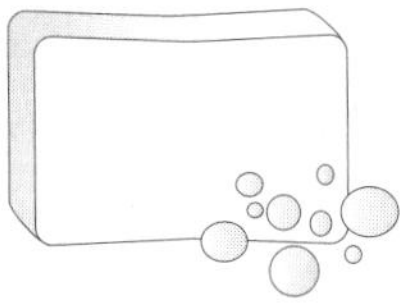

e) m ______ son

f) rais ______

g) ois ______

h) ______ usée

i) musi ______ e

j) ______ onya

k) ______ ébu

l) pantal ______

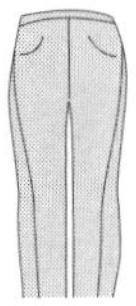

m) limona ______ e

n) ______ antaloup

o) ______ edaine

aAbBcCdDeEfFgGhHiIjJkKlLmMnNoOpPqQrRsStTuUv

Les consonnes, les sons et les syllabes simples

1. Associe chaque mot à l'image qui le représente en traçant une ligne.

a) soulier

b) savon

c) saxophone

d) flûte

e) sapin

f) salon

g) maison

h) trompette

i) guitare

j) fusée

1

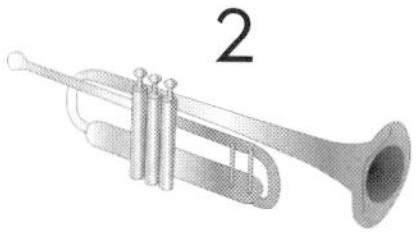
2

3

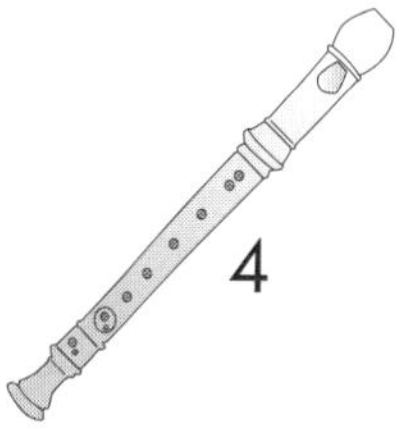
4

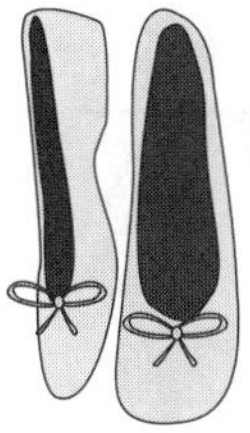
5

6

7

8

9

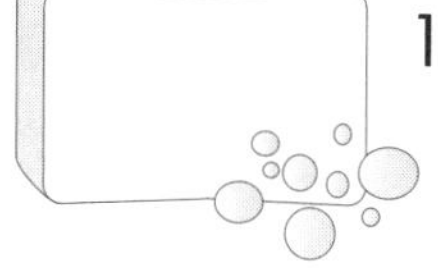
10

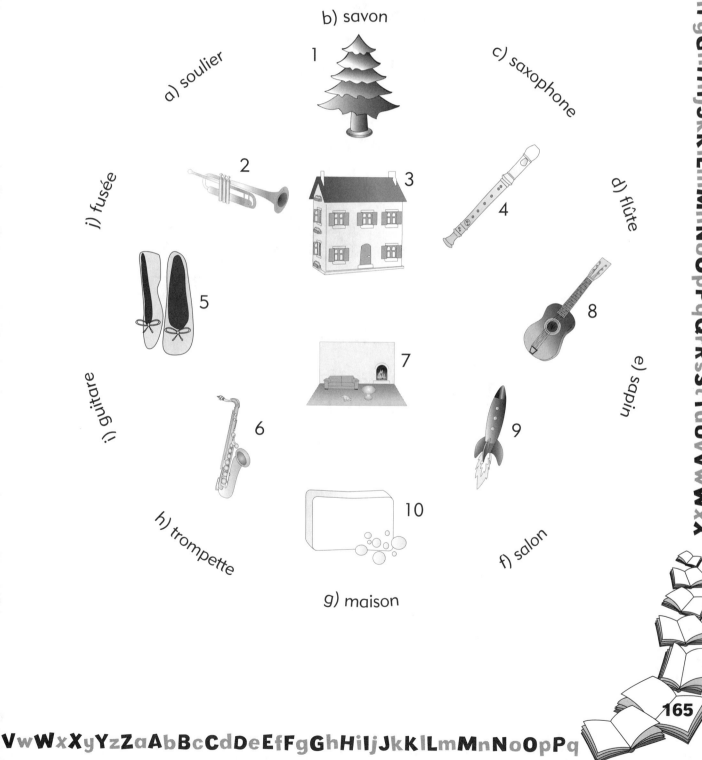

Les consonnes, les sons et les syllabes simples

Lorsque tu écoutes le silence, il fait le son suivant :

Tu connais maintenant le son que fait « **h** ».

La consonne « **h** » ne fait aucun son.

Les consonnes, les sons et les syllabes simples

Fais le son « **h** », puis ajoute celui qui suit.

h → es, a, y, ou, é

h → è, e, au, i, on

h → in, ê, o, oi, u

Lis les syllabes avec la consonne « **h** ».

ha	han	he	hen	hin
ho	hon	hu	hun	hoi

Lis les mots.

hibou	hérisson	hippocampe	héros	homme
hameçon	haricot	hippopotame	hélice	Hélène

Lis les phrases.

Hélène a un petit hérisson.

L'hippocampe vit dans l'eau.

L'hippopotame se lave dans l'eau.

Le héros sauve la vie du hibou.

Lou va chercher sa guitare .

Sonya a reçu sa trompette .

Noémie a une flûte .

Annie aura un saxophone .

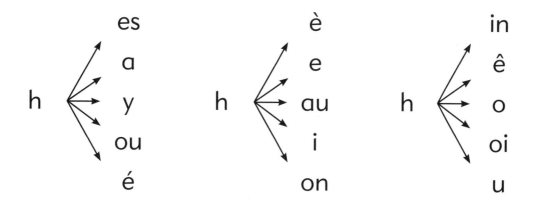

Les consonnes, les sons et les syllabes simples

1. Écris la lettre manquante.

Tu peux choisir chaque lettre une seule fois.

h m n r p b d c s v

ou am au é on

a) hib ______

b) hériss ______

c) hippoc ______ pe

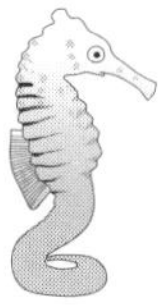

d) ______ éros

e) ha ______ eçon

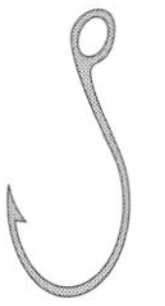

f) ha ______ icot

g) hippo ______ otame

h) ______ anot

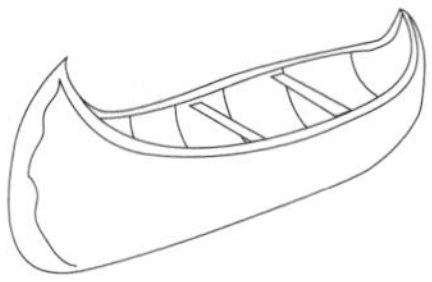

i) ______ oiture

j) ______ onbon

k) t ______ reau

l) domi ______ o

m) c ______ leri

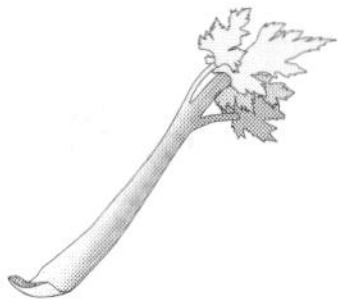

n) mala ______ e

o) ______ apin

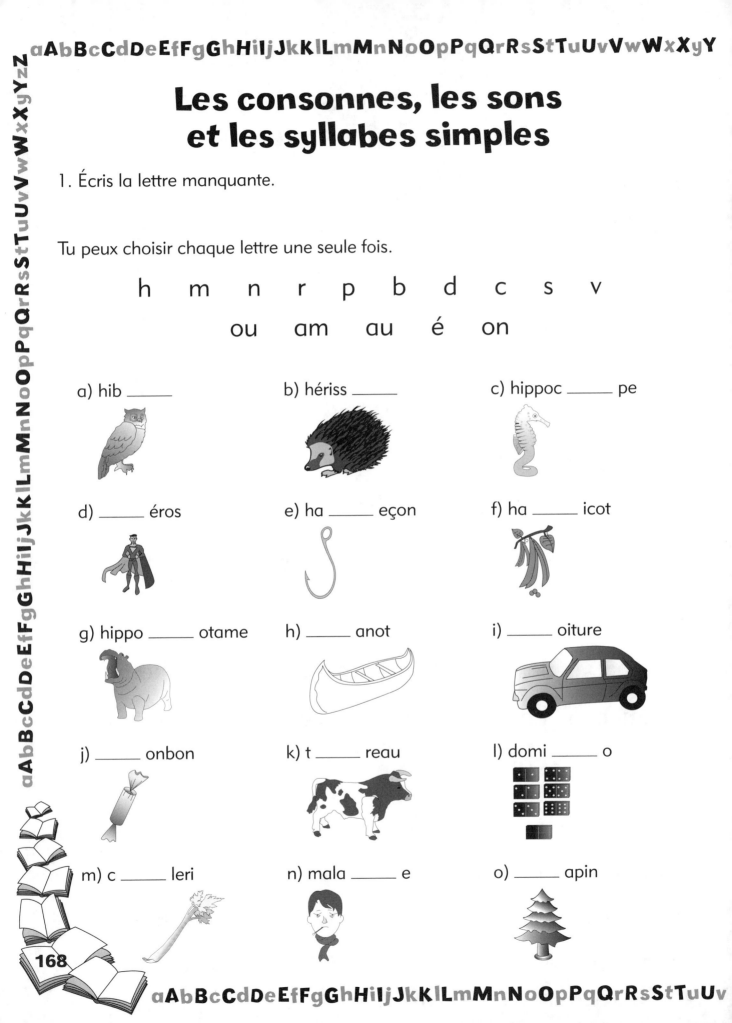

Les consonnes, les sons et les syllabes simples

1. Associe chaque mot à l'image qui le représente en traçant une ligne.

a) flûte
b) hibou
c) hérisson
d) saxophone
e) hippocampe
f) héros
g) trompette
h) guitare
i) homme
j) hippopotame

Les consonnes, les sons et les syllabes simples

Lorsque tu veux le silence, tu fais le son suivant :

Tu connais maintenant le son que fait « **ch** ».

1. Colorie le dessin si tu entends le son « **ch** » en disant le mot.

Les consonnes, les sons et les syllabes simples

Fais le son « **s** », « **ch** » ou « **h** », puis ajoute celui qui suit.

s → in, ai, es, ain, eau

ch → au, ei, oi, on, é

h → an, ou, è, en, ê

Lis les syllabes.

choi	chan	chun	chou	chai
chin	chon	cheau	chen	chau

Lis les mots.

chapeau	chat	niche	vache	cochon
parachute	chemise	hache	chemin	riche

Lis les phrases.

Le chapeau de Benoit est kaki.

Maude utilise sa flûte .

Mamie écoute le son de la guitare .

Le bûcheron a une hache.

Sonya saute en parachute.

Le riche roi a un saxophone .

Le poète aime la trompette .

Éli a des vaches et des cochons.

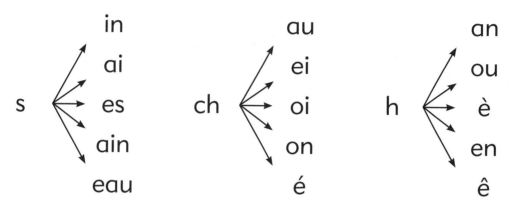

Les consonnes, les sons et les syllabes simples

1. Encercle le mot qui correspond à l'image.

a) chapeau
chadeau
chabeau

b) chot
chat
chal

c) miche
niche
riche

d) chenise
chemise
chemice

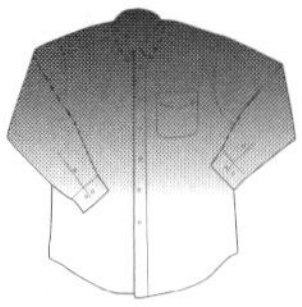

e) hache
rache
hoche

f) chomin
chenim
chemin

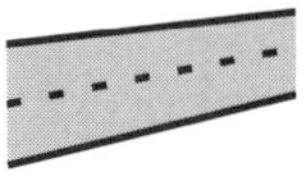

g) vecha
vache
voche

h) barachute
qarachute
parachute

i) cochon
cachon
cechon

j) ruche
niche
riche

k) dûcheron
bûcheron
pûcheron

l) pûche
dûche
bûche

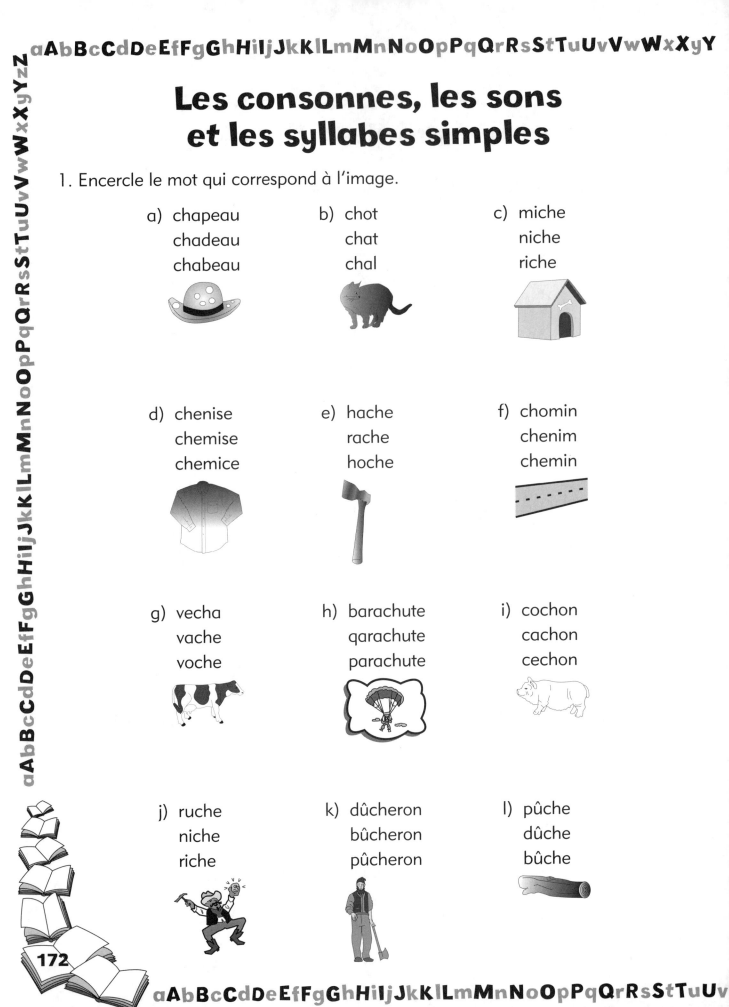

Les consonnes, les sons et les syllabes simples

1. Associe chaque mot à l'image qui le représente en traçant une ligne.

a) flûte

b) chapeau

c) niche

d) saxophone

e) chat

f) guitare

g) vache

h) cochon

i) trompette

j) bûcheron

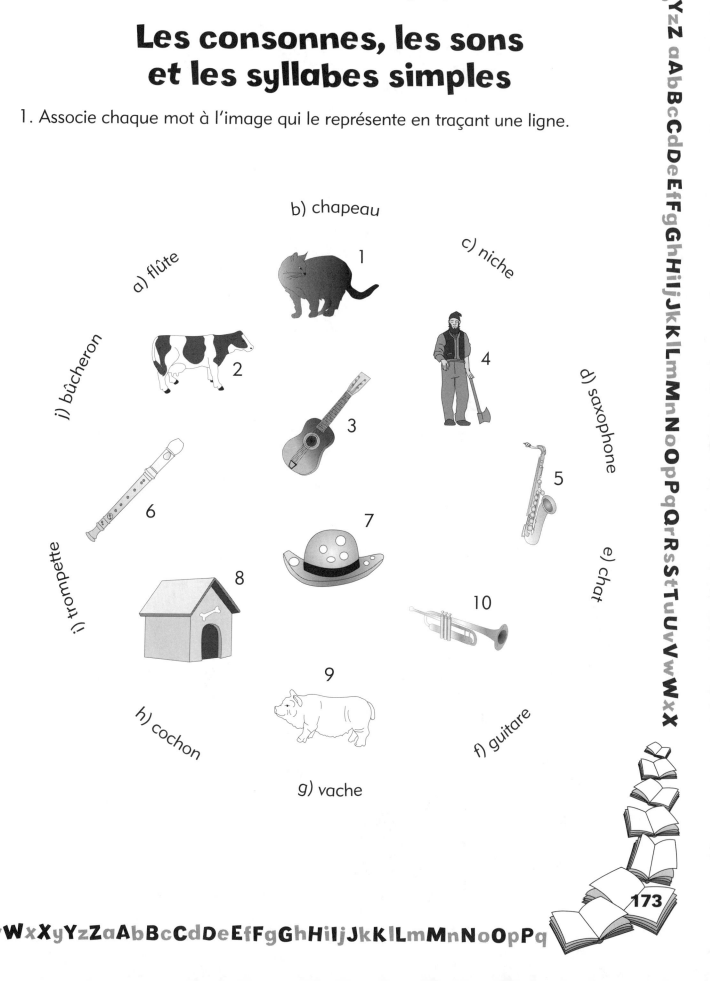

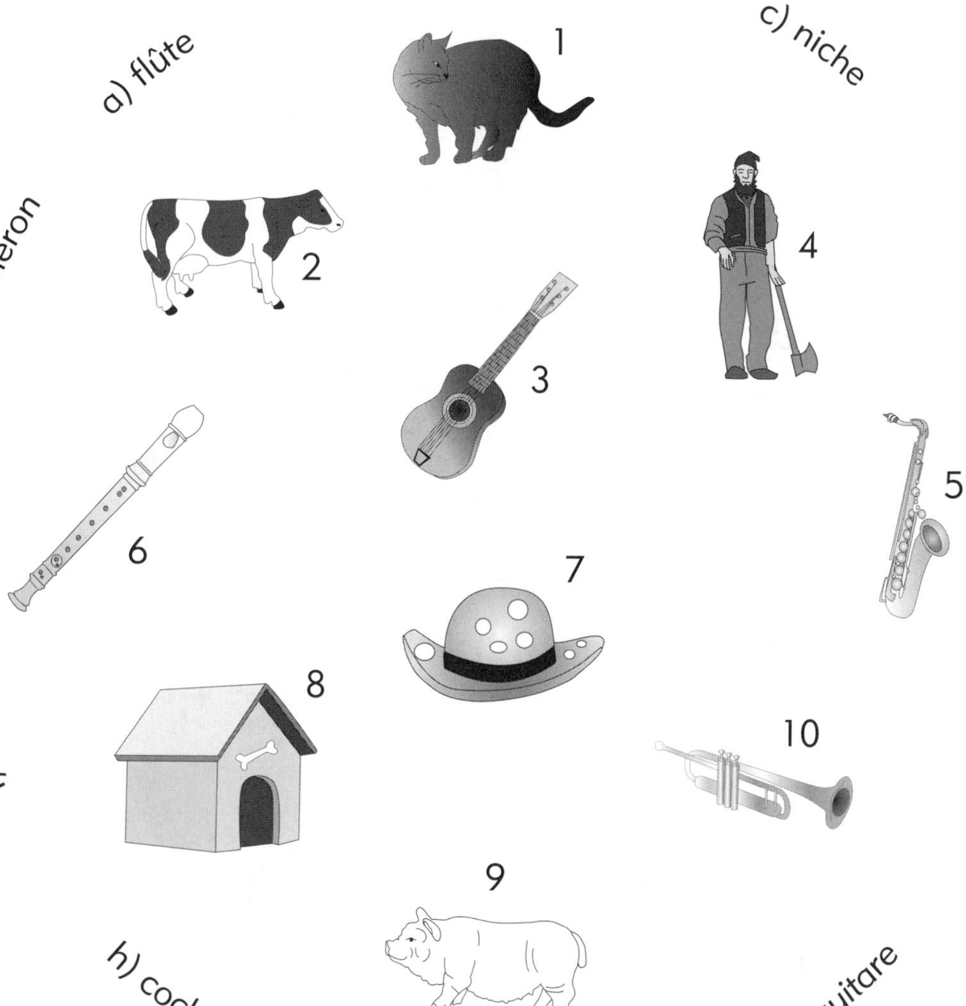

Les consonnes, les sons et les syllabes simples

Lorsque le canari chante, il fait le son suivant :

Tu connais maintenant le son que fait « **ui** ».

1. Colorie le dessin si tu entends le son « **ui** » en disant le mot.

Les consonnes, les sons et les syllabes simples

Fais le son « **s** », « **ch** » ou « **z** », puis ajoute celui qui suit.

s → ai, ui, on, es, oi

ch → in, en, ei, ui, ou

z → ui, un, ain, eau, an

Lis les syllabes.

chui	fui	tui	mui	sui
ui	dui	bui	nui	pui

Lis les mots.

cuisinier	suivant	tuile	nuit	minuit
ruisseau	luisant	étui	suie	puits

Lis les phrases.

Le cuisinier décore les pâtisseries.

La tuile de la cuisine luit la nuit.

Zoé écoute le son de la <u>guitare</u> .

Le son de la <u>trompette</u>  et de la <u>flûte</u>  résonne dans la nuit.

Ali pêche dans le ruisseau.

L'eau du puits est sale.

La suie est dans la cheminée.

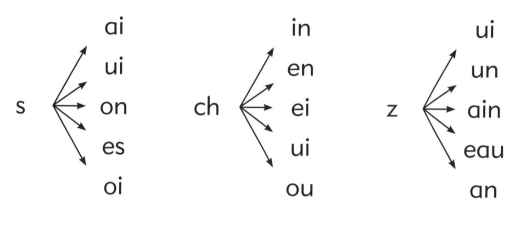

Les consonnes, les sons et les syllabes simples

1. Encercle le mot qui correspond à l'image.

a) suisinier
cuisinier
cuisimier

b) étui
ètui
élui

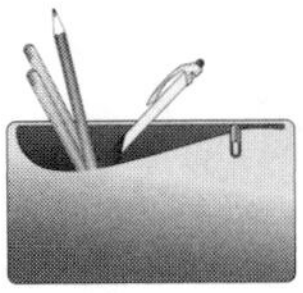

c) luite
tuile
tuilo

d) ruisseau
ruiseau
ruizeau

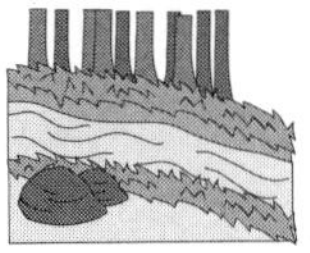

e) muit
ruit
nuit

f) cuie
suie
zuie

g) nimuit
mimuit
minuit

h) suisine
cuisine
cuisime

i) chemimée
chenimées
cheminée

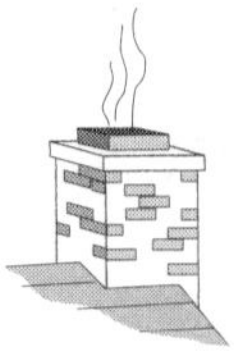

j) duits
buits
puits

k) boire
poire
qoire

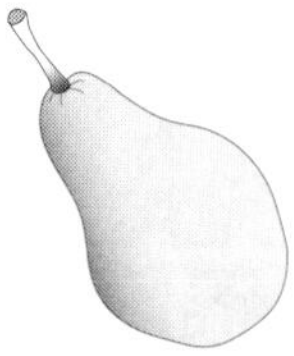

l) cadeau
sadeau
cabeau

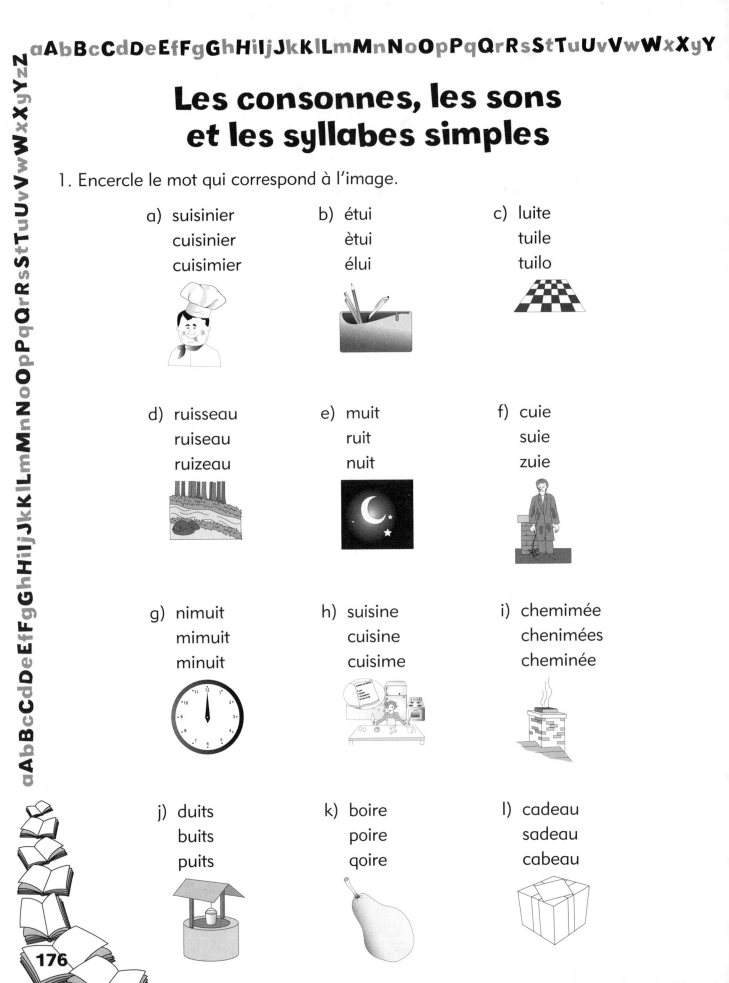

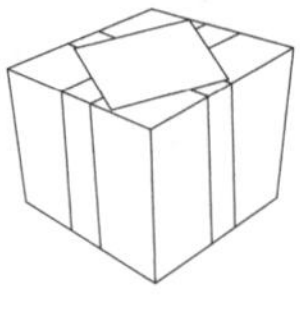

Les consonnes, les sons et les syllabes simples

1. Associe chaque mot à l'image qui le représente en traçant une ligne.

b) ruisseau

a) cuisinier

c) trompette

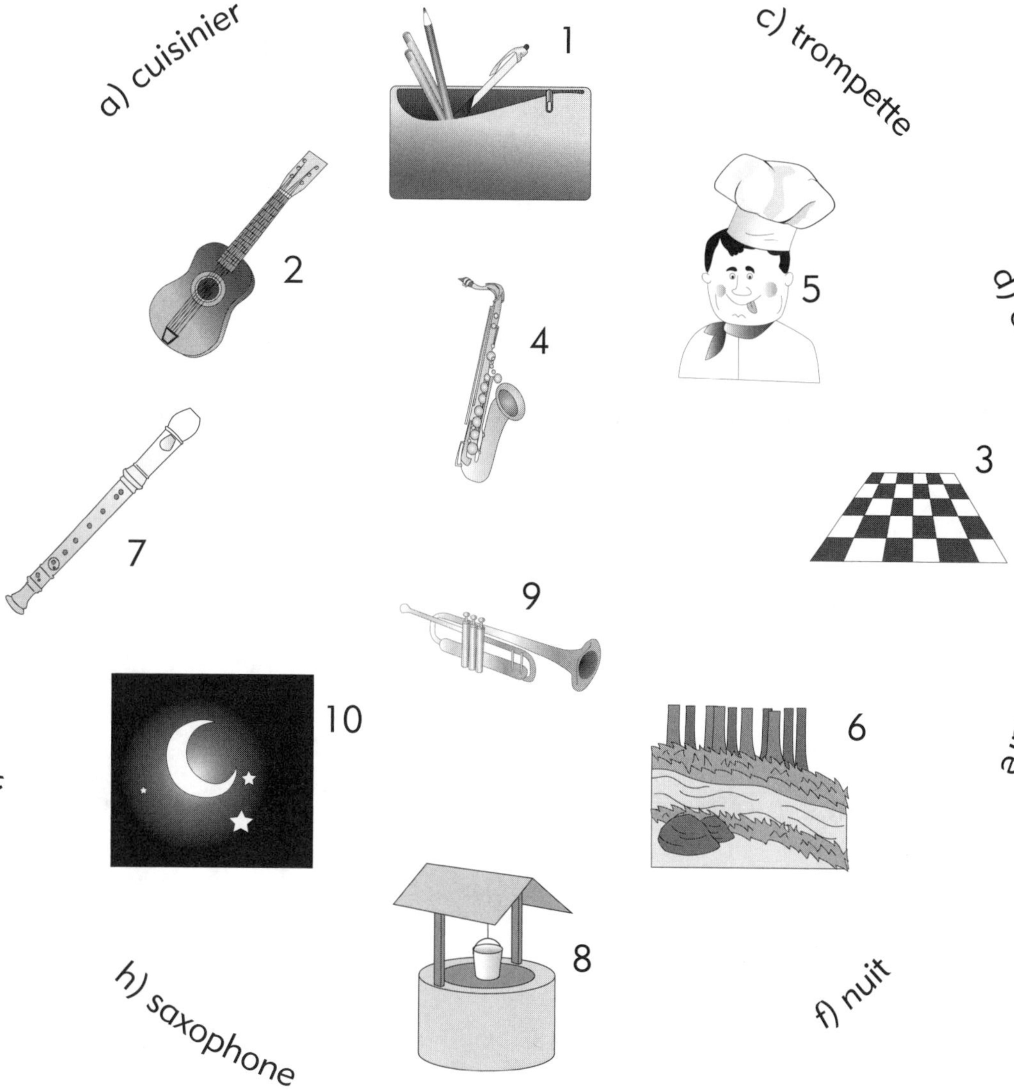

j) flûte

d) étui

i) tuile

e) guitare

h) saxophone

f) nuit

g) puits

Résumé

Lis les mots que tu as appris en lecture globale.

crayon	livre	sac à dos	ciseaux
bleuet	fraise	brocoli	carotte
chien	chat	vache	mouffette
œil	pied	oreille	main
œuf	bœuf	sandwich	citrouille
flûte	guitare	saxophone	trompette

Bravo ! Tu en as reconnu ______ /24.

Lis les voyelles que tu as apprises en majuscule et en minuscule.

A	e	O	i	u	I
A	y	E	o	U	Y

Bravo ! Tu en as reconnu ______ /12.

Lis les consonnes que tu as apprises en majuscule et en minuscule.

P	b	f	N	T	l	t
V	H	C	L	S	B	R
d	p	F	v	m	D	k
Q	K	c	r	n	s	h
Z	q	M	z			

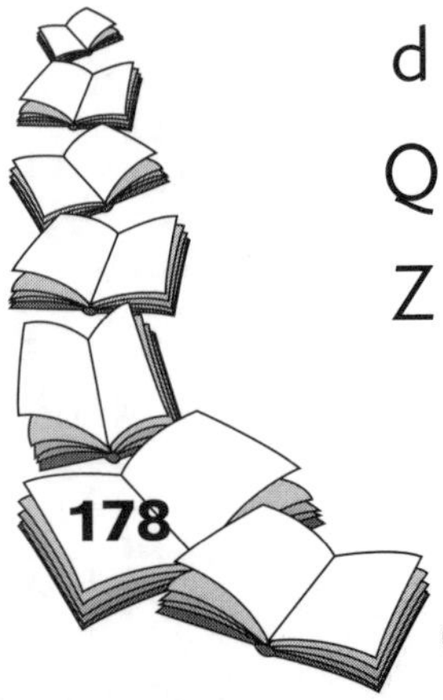

Bravo ! Tu en as reconnu ______ /32.

Résumé

Lis les sons que tu as appris.

ei	em	es	au	eau	er	è
im	é	ou	an	on	om	un
ph	en	ê	ez	am	in	ai
ain	oi	ch	ui			

Bravo ! Tu en as reconnu ______ /25.

Lis les déterminants que tu as appris.

le	ma	l'	des
tes	mes	les	un
aux	la	une	ton
son	sa		

Bravo ! Tu en as reconnu ______ /14.

Lis les noms communs que tu as appris à la première section.

île	lime	lame	lama	ami
amie	mamie	lune	manie	mine
âne	laine	naine	aile	laie
aine	aîné	aînée	nez	

Bravo ! Tu en as reconnu ______ /19.

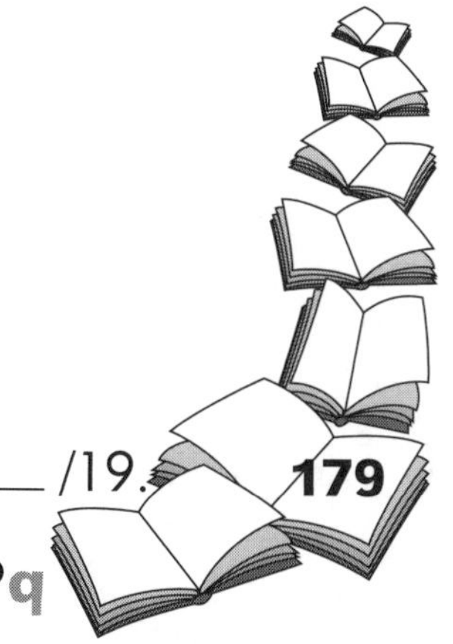

Résumé

Lis les noms communs que tu as appris à la deuxième section.

reine	rime	rame	mère	rue
morue	tomate	tête	tirelire	été
note	mitaine	loto	moto	père
papa	patate	pâté	purée	pilule
poète	poule	moule	route	toupie
loupe	poupée	toutou	peau	râteau
rameau	taureau	poteau	auto	lapereau
rouleau	eau	taupe		

Bravo ! Tu en as reconnu ______ /38.

Lis les noms communs que tu as appris à la troisième section.

boule	robot	bobine	bébé	banane
baleine	robe	boa	bateau	bouée
rideau	domino	bedaine	madame	malade
limonade	midi	lundi	bedon	biberon
mouton	lion	raton	bonbon	melon

Bravo ! Tu en as reconnu ______ /25.

Résumé

⮚ Lis les noms communs que tu as appris à la quatrième section.

fumée	farine	famine	fête	fée
photo	phobie	fêlure	vétérinaire	fève
violon	veau	vipère	vérité	animaux
enfant	vent	dent	tente	pantalon
antilope	panda	lampe	manteau	éléphant
main	pain	bain	vin	lutin
nain	demain	lapin	patin	dindon
matin	faim			

Bravo ! Tu en as reconnu ______ /37.

⮚ Lis les noms communs que tu as appris à la cinquième section.

koala	kimono	képi	piqûre	requin
phoque	banque	karaté	céleri	école
canari	cadeau	canot	café	police
cantaloup	lionceau	roi	balançoire	boire
pois	voiture	poire	noire	lait

Bravo ! Tu en as reconnu ______ /25.

Résumé

Lis les noms communs que tu as appris à la sixième section.

zéro	zone	zébu	zibeline	zèle
zodiaque	zona	zoo	salon	sapin
soulier	savon	maison	raisin	oiseau
fusée	musique	son	hibou	hérisson
hippocampe	héros	homme	hameçon	haricot
hippopotame	hélice	vie	chapeau	chat
niche	vache	cochon	parachute	chemise
hache	chemin	riche	bûcheron	cuisinier
ruisseau	tuile	étui	nuit	suie
minuit	puits	pâtisserie	cuisine	cheminée

Bravo ! Tu en as reconnu ______ /50.

Lis les noms propres que tu as appris.

Éli	Lola	Ali	Lili	Léo
Léa	Mia	Hélène	Aline	Annie
Noé	Noa	Line	Mylène	Amélie
Noémie	Émilie	Émile	René	Renée
Marilou	Lou	Milou	Dino	Léon
Philippe	Violaine	Karine	Caroline	Coralie
Céline	Benoit	Maude	Zoé	Sonya

Bravo ! Tu en as reconnu ______ /35.

Résumé

Lis les verbes que tu as appris.

lié, lier	mime, mimer	aime, aimé, aimer
mêle, mêler	lime, limer	râpe, râper
tape, taper	roule, rouler	imite, imiter
lu, lire	a, aura	rire
tirer	es, est	pue, puer
dire	dîne, dîner	lape, laper
fait, faire	lave, laver	avale, avaler
vide, vider	répare, réparer	aide, aider
monte, monter	coupe, couper	déballe, déballer
va	écoute, écouter	polit, polir
décolle, décoller	sauve, sauver	vit
chercher	reçu	saute, sauter
utilise, utiliser	décore, décorer	pêche, pêcher

Bravo ! Tu en as reconnu ______ /39.

Lis les autres mots que tu as appris.

même	à	et	kaki	rare
petite	non	moi	beau	bon
de	toi	du	me	tout
mariné	zinzin	dans	petit	suivant
luisant	sale			

Bravo ! Tu en as reconnu ______ /22.

Résumé

Lis les phrases suivantes.

1. Hélène aura un saxophone à sa fête.

2. Le bûcheron coupe le bois de la forêt.

3. Sonya aime écouter le son de la guitare.

4. Benoit ramone la suie dans la cheminée.

5. Zoé roule la pâte.

6. Maude utilise sa petite flûte kaki.

7. La vétérinaire Coralie aide le hérisson malade.

8. Caroline va faire réparer sa trompette.

9. La chatte de Karine a eu des petits chatons.

10. Violaine lave ses pieds dans le ruisseau.

Bravo ! Tu as reconnu ______ /69 mots.

Les consonnes, les sons et les syllabes simples

Septième section

Thème 7 : **Les sports**

basketball

hockey

soccer

football

Les consonnes, les sons et les syllabes simples

Lorsque ton papa utilise son rasoir électrique, il fait le son suivant :

Tu connais maintenant le son que fait « **j** ».

1. Colorie le dessin si tu entends le son « **j** » en disant le mot.

Les consonnes, les sons et les syllabes simples

Fais le son « **j** », puis ajoute celui qui suit.

	e		ê		o
	è		in		on
j →	jou	j →	a	j →	é
	i		en		oi
	au		y		u

Lis les syllabes avec la consonne « **j** ».

jui	jin	jan	jou	jun
jai	jen	jeau	jon	jei

Lis les mots.

jure	jaune	jupe	jambe	jouer
joli	javelot	jupon	Jérémie	Julia

Lis les phrases.

Julia a une petite jupe jaune.

Noa joue au hockey .

Le ballon de basketball  rebondit.

Jérémie lance le ballon de football .

Julie lance son javelot.

Je saute à une jambe.

Marilou joue au soccer .

Lili joue aux dames.

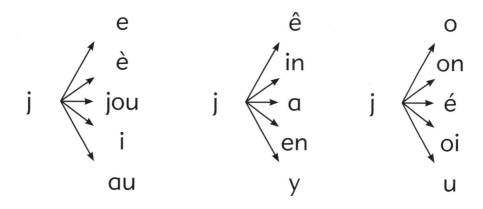

Les consonnes, les sons et les syllabes simples

1. Écris les lettres en ordre pour former le mot.

a) a e u j n

______

b) e u j p

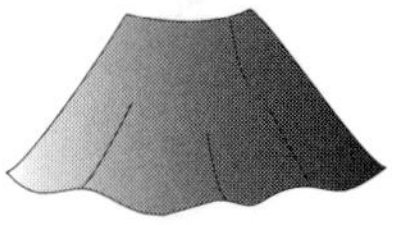

_____

c) a e b j m

______

d) o u j n p

______

e) a e o j l t v

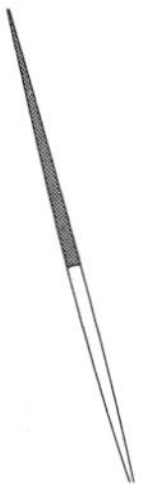

____

f) a i u J l

______

g) e é é i J m r

____

h) e o u j r

______

Les consonnes, les sons et les syllabes simples

1. Associe chaque mot à l'image qui le représente en traçant une ligne.

a) hockey
b) jaune
c) jambe
d) basketball
e) football
f) jupe
g) soccer
h) javelot
i) jupon
j) Julia

Les consonnes, les sons et les syllabes simples

Lorsque tu as froid en hiver, tu fais le son suivant :

Tu connais maintenant le son que fait « **g** » **dur**.

Lorsque ton papa utilise son rasoir électrique, il fait le son suivant :

Tu connais maintenant le son que fait « **g** » **doux**.

Les consonnes, les sons et les syllabes simples

1. Colorie le dessin si tu entends le son « **g** » dur en disant le mot.

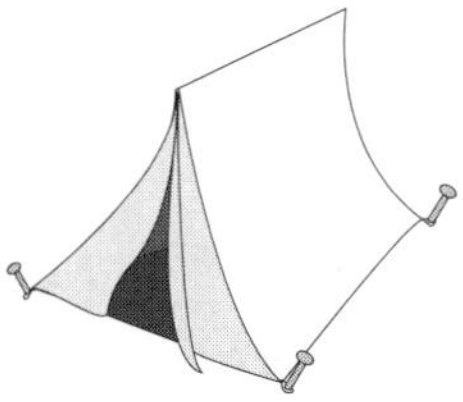

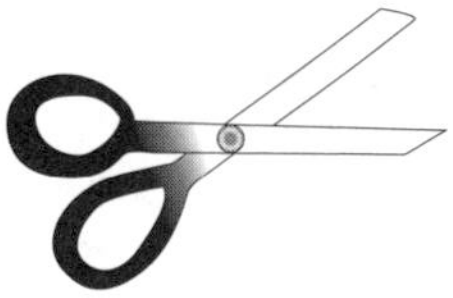
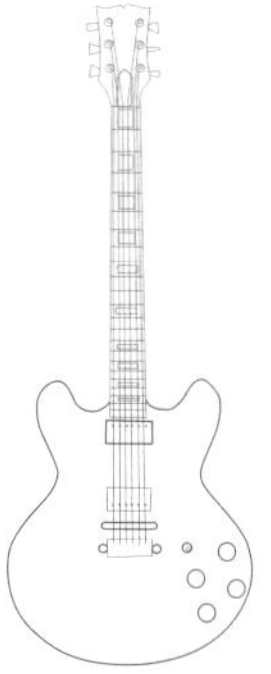

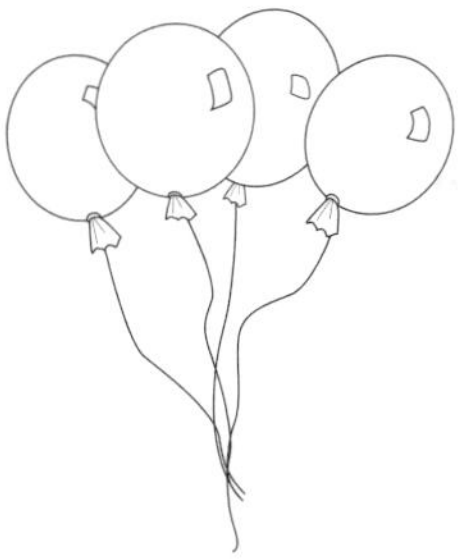
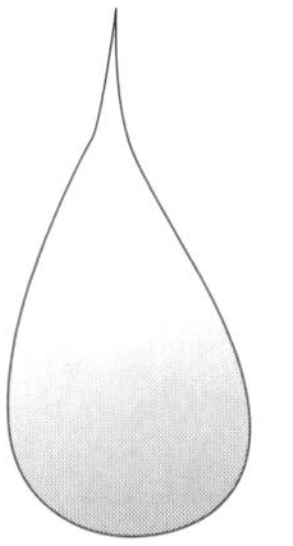

2. Colorie le dessin, si tu entends le son « **g** » doux en disant le mot.

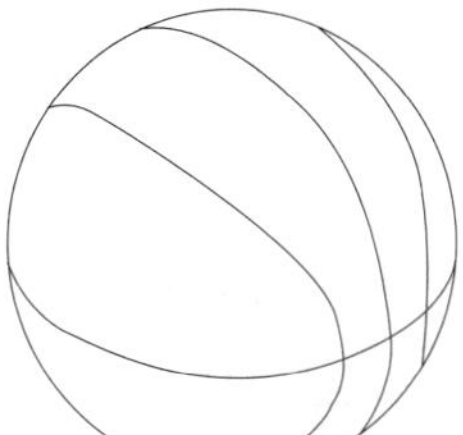
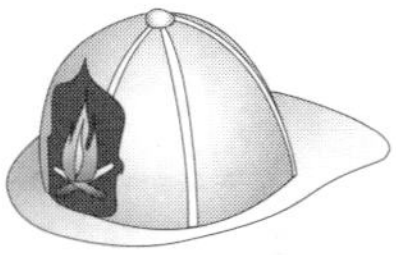

Les consonnes, les sons et les syllabes simples

La consonne « **g** » fait deux sons.

Elle fait un « **g** » **dur** devant :

g → a, o, u

Elle fait un « **g** » **doux** devant :

g → e, é, è, ê, i, y

Pour transformer le « **g** » **dur** en « **g** » **doux**, il faut ajouter un « **e** » après le « **g** » devant les voyelles suivantes.

ge → a, o

Pour transformer le « **g** » **doux** en « **g** » **dur**, il faut ajouter un « **u** » après le « **g** » devant les voyelles suivantes.

gu → e, é, è, ê, i, y

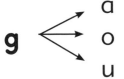

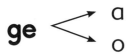

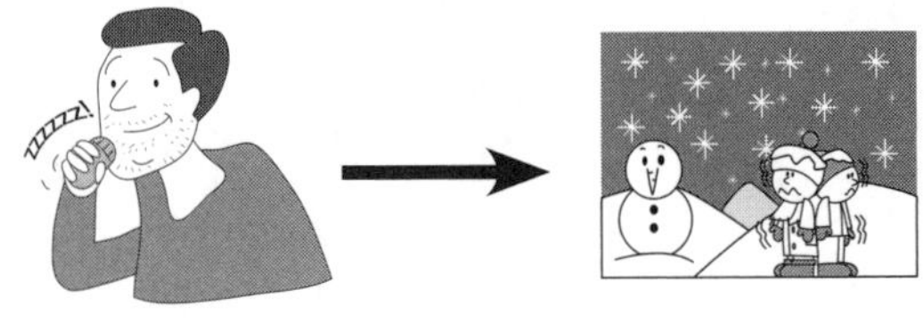

Les consonnes, les sons et les syllabes simples

Fais le son « **g** » **dur** ou « **g** » **doux**, puis ajoute celui qui suit.

g → è, a, y, oi, é

g → in, e, an, en, u

g → o, ou, ê, i, on

Lis les syllabes avec la consonne « **g** ».

ga	gi	gu	gè	gea
ge	go	gé	gê	gue

Lis les mots.

gâteau	guêpe	singe	kangourou	girafe
guitare	mange	bouge	nage	Guy

Lis les phrases.

Le petit kangourou saute haut.

Zoé mange un bon gâteau.

Jérémie est rouge de colère.

Lou joue au basketball et au soccer.

Le beau Guy nage vite.

Julie imite le singe.

Noémie aime écouter le hockey.

Antoine joue au football.

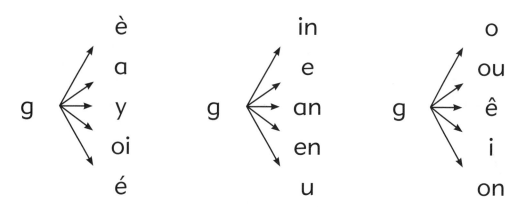

Les consonnes, les sons et les syllabes simples

1. Colorie le rectangle qui contient le bon « **g** ».

a) **g**uitare

g doux	g dur

b) rou**g**e

g doux	g dur

c) **g**irafe

g doux	g dur

d) sin**g**e

g doux	g dur

e) kan**g**ourou

g doux	g dur

f) **G**uy

g doux	g dur

g) man**g**e

g doux	g dur

h) **g**uêpe

g doux	g dur

i) na**g**e

g doux	g dur

j) bou**g**e

g doux	g dur

k) **g**âteau

g doux	g dur

l) ju**g**e

g doux	g dur

m) **g**arage

g doux	g dur

n) gara**g**e

g doux	g dur

o) **g**anse

g doux	g dur

p) Hu**g**o

g doux	g dur

q) fi**g**e

g doux	g dur

r) fi**g**ue

g doux	g dur

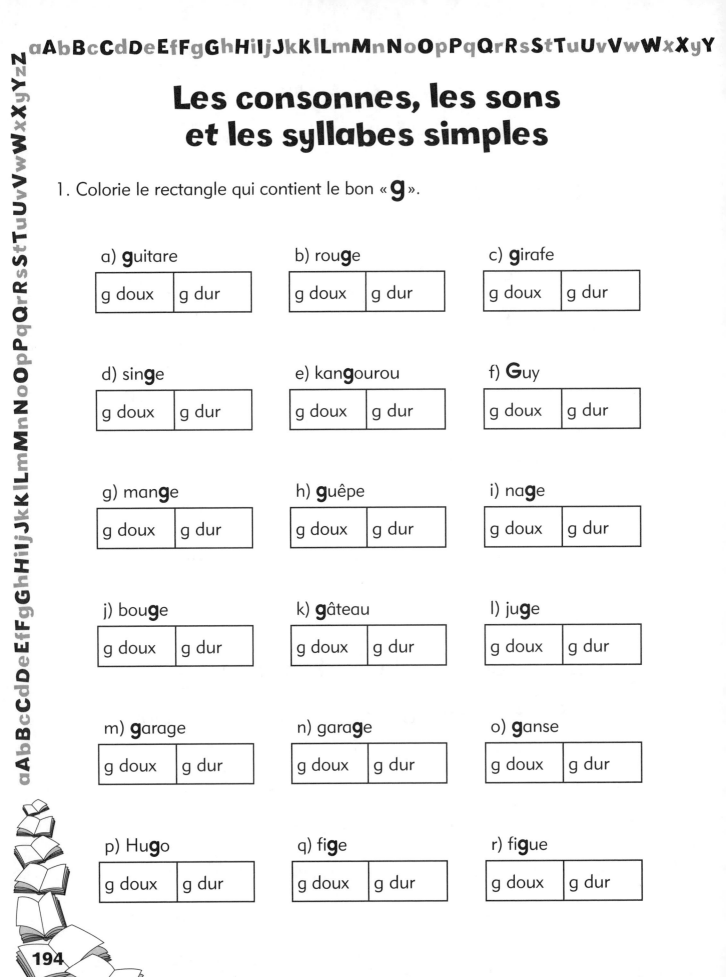

Les consonnes, les sons et les syllabes simples

1. Associe chaque mot à l'image qui le représente en traçant une ligne.

a) singe
b) guitare
c) basketball
d) soccer
e) kangourou
f) girafe
g) football
h) hockey
i) guêpe
j) gâteau

YzZ aAbBcCdDeEfFgGhHiIjJkKlLmMnNoOpPqQrRsStTuUvVwWxX

VwWxXyYzZaAbBcCdDeEfFgGhHiIjJkKlLmMnNoOpPq

Les consonnes, les sons et les syllabes simples

Lorsque tu manges un aliment que tu n'aimes pas, tu fais le son suivant :

Tu connais maintenant le son que fait « **w** ».

Attention, parfois la consonne « **w** » se prononce comme un « **v** ».

Lorsque le vent souffle, il fait le son suivant :

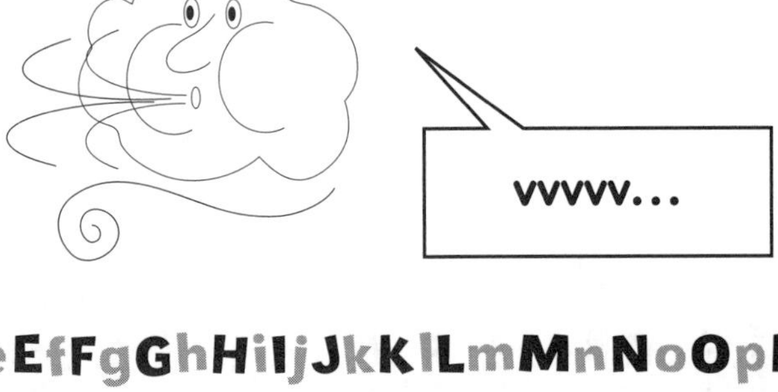

Les consonnes, les sons et les syllabes simples

Fais le son « **W** », puis ajoute celui qui suit.

w → u, ê, oi, a, en

w → e, on, è, ou, i

w → y, o, ai, ui, é

Lis les syllabes avec la consonne « **W** ».

wa	wan	we	wen	wun
wi	win	wo	woi	wei

Lis les mots.

wapiti	wasabi	wallaby	wi-fi
wagon	watt	kiwi	William

Lis les phrases.

Le wasabi est une pâte piquante.

Rosalie joue au <u>hockey</u> .

Le ballon de <u>basketball</u>  roule.

Simon lance le ballon de <u>football</u> .

Le petit wallaby saute haut.

Jade mange un kiwi.

Anthony joue au <u>soccer</u> .

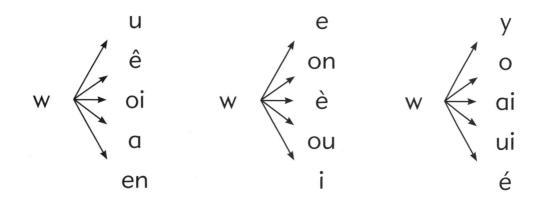

William a vu un wapiti.

Les consonnes, les sons et les syllabes simples

1. Écris les lettres en ordre pour former le mot.

a) a i i p t w

____

b) a a y b l l w

____

c) a a i b s w

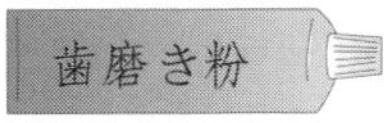

____

d) a o g n w

____

e) i i k w

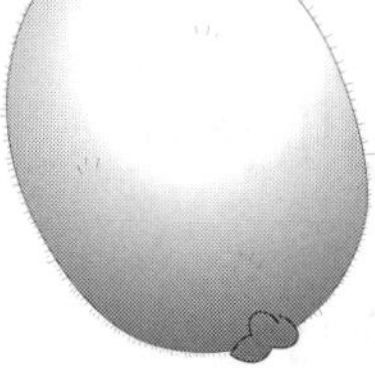

____

f) e i g n s

____

g) a e i f g r

____

h) e ê u g p

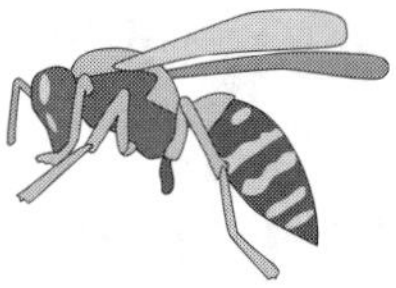

____

Les consonnes, les sons et les syllabes simples

1. Associe chaque mot à l'image qui le représente en traçant une ligne.

a) William

b) hockey

c) wasabi

d) football

e) wapiti

f) basketball

g) wallaby

h) wagon

i) soccer

j) kiwi

Les consonnes, les sons et les syllabes simples

La consonne « **X** » fait deux sons.
Si la consonne « **X** » est au début du mot, elle se prononce :

Lorsque tu as froid en hiver, tu fais le son suivant :

+

Lorsque le moustique vole autour de toi, il fait le son suivant :

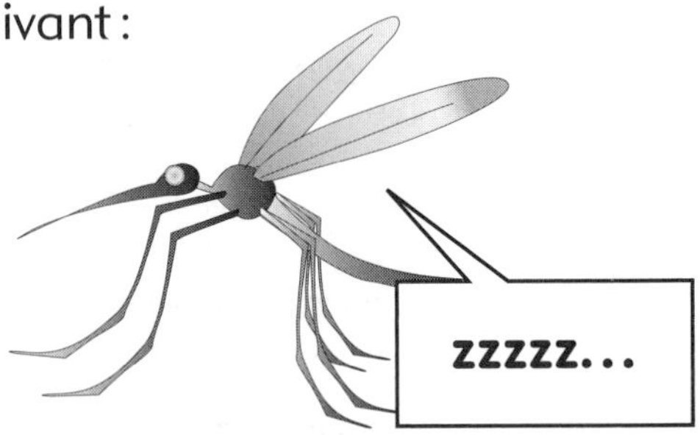

Tu connais maintenant le son que fait « **X** » au début du mot.

Si la consonne « **X** » est dans le mot, elle se prononce :

Lorsque la voiture ne démarre pas en hiver, elle fait le son suivant :

+

Lorsque le serpent sort sa langue, il fait le son suivant :

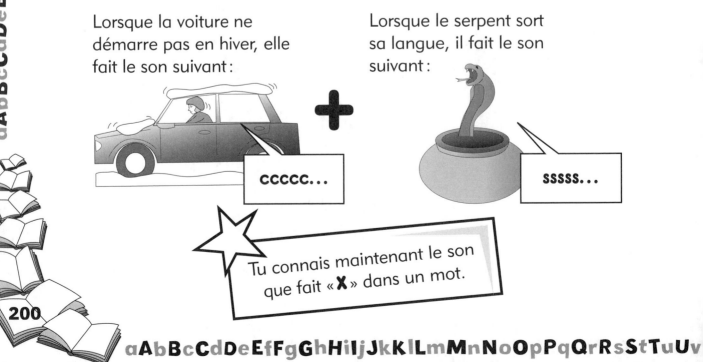

Tu connais maintenant le son que fait « **X** » dans un mot.

Les consonnes, les sons et les syllabes simples

Fais le son « **X** », puis ajoute celui qui suit.

x → è, y, ui, a, oi

x → in, e, an, ê, i

x → u, ou, o, on, é

Lis les syllabes avec la consonne « **X** ».

xen	xi	xu	xei	xa
xau	xai	xeau	xun	xe

Lis les mots.

xylophone	taxi	taxe	boxe	luxe
lynx	mixe	Maxime	Xavier	Alexane

Lis les phrases.

Maxime joue au hockey .

Xavier aime jouer au soccer .

Alexandre joue au basketball .

Julie aime la musique du xylophone.

William fait de la boxe.

Anthony joue au football .

Guy et Jade vivent dans le luxe.

Émilie regarde le lynx.

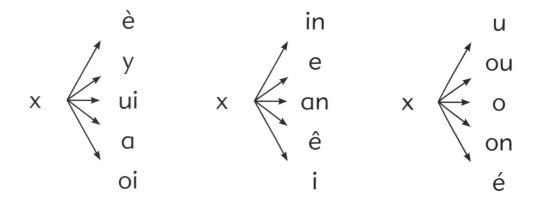

Les consonnes, les sons et les syllabes simples

1. Écris les lettres en ordre pour former le mot.

a) e o o y h l n p x

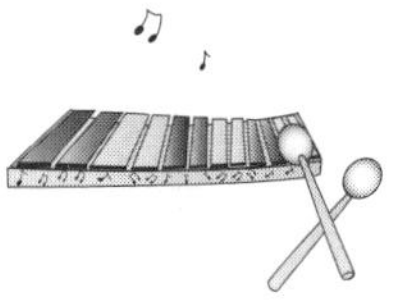

b) e u l x

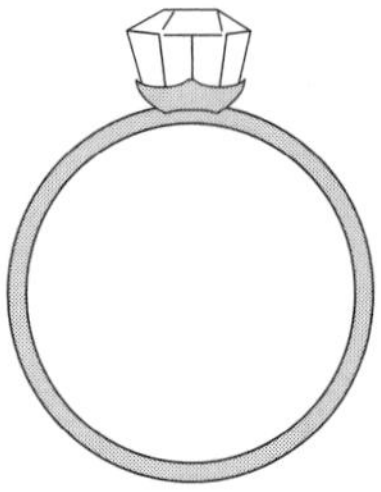

c) e o b x

d) a e t x

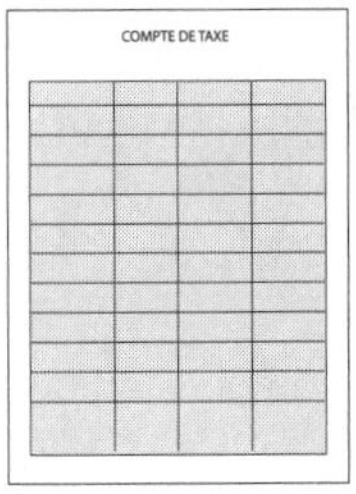

e) a i t x

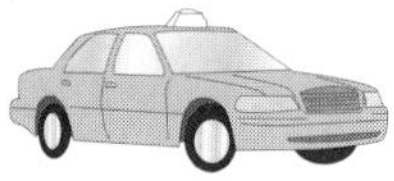

f) a e i M m x

g) i i k w

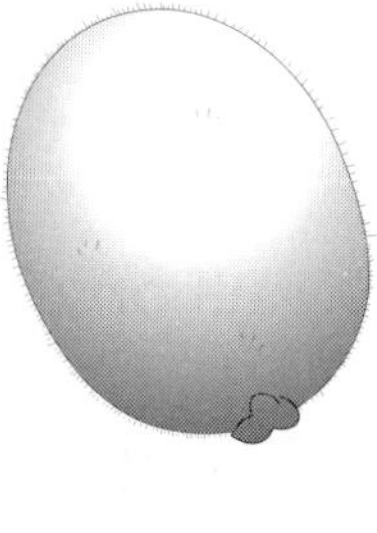

h) a e i r v X

zZaAbBcCdDeEfFgGhHiIjJkKlLmMnNoOpPqQrRsStTuUvVwWxXy

Les consonnes, les sons et les syllabes simples

1. Associe chaque mot à l'image qui le représente en traçant une ligne.

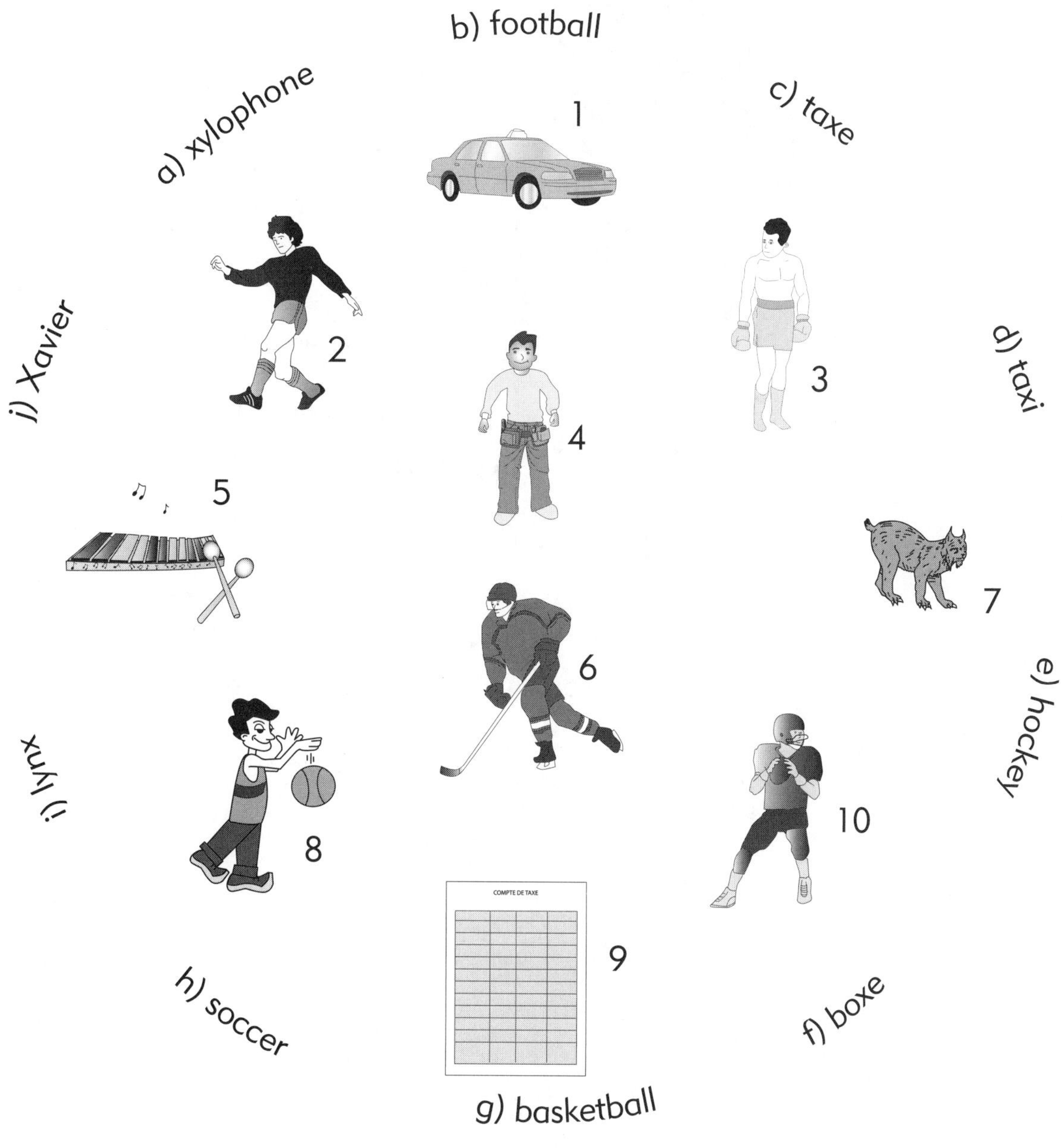

VwWxXyYzZaAbBcCdDeEfFgGhHiIjJkKlLmMnNoOpPq

Les consonnes, les sons et les syllabes simples

Lorsque tu tousses, tu fais le son suivant :

Tu connais maintenant le son que fait « **eu** ».

1. Colorie le dessin si tu entends le son « **eu** » en disant le mot.

Les consonnes, les sons et les syllabes simples

Fais le son de la consonne «**j**», «**g**» ou «**x**», puis ajoute celui qui suit.

	ui		eu		on
	en		ou		ai
j →	eu	g →	an	x →	un
	ei		au		eu
	in		oi		é

Lis les syllabes avec le son «**eu**».

jeu	geu	seu	veu	reu
xeu	weu	keu	feu	peu

Lis les mots.

heureux	peureux	deux	furieux	jeu
amoureux	cheveux	queue	aveu	feu

Lis les phrases.

Les amoureux sont heureux.

Philippe est furieux.

Julia me fait un aveu.

Le ballon de basketball rebondit.

Le football est un jeu d'équipe.

Je tape le ballon au soccer.

Amélie joue au hockey.

Le feu, c'est dangereux.

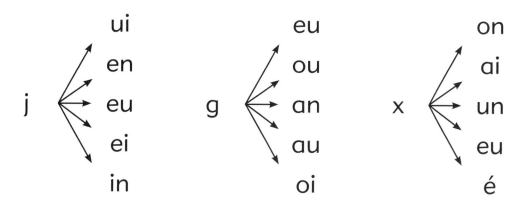

Les consonnes, les sons et les syllabes simples

1. Encercle et écris la bonne syllabe pour former un mot.

a) che cha chi

______ veux

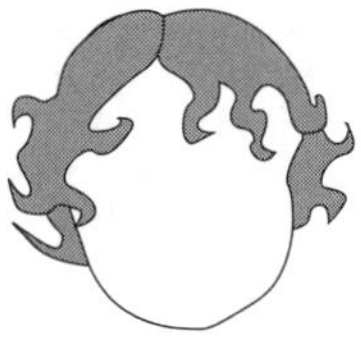

b) pu qu du

______ eue

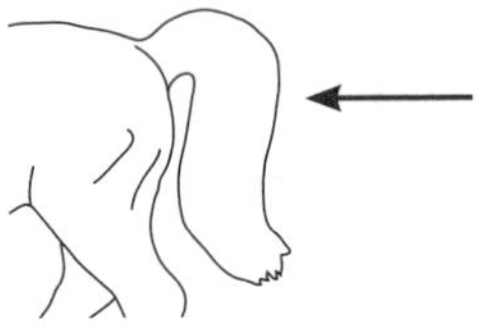

c) v l j

______ eu

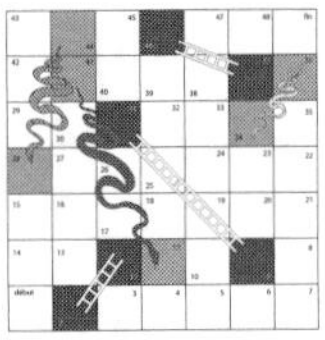

d) v f j

______ eu

e) d b p

______ eux

f) ve pe ge

dan ______ reux

g) mou nou rou

a ______ reux

h) vu mu fu

______ rieux

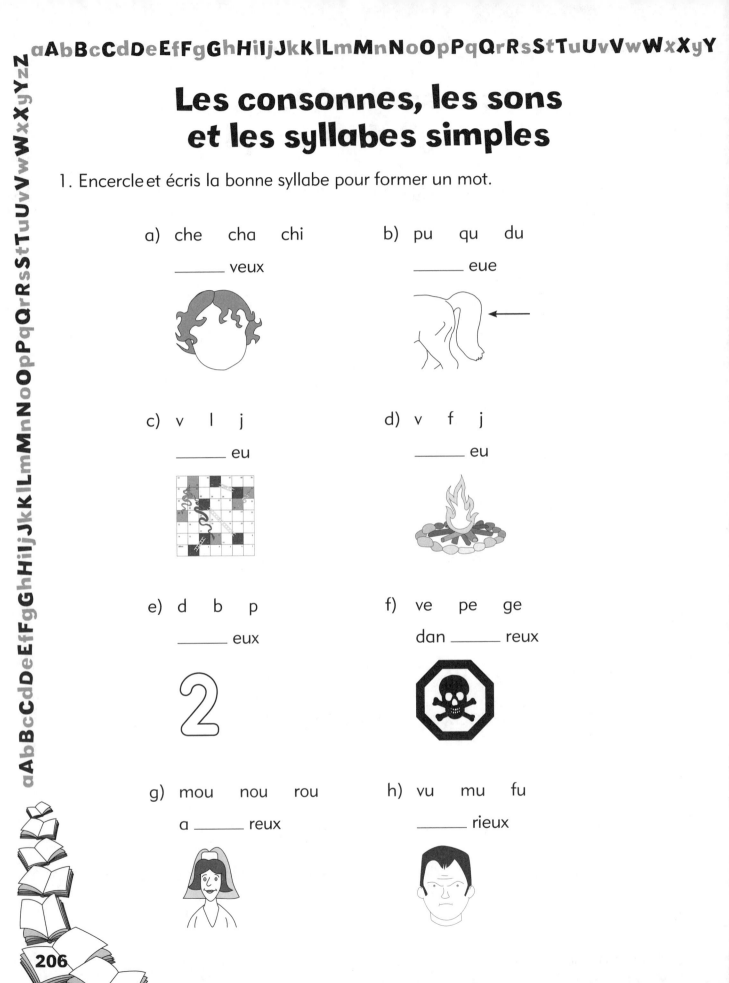

Les consonnes, les sons et les syllabes simples

1. Associe chaque mot à l'image qui le représente en traçant une ligne.

a) amoureux

b) furieux

c) hockey

d) jeu

e) soccer

f) feu

g) basketball

h) football

i) deux

j) queue

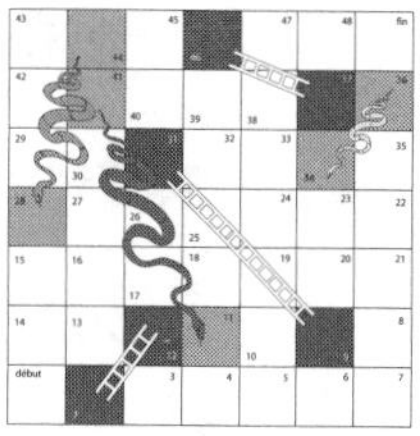
1

2

3

4

5

6

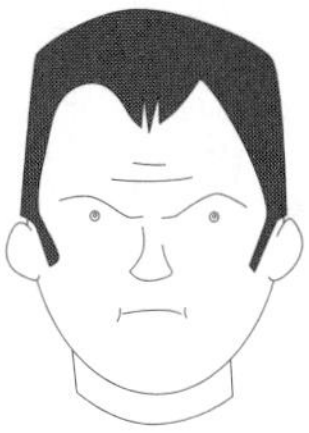
7

8

9

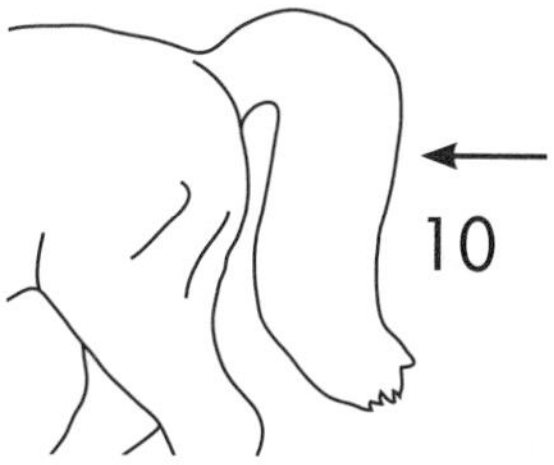
10

Résumé

Lis les mots que tu as appris en lecture globale.

crayon	livre	sac à dos	ciseaux
bleuet	fraise	brocoli	carotte
chien	chat	vache	mouffette
œil	pied	oreille	main
œuf	bœuf	sandwich	citrouille
flûte	guitare	saxophone	trompette
hockey	soccer	basketball	football

Bravo ! Tu en as reconnu ______ /28.

Lis les voyelles que tu as apprises en majuscule et en minuscule.

A	e	O	i	u	I
A	y	E	o	U	Y

Bravo ! Tu en as reconnu ______ /12.

Lis les consonnes que tu as apprises en majuscule et en minuscule.

P	b	f	N	T	l	t
V	H	C	L	S	B	R
d	p	F	v	m	D	k
Q	K	c	r	n	s	h
Z	q	M	z	j	H	G
q	w	T	X	m		

Bravo ! Tu en as reconnu ______ /40.

Résumé

Lis les noms communs que tu as appris à la première section.

île	lime	lame	lama	ami
amie	mamie	lune	manie	mine
âne	laine	naine	aile	laie
aine	aîné	aînée	nez	

Bravo ! Tu en as reconnu ______ /19.

Lis les noms communs que tu as appris à la deuxième section.

reine	rime	rame	mère	rue
morue	tomate	tête	tirelire	été
note	mitaine	loto	moto	père
papa	patate	pâté	purée	pilule
poète	poule	moule	route	toupie
loupe	poupée	toutou	peau	râteau
rameau	taureau	poteau	auto	lapereau
rouleau	eau	taupe		

Bravo ! Tu en as reconnu ______ /38.

Lis les noms communs que tu as appris à la troisième section.

boule	robot	bobine	bébé	banane
baleine	robe	boa	bateau	bouée
rideau	domino	bedaine	madame	malade
limonade	midi	lundi	bedon	biberon
mouton	lion	raton	bonbon	melon

Bravo ! Tu en as reconnu ______ /25.

Résumé

» Lis les noms communs que tu as appris à la quatrième section.

fumée	farine	famine	fête	fée
photo	phobie	fêlure	vétérinaire	fève
violon	veau	vipère	vérité	animaux
enfant	vent	dent	tente	pantalon
antilope	panda	lampe	manteau	éléphant
main	pain	bain	vin	lutin
nain	demain	lapin	patin	dindon
matin	faim			

Bravo ! Tu en as reconnu ______ /37.

» Lis les noms communs que tu as appris à la cinquième section.

koala	kimono	képi	piqûre	requin
phoque	banque	karaté	céleri	école
canari	cadeau	canot	café	police
cantaloup	lionceau	roi	balançoire	boire
pois	voiture	poire	noire	lait

Bravo ! Tu en as reconnu ______ /25.

Résumé

Lis les noms communs que tu as appris à la sixième section.

zéro	zone	zébu	zibeline	zèle
zodiaque	zona	zoo	salon	sapin
soulier	savon	maison	raisin	oiseau
fusée	musique	son	hibou	hérisson
hippocampe	héros	homme	hameçon	haricot
hippopotame	hélice	vie	chapeau	chat
niche	vache	cochon	parachute	chemise
hache	chemin	riche	bûcheron	cuisinier
ruisseau	tuile	étui	nuit	suie
minuit	puits	pâtisserie	cuisine	cheminée

Bravo ! Tu en as reconnu ______ /50.

Lis les noms communs que tu as appris à la septième section.

jupe	jambe	javelot	jupon	guitare
gâteau	guêpe	singe	kangourou	girafe
colère	wapiti	wasabi	wallaby	wi-fi
wagon	dindon	kiwi	pâte	taxi
xylophone	taxe	boxe	jeu	luxe
équipe	amoureux	cheveux	queue	
feu	aveu	lapin	patin	

Bravo ! Tu en as reconnu ______ /33.

Résumé

» Lis les sons que tu as appris.

ei	em	es	au	eau	er	è
im	é	ou	an	on	om	un
ph	en	ê	ez	am	in	ai
ain	oi	ch	ui	eu		

Bravo ! Tu en as reconnu ______ /26.

» Lis les déterminants que tu as appris.

le	ma	l'	des	son
tes	mes	les	un	sa
aux	la	une	ton	

Bravo ! Tu en as reconnu ______ /14.

» Lis les noms propres que tu as appris.

Éli	Lola	Ali	Lili	Léo
Léa	Mia	Hélène	Aline	Annie
Noé	Noa	Line	Mylène	Amélie
Noémie	Émilie	Émile	René	Renée
Marilou	Lou	Milou	Dino	Léon
Philippe	Violaine	Karine	Caroline	Coralie
Céline	Benoit	Maude	Zoé	Sonya
Hélène	Jérémie	Julia	Julie	Guy
Antoine	William	Rosalie	Jade	Anthony
Simon	Maxime	Xavier		

Bravo ! Tu en as reconnu ______ /48.

Résumé

Lis les verbes que tu as appris.

lié, lier
mêle, mêler
tape, taper
lu, lire
tirer
dire
fait, faire
vide, vider
monte, monter
va
décolle, décoller
chercher
utilise, utiliser
joue, jouer
bouge, bouger
jure, jurer

mime, mimer
lime, limer
roule, rouler
a, aura
es, est
dîne, dîner
lave, laver
répare, réparer
coupe, couper
écoute, écouter
sauve, sauver
reçu
décore, décorer
lance, lancer
nage, nager

aime, aimé, aimer
râpe, râper
imite, imiter
rire
pue, puer
lape, laper
avale, avaler
aide, aider
déballe, déballer
polit, polir
vit
saute, sauter
pêche, pêcher
mange, manger
mixe, mixer

Bravo ! Tu en as reconnu ______ /46.

Résumé

Lis les adjectifs, les pronoms et les adverbes que tu as appris.

même	à	et	kaki	rare
petite	non	moi	beau	bon
de	toi	du	me	tout
mariné	zinzin	dans	petit	suivant
luisant	sale	jaune	joli	je
vite	haut	rouge	piquante	deux
heureux	peureux	furieux	dangereux	

Bravo ! Tu en as reconnu ______ /34.

Lis les phrases suivantes.

1. Pendant l'été, Alexane joue au soccer et au football.
2. Le kangourou et le petit wallaby sautent haut.
3. Rosalie enfile son jupon sous sa jupe.
4. Le riche roi aime le luxe de son château.
5. Marilou aime jouer au basketball.
6. La queue de l'éléphant est longue.
7. Zoé et Maxime sont des amoureux.
8. William lance son javelot jaune.
9. René polit ses patins de hockey.
10. Anthony mange des kiwis et du gâteau.

Bravo ! Tu as reconnu ______ /70 mots.

Jeux avec les consonnes, les sons et les syllabes simples

Jeu 1

Découpez les cartes pour jouer au jeu de la mémoire.

Jeu 2

Placez les cartes dans un seul paquet. Tournez une carte à la fois, dites le son écrit sur cette carte et trouvez un mot dans lequel vous entendez ce son.

Vous pouvez faire plastifier vos cartes et les conserver, car elles vous serviront pour un autre jeu.

ai	ai	ei
ei	oi	oi

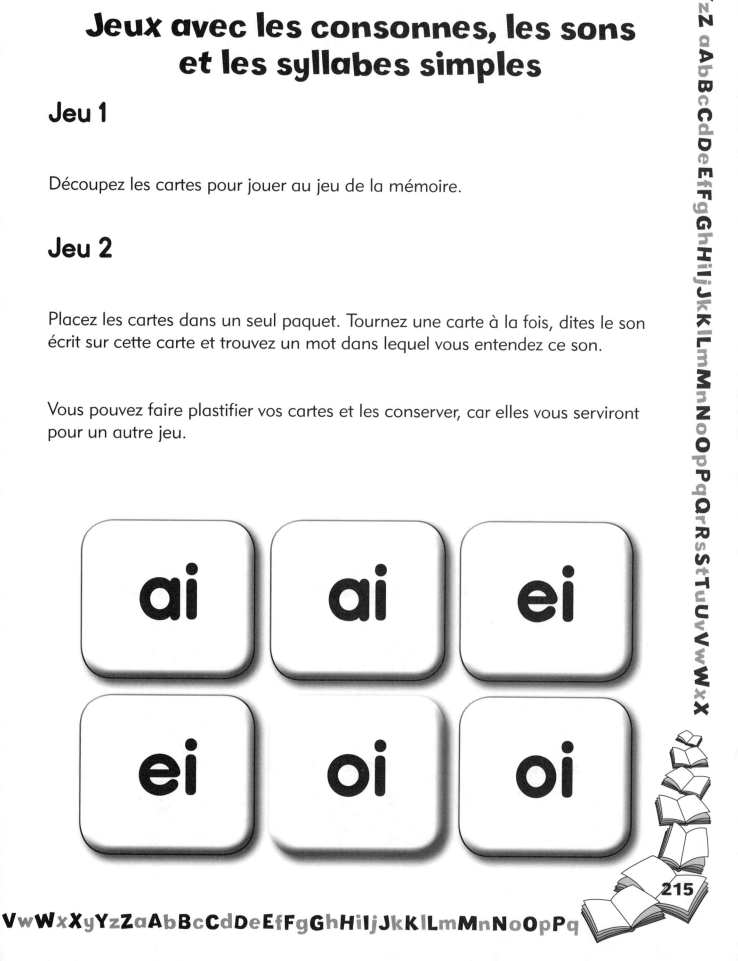

Jeux avec les consonnes, les sons et les syllabes simples

Jeux avec les consonnes, les sons et les syllabes simples

es	es	ou
ou	au	au
en	en	eau
eau	un	un

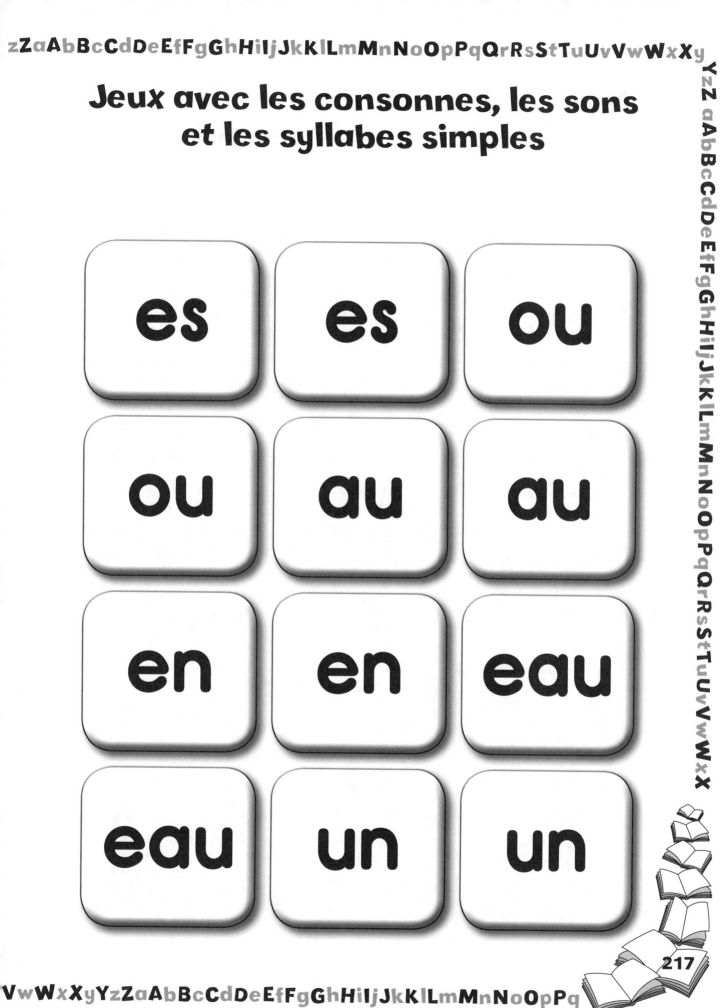

Jeux avec les consonnes, les sons et les syllabes simples

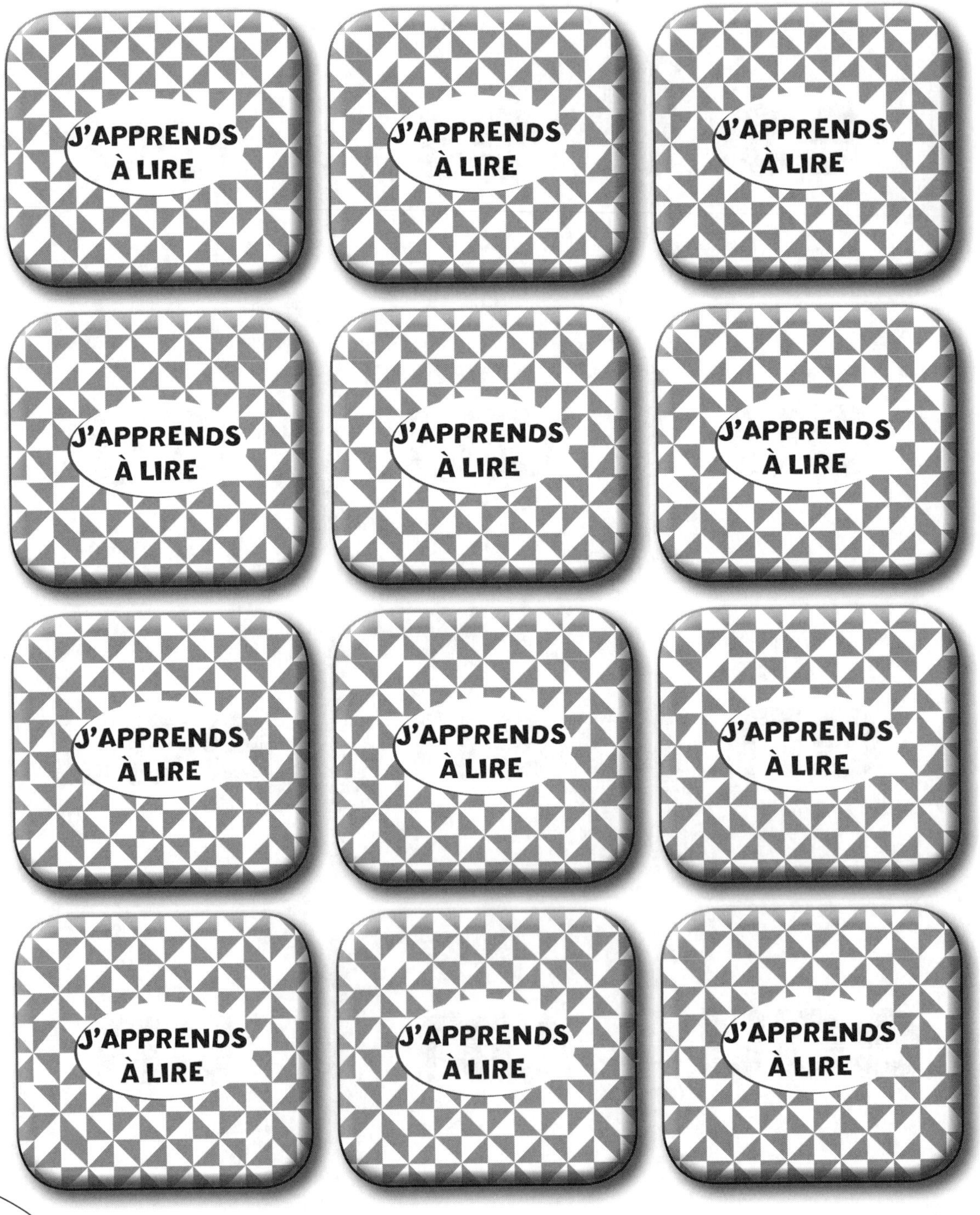

Jeux avec les consonnes, les sons et les syllabes simples

ui	ui	eu
eu	an	an
on	on	ain
ain	in	in

Jeux avec les consonnes, les sons et les syllabes simples

J'APPRENDS À LIRE	J'APPRENDS À LIRE	J'APPRENDS À LIRE
J'APPRENDS À LIRE	J'APPRENDS À LIRE	J'APPRENDS À LIRE
J'APPRENDS À LIRE	J'APPRENDS À LIRE	J'APPRENDS À LIRE
J'APPRENDS À LIRE	J'APPRENDS À LIRE	J'APPRENDS À LIRE

Jeux avec les consonnes, les sons et les syllabes simples

Jeu 1

Découpez les cartes. Placez les cartes en deux paquets, comme dans l'exemple ci-dessous :

Paquet # 1

Paquet # 2

Tournez la carte du dessus de chaque paquet et lisez la syllabe que vous avez formée.

Vous pouvez faire plastifier vos cartes et les conserver, car elles vous serviront pour un autre jeu.

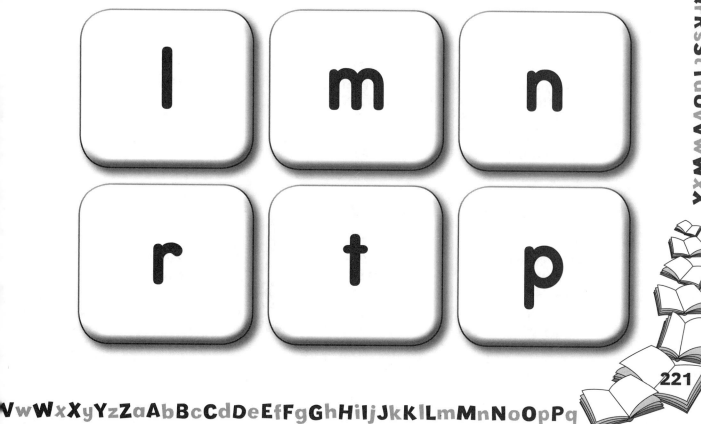

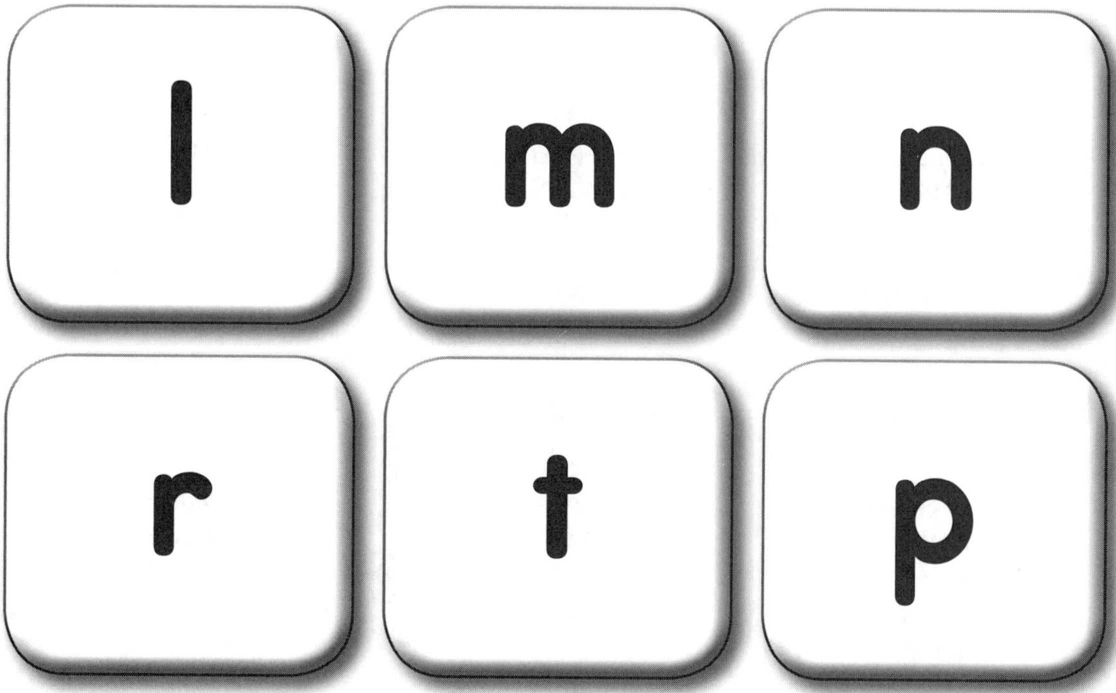

Jeux avec les consonnes, les sons et les syllabes simples

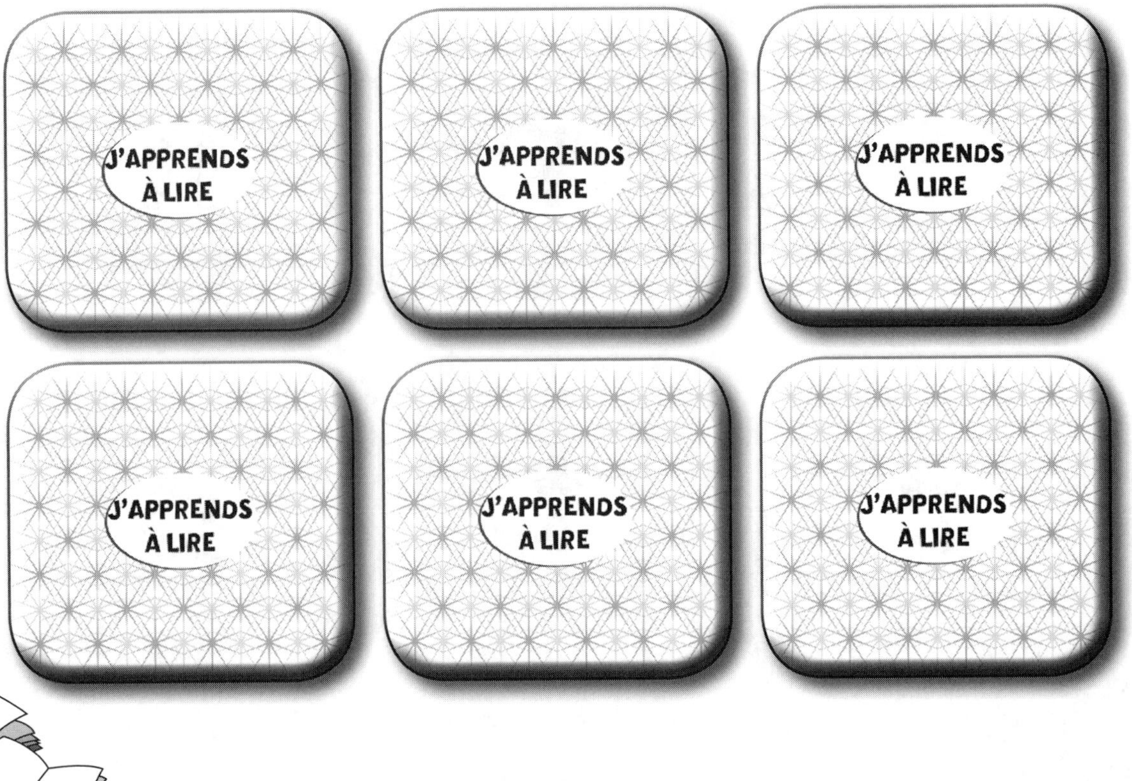

zZaAbBcCdDeEfFgGhHiIjJkKlLmMnNoOpPqQrRsStTuUvVwWxXy

Jeux avec les consonnes, les sons et les syllabes simples

b	d	f
ph	v	k
qu	c	z
s	h	ch

YzZ aAbBcCdDeEfFgGhHiIjJkKlLmMnNoOpPqQrRsStTuUvVwWxX

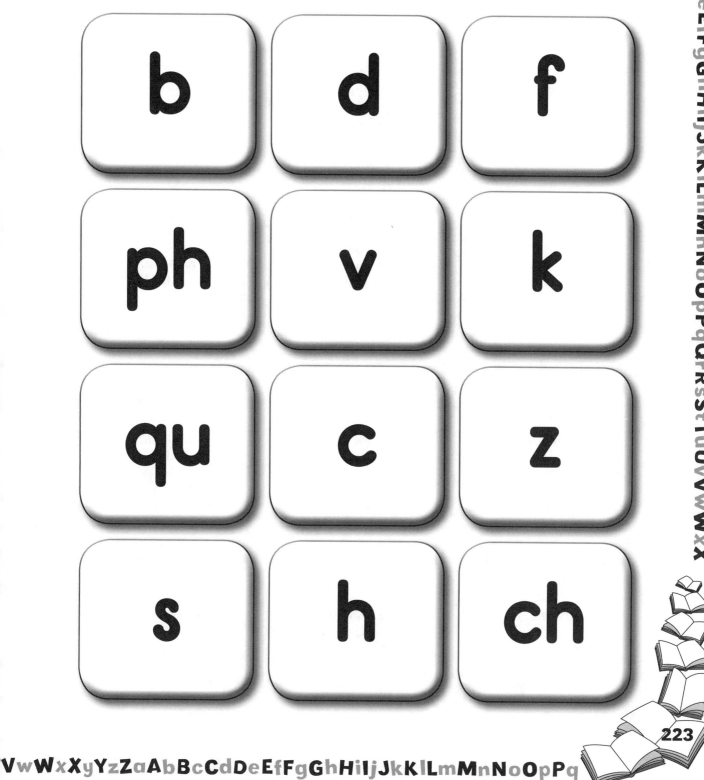

VwWxXyYzZaAbBcCdDeEfFgGhHiIjJkKlLmMnNoOpPq

Jeux avec les consonnes, les sons et les syllabes simples

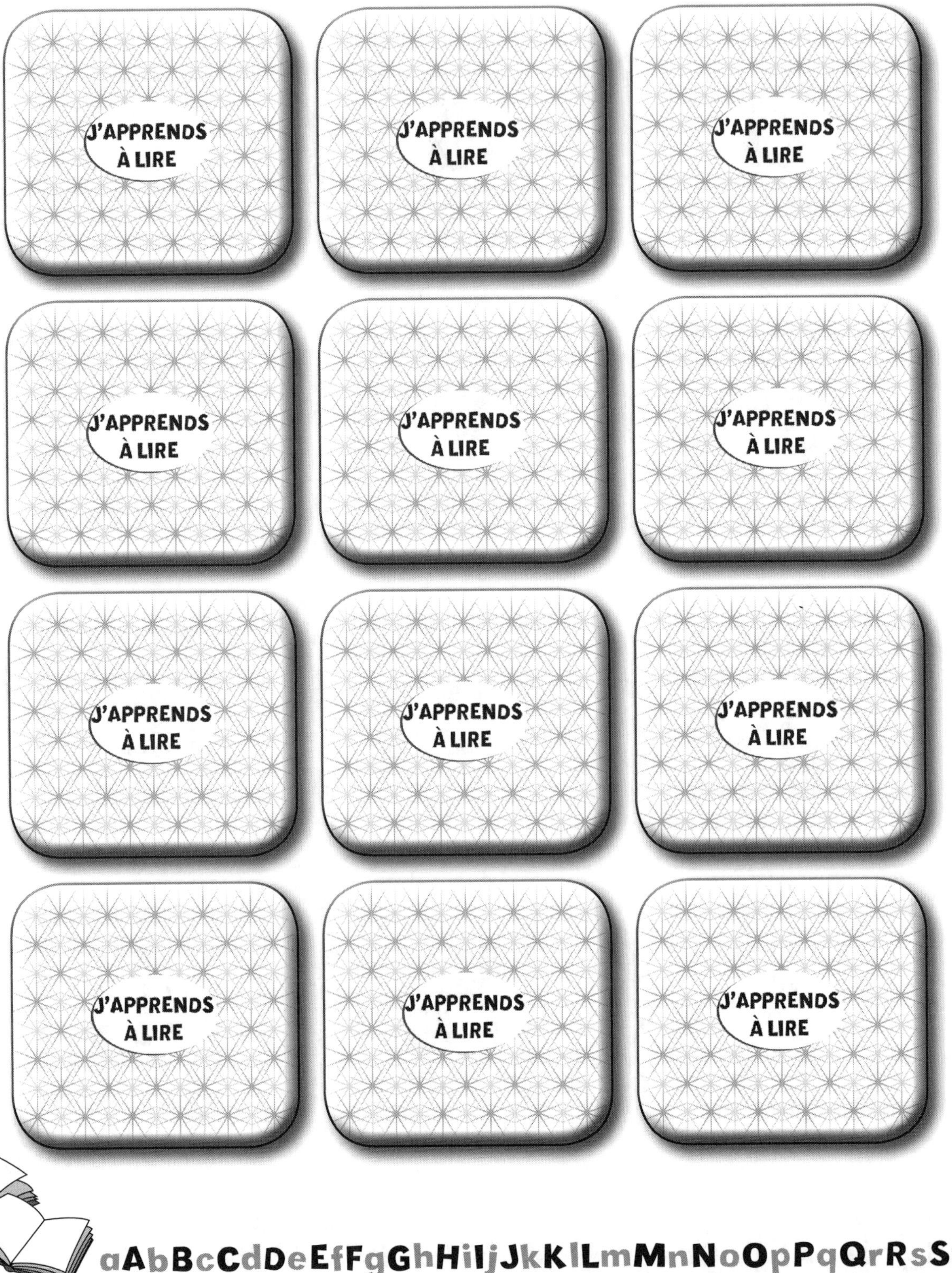

Jeux avec les consonnes, les sons et les syllabes simples

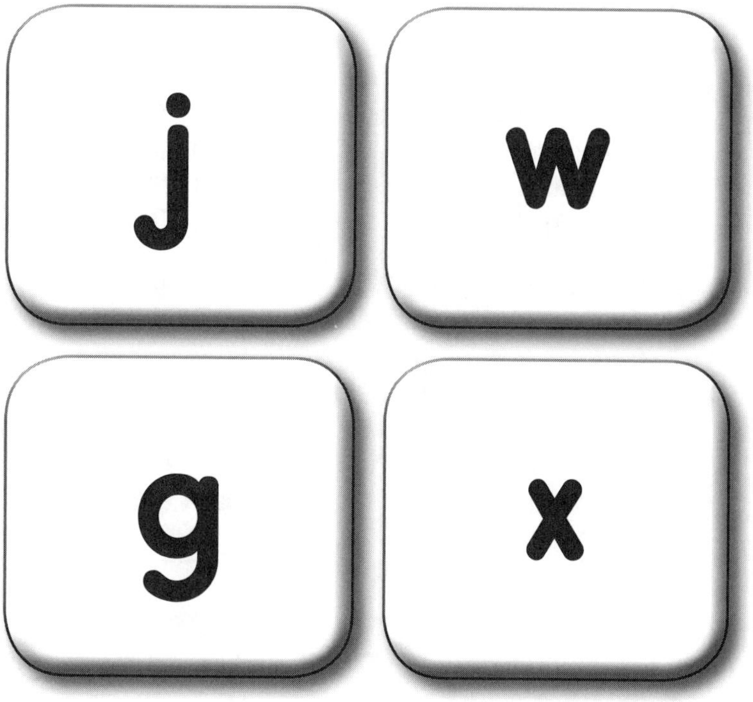

Jeux avec les consonnes, les sons et les syllabes simples

Les syllabes inverses (voyelle + consonne)

Fais le son de la voyelle, puis ajoute le son de la consonne suivante.

a → b, c, r, m, p

i → l, f, p, r, c

o → d, t, s, p, r

y → b, s, m, d, t

e → f, l, p, b, t

a → t, s, d, l, f

o → c, b, l, f, m

u → c, r, s, l, t

e → r, d, m, c, s

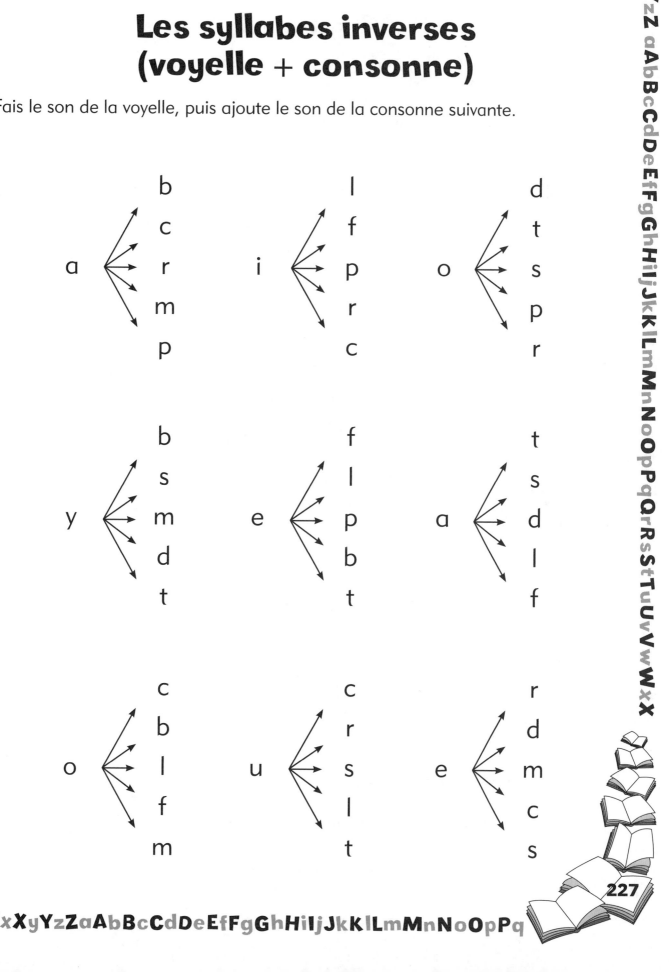

Les syllabes inverses (voyelle + consonne)

Lis les syllabes inverses avec la voyelle « a ».

ap	ac	al	ab	ad
at	as	ar	af	ax

Lis les mots.

accident	anneau	argile	armoire	acné
admire	artère	artichaut	affiche	artifice
arme	affaire	algue	aspirine	argent

Lis les phrases.

Alicia fait de la poterie en argile.

Nathan a de l'acné au visage.

J'admire le champion de vélo.

Madame Labonté affiche les réponses.

Vincent achète un feu d'artifice.

Maxime a une arme à feu.

Hugo enroule son sushi dans une algue.

Mon père est un homme d'affaires.

Les syllabes inverses (voyelle + consonne)

1. Encercle dans chaque phrase le mot illustré à droite.

a) Léa mange des artichauts.

b) Le papa de Noa a eu un accident.

c) Émy a un anneau de mariage.

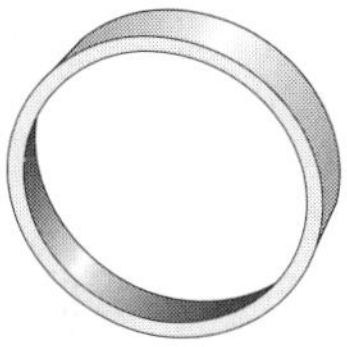

d) Mamie avale une aspirine.

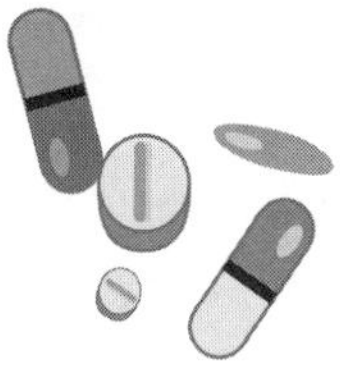

e) Ève peint les armoires de la cuisine.

f) Alice aime les arachides.

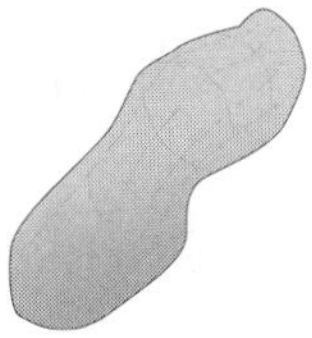

Les syllabes inverses (voyelle + consonne)

Lis les syllabes inverses avec la voyelle « **e** ».

ec	ep	ed	el	ef
er	es	eb	ex	et

Lis les mots.

eczéma	esquimau	essence	escalade	escalope
espadon	escabeau	effacer	escalier	elle
escargot	espace	estomac	excuse	expire

Lis les phrases.

Tu fais de l'eczéma sur les mains.

Elle fait une escapade en avion.

Amélie cuisine des escalopes de veau.

William a un escabeau jaune.

Rosalie efface sa faute dans son cahier.

Noémie veut voyager dans l'espace.

Jérémie expire par la bouche.

Les syllabes inverses (voyelle + consonne)

1. Encercle dans chaque phrase le mot illustré à droite.

a) Simon fait de l'escalade.

b) Sara monte les escaliers.

c) Papy a pêché un espadon.

d) Sonya mange des escargots.

e) L'espion a une loupe.

f) Éli met de l'essence dans son auto.

g) La dame enfile ses escarpins.

Les syllabes inverses (voyelle + consonne)

Lis les syllabes inverses avec la voyelle « **o** ».

ol	op	oc	os	ob
od	or	of	ox	ot

Lis les mots.

octogone	orque	orchidée	orphelin	orme
ornithorynque	orgue	ordinaire	ostéopathe	os
obtenir	occuper	ordure	officier	or

Lis les phrases.

L'enfant orphelin n'a pas de père ni de mère.

L'oiseau fait son nid dans mon orme.

Rose a une robe ordinaire.

L'ostéopathe manipule les os des malades.

Thomas a obtenu une bonne note.

Alexane s'occupe de son amie.

Samuel met les ordures dehors.

Mon père est un officier de police.

Les syllabes inverses (voyelle + consonne)

1. Encercle dans chaque phrase le mot illustré à droite.

a) L'octogone a huit côtés.

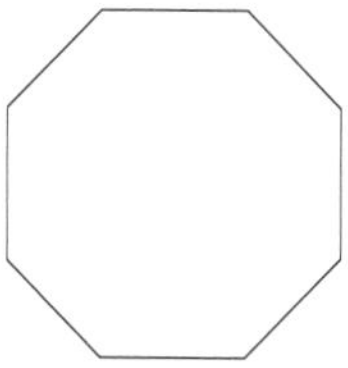

b) Jade a des orchidées mauves.

c) La reine a une jolie bague.

d) L'ornithorynque est un mammifère.

e) Alicia a cassé l'os de sa jambe.

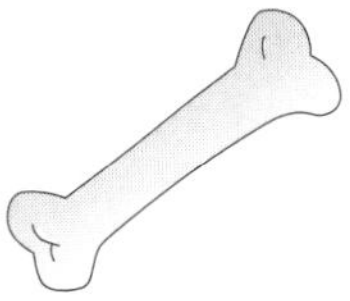

f) Mamie écoute la musique de l'orgue.

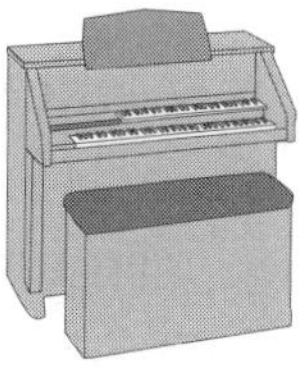

g) L'orque est un mammifère marin.

Les syllabes inverses (voyelle + consonne)

Lis les syllabes inverses avec les voyelles « **i** » et « **u** ».

ir	il	ic	ip	ib
ux	uf	ut	ud	us

Lis les mots.

urgence	ulcère	ultime	urbain	urne
urgent	urticaire	ursuline	immobile	issu
immense	immature	illégale	ils	il

Lis les phrases.

Je suis l'ultime candidat.

Tu aimes les paysages urbains.

Maude a une urgence familiale.

Mon chat se repose, il est immobile.

Lucas est issu d'une famille royale.

Maxime a un immense talent.

Simon est un homme immature.

Tu as une arme illégale.

Les syllabes inverses (voyelle + consonne)

1. Encercle dans chaque phrase le mot illustré à droite.

a) Il joue de la guitare.

b) Ils font une balade en vélo.

c) L'ambulance arrive à l'urgence.

d) L'urne est très jolie.

e) Anthony a un os fracturé.

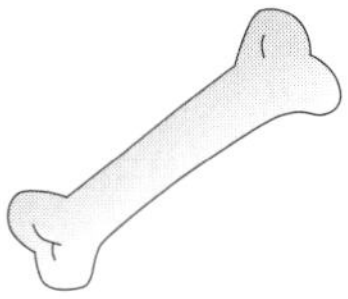

f) Mélodie a mal à l'oreille.

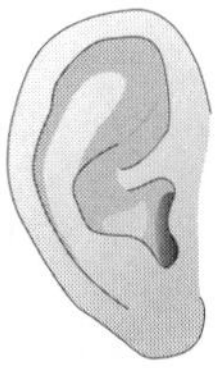

g) Ma tante est une ursuline.

Résumé

Lis les syllabes inverses avec la voyelle « a ».

ap	ac	al	ab	ad
at	as	ar	af	ax

Bravo ! Tu en as reconnu ______ /10.

Lis les syllabes inverses avec la voyelle « e ».

ec	ep	ed	el	ef
er	es	eb	ex	et

Bravo ! Tu en as reconnu ______ /10.

Lis les syllabes inverses avec la voyelle « o ».

ol	op	oc	os	ob
od	or	of	ox	ot

Bravo ! Tu en as reconnu ______ /10.

Lis les syllabes inverses avec les voyelles « i » et « u ».

ir	il	ic	ip	ib
ux	uf	ut	ud	us

Bravo ! Tu en as reconnu ______ /10.

Résumé

Lis les mots que tu as appris avec les syllabes inverses du « a ».

accident	anneau	argile	armoire	acné
admire	artère	artichaut	affiche	artifice
arme	affaire	algue	aspirine	argent

Bravo ! Tu en as reconnu _____ /15.

Lis les mots que tu as appris avec les syllabes inverses du « e ».

eczéma	esquimau	essence	escalade	escalope
espadon	escabeau	effacer	escalier	elle
escargot	espace	estomac	excuse	expire

Bravo ! Tu en as reconnu _____ /15.

Lis les mots que tu as appris avec les syllabes inverses du « o ».

octogone	orque	orchidée	orphelin	orme
ornithorynque	orgue	ordinaire	ostéopathe	os
obtenir	occuper	ordure	officier	or

Bravo ! Tu en as reconnu _____ /15.

Lis les mots que tu as appris avec les syllabes inverses du « i » et du « u ».

urgence	ulcère	ultime	urbain	urne
urgent	urticaire	ursuline	immobile	issu
immense	immature	illégale	ils	il

Bravo ! Tu en as reconnu _____ /15.

Les syllabes fermées (consonne + voyelle + consonne)

Lis les syllabes fermées avec « l », « r », « t », « h » + voyelle + consonne.

tar	rul	tel	lir	rot
lot	hir	ral	lur	het

Lis les mots.

tarte	larme	outarde	Luc	larve
élastique	horloge	dentiste	guitariste	têtard
tortue	hôtel	tour	torse	harpe

Lis les phrases.

Luc joue du violon.

Antoine a des têtards dans son lac.

La larve se développe en insecte.

Une larme coule sur ma joue.

Papa achète un hôtel.

L'élastique s'étire beaucoup.

La tour a douze étages.

Jérémy a le torse nu.

Les syllabes fermées (consonne + voyelle + consonne)

1. Relie chaque image à la phrase correspondante, puis écris le mot sur la ligne.

a) Marilou cuisine des __________ aux pommes.

b) L' __________ vole dans le ciel.

c) L' __________ indique le temps.

d) Le __________ répare ma carie.

e) Le __________ joue de la guitare.

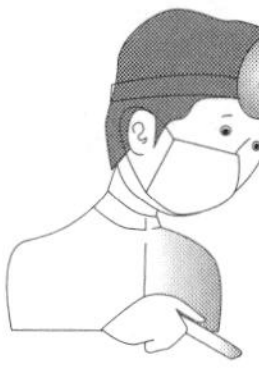

f) La __________ a une carapace.

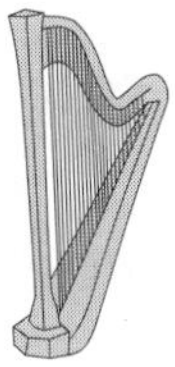

g) Line joue de la __________.

Les syllabes fermées (consonne + voyelle + consonne)

Lis les syllabes fermées avec « **m** », « **n** » + voyelle + consonne.

mer	nar	nip	mal	mic
nol	mub	mof	nel	nus

Lis les mots.

homard	morse	moustique	marmotte	masque
renard	mur	marmite	marteau	noir
canard	morte	marche	myrtille	mascara

Lis les phrases.

La marmotte hiberne.

Je porte un masque.

Mélodie porte un pantalon noir.

Nathan monte les marches.

Rose peint les murs du salon.

La myrtille est une baie noire.

La marmite de la sorcière est sale.

Lou peint une nature morte.

Les syllabes fermées (consonne + voyelle + consonne)

1. Relie chaque image à la phrase correspondante, puis écris le mot sur la ligne.

a) Sonya mange du ____________.

b) Le ____________ est un mammifère marin.

c) Le ____________ pique ma peau.

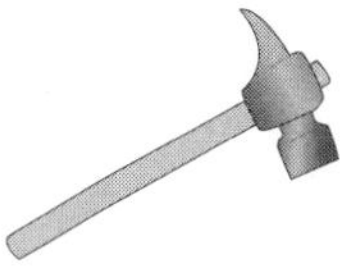

d) Émile a vu un ____________ polaire.

e) Le ____________ est un outil.

f) La femelle du ____________ est la cane.

g) Olivier a de beaux ____________.

Les syllabes fermées (consonne + voyelle + consonne)

Lis les syllabes fermées avec « **b** », « **d** », « **p** » + voyelle + consonne.

baf	dol	pit	dir	pab
bis	pec	dup	box	buc

Lis les mots.

barbe	aubergine	parfum	pistache	bol
parchemin	autobus	palmier	guépard	condor
bouc	balcon	pergola	porte	badge

Lis les phrases.

Simon mange des pistaches.

Je range mon bol à soupe.

Ali écrit sur du papier parchemin.

La policière a son badge.

Papa répare la pergola.

Le palmier pousse dans les régions chaudes.

La porte de ma maison est noire.

Le condor est une sorte de vautour.

Les syllabes fermées (consonne + voyelle + consonne)

1. Relie chaque image à la phrase correspondante, puis écris le mot sur la ligne.

a) Papa a une longue ___________.

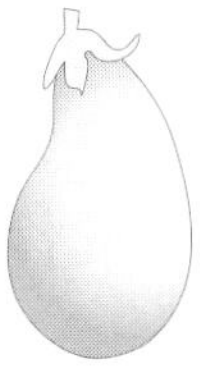

b) L' ___________ est un légume mauve.

c) Ton ___________ sent le chocolat.

d) L' ___________ est jaune.

e) Le ___________ court vite.

f) Le ___________ est le mâle de la chèvre.

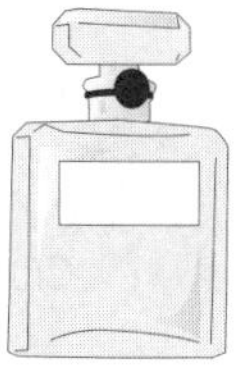

g) Ma maison a un ___________.

Les syllabes fermées (consonne + voyelle + consonne)

Lis les syllabes fermées avec « **f** » ou « **v** » + voyelle + consonne.

fit	vof	vil	fot	var
vuc	fec	fab	vep	fus

Lis les mots.

cheval	facture	verre	fourmi	ver
ferme	fer	fil	hiver	veste
forgeron	infirmière	valve	farce	vis

Lis les phrases.

La neige tombe en hiver.

Le pont est en fer.

Maxime enfile sa veste noire.

William ferme la valve.

Nicolas reçoit sa facture.

Le forgeron façonne des pièces en fer.

Le funambule marche sur un fil.

Samuel raconte des farces.

Les syllabes fermées (consonne + voyelle + consonne)

1. Relie chaque image à la phrase correspondante, puis écris le mot sur la ligne.

a) Le __________ vit dans l'écurie.

b) Je verse du jus dans mon __________.

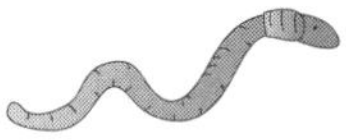

c) La __________ est un insecte.

d) Éli cherche un __________ de terre.

e) Les animaux vivent à la __________.

f) L' __________ aide les malades.

g) Martin a le __________ qui coule.

Les syllabes fermées (consonne + voyelle + consonne)

Lis les syllabes fermées avec « **s** », « **z** », « **c** », « **k** » ou « **q** » + voyelle + consonne.

sab	zad	cir	kuc	car
zil	kep	cef	sot	cos

Lis les mots.

sac	carte	coq	casque	corbeau
escargot	serpent	castor	hélicoptère	cactus
cellulaire	corde	sarcophage	sorcière	cerf

Lis les phrases.

L'escargot avance lentement.

Tu donnes une carte de fête à ton père.

Le sarcophage est fait de pierre.

Luc a de la corde rouge.

René enfile son casque.

Le cerf marche dans la forêt.

Le cactus a des épines.

La sorcière vole sur son balai.

Les syllabes fermées (consonne + voyelle + consonne)

1. Relie chaque image à la phrase correspondante, puis écris le mot sur la ligne.

a) Lou amène son ____________ d'école.

b) Le ____________ chante le matin.

c) Le ____________ est un oiseau noir.

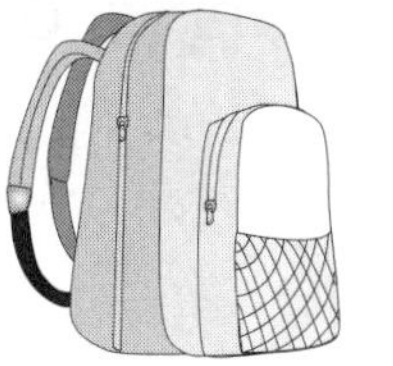

d) Le ____________ est un reptile.

e) Le ____________ vit dans une hutte.

f) L' ____________ a une hélice.

g) Line a un téléphone ____________.

Les syllabes fermées (consonne + voyelle + consonne)

» Lis les syllabes fermées avec « **g** » ou « **j** » + voyelle + consonne.

gab	joc	gid	jef	gul
jup	ger	jis	got	jax

» Lis les mots.

couguar	jardin	garçon	jardinière	gorge
garderie	garde	journal	geste	journée
Justine	gerbe	gymnastique	justice	jars

» Lis les phrases.

Ali va à la garderie.

Tu fais des gestes d'amitié.

Justine parle doucement.

La jardinière cultive son jardin.

Papa donne une gerbe de roses à maman.

Aujourd'hui, c'est une belle journée.

Je respecte la justice.

Alexane garde la voisine.

Les syllabes fermées (consonne + voyelle + consonne)

1. Relie chaque image à la phrase correspondante, puis écris le mot sur la ligne.

a) Le __________ a un pelage beige.

b) Je fais un __________ avec papa.

c) Samuel est un __________.

d) Papy lit le __________ chaque matin.

e) Aurélie a mal à la __________.

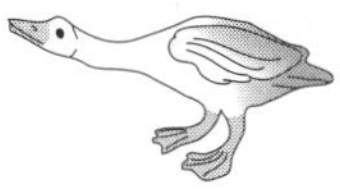

f) Alex fait de la __________.

g) Le __________ est le mâle de l'oie.

Résumé

Lis les syllabes fermées que tu as apprises avec « l », « r », « t », « h ».

tar	rul	tel	lir	rot
lot	hir	ral	lur	het

Bravo ! Tu en as reconnu _____ /10.

Lis les syllabes fermées que tu as apprises avec « m », « n ».

mer	nar	nip	mal	mic
nol	mub	mof	nel	nus

Bravo ! Tu en as reconnu _____ /10.

Lis les syllabes fermées que tu as apprises avec « b », « d », « p ».

baf	dol	pit	dir	pab
bis	pec	dup	box	buc

Bravo ! Tu en as reconnu _____ /10.

Résumé

Lis les syllabes fermées que tu as apprises avec « **f** », « **v** ».

fit	vof	vil	fot	var
vuc	fec	fab	vep	fus

Bravo ! Tu en as reconnu ______ /10

Lis les syllabes fermées que tu as apprises avec « **s** », « **z** », « **c** », « **k** », « **q** ».

sab	zad	cir	kuc	car
zil	kep	cef	sot	cos

Bravo ! Tu en as reconnu ______ /10

Lis les syllabes fermées que tu as apprises avec « **g** », « **j** ».

gab	joc	gid	jef	gul
jup	ger	jis	got	jax

Bravo ! Tu en as reconnu ______ /10

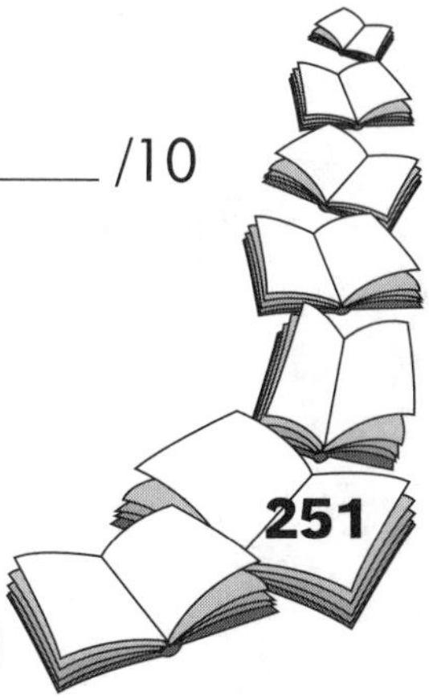

Résumé

Lis les mots que tu as appris avec les syllabes fermées du « **l** », du « **r** », du « **t** », et du « **h** ».

tarte	larme	outarde	Luc	larve
élastique	horloge	dentiste	guitariste	têtard
tortue	hôtel	tour	torse	harpe

Bravo ! Tu en as reconnu ______ /15.

Lis les mots que tu as appris avec les syllabes fermées du « **m** » et du « **n** ».

homard	morse	moustique	marmotte	masque
renard	mur	marmite	marteau	noir
canard	morte	marche	myrtille	mascara

Bravo ! Tu en as reconnu ______ /15.

Lis les mots que tu as appris avec les syllabes fermées du « **b** », du « **d** » et du « **p** ».

barbe	badge	parfum	pistache	bol
parchemin	autobus	palmier	guépard	condor
bouc	balcon	pergola	porte	aubergine

Bravo ! Tu en as reconnu ______ /15.

Résumé

Lis les mots que tu as appris avec les syllabes fermées du « **f** » et du « **v** ».

cheval	facture	verre	fourmi	ver
ferme	fer	fil	hiver	veste
forgeron	infirmière	valve	farce	vis

Bravo ! Tu en as reconnu ______ /15.

Lis les mots que tu as appris avec les syllabes fermées du « **s** », du « **z** », du « **c** », du « **k** » et du « **q** ».

sac	carte	coq	casque	corbeau
escargot	serpent	castor	hélicoptère	cactus
cellulaire	corde	sarcophage	sorcière	cerf

Bravo ! Tu en as reconnu ______ /15.

Lis les mots que tu as appris avec les syllabes fermées du « **g** » et du « **j** ».

couguar	jardin	garçon	jardinière	gorge
garderie	garde	journal	geste	journée
Justine	gerbe	gymnastique	justice	jars

Bravo ! Tu en as reconnu ______ /15.

Les groupes consonantiques (consonne + consonne + voyelle)

Lis les groupes consonantiques avec «**t**» + consonne + voyelle.

thé	tri	tru	tré	trè
tra	tre	thè	tro	thê

Lis les mots.

thé	trampoline	tracteur	triangle	trèfle
théâtre	théière	trapèze	trois	tranche
trou	trace	train	traîneau	trente

Lis les phrases.

Ma tante boit du thé.

Maman et papa vont au théâtre.

Benjamin fait du trapèze.

Je glisse avec mon traîneau.

Dans le parterre, il y a trente tulipes.

Luc coupe une tranche de pain.

Le chasseur suit la trace de gibier.

Patrice tombe dans un trou.

Les groupes consonantiques (consonne + consonne + voyelle)

Illustre le mot en caractères gras dans la phrase.

Il y a un **triangle** dans mon cahier.

Je saute sur le **trampoline**.

Le fermier utilise son **tracteur**.

Éma mange **trois** poires.

La reine a une **théière** en or.

Amélie a trouvé un **trèfle**.

Béatrice a un **train** en bois.

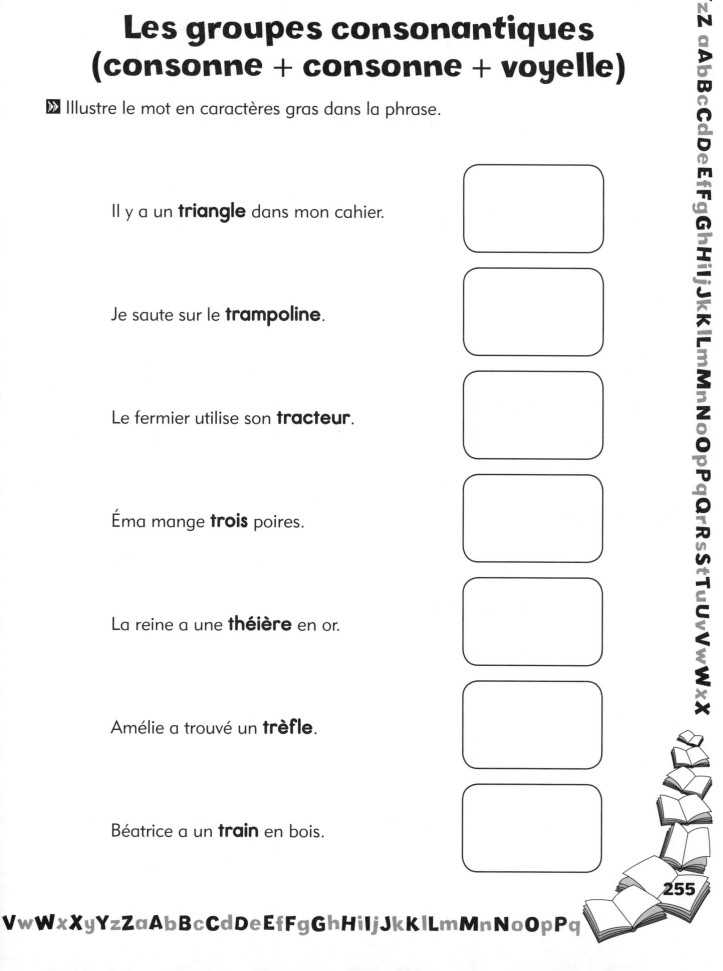

Les groupes consonantiques (consonne + consonne + voyelle)

Lis les groupes consonantiques avec « **b** » + consonne + voyelle.

bla	bre	bli	bro	blu
bré	blè	brê	ble	bra

Lis les mots.

bleu	blanche	blé	brebis	blague
blaireau	brique	breuvage	bleuet	bloc
bracelet	blouse	branche	brave	bras

Lis les phrases.

Le blaireau est un mammifère carnivore.

La reine a un bracelet en or.

La branche de l'arbre est cassée.

La neige est blanche.

Coralie porte une blouse rose.

Maxime est un brave garçon.

Le blé pousse dans le champ.

Patrice raconte toujours des blagues.

Les groupes consonantiques (consonne + consonne + voyelle)

Illustre le mot en caractères gras dans la phrase.

Charles a un pinceau **bleu**.

Victoria sert un **breuvage** à Julie.

Noa fait un château en **blocs**.

La **brebis** est la femelle du mouton.

Marilou mange des **bleuets**.

Le mur est en **brique**.

Nous avons deux **bras**.

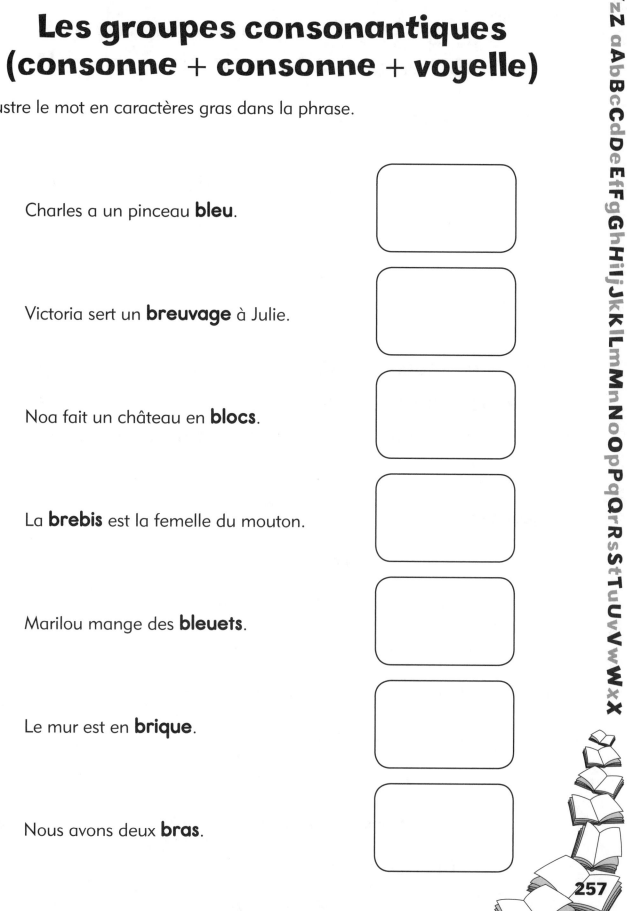

aAbBcCdDeEfFgGhHiIjJkKlLmMnNoOpPqQrRsStTuUvVwWxXyY

Les groupes consonantiques (consonne + consonne + voyelle)

Lis les groupes consonantiques avec « **d** » + consonne + voyelle.

dro	dré	dre	drê	dry
dru	dra	drè	dri	dro

Lis les mots.

dromadaire	drapeau	dragon	drain	drap
dramatique	drame	dresser	droite	drôle
dramaturge	draperie	androïde	drastique	druide

Lis les phrases.

Ce film est dramatique.

François est un drôle de garçon.

Ce livre est un drame romantique.

Le dramaturge écrit une pièce de théâtre.

L'androïde est un robot.

Claudia dresse l'échelle contre le mur.

Mamie a une draperie en laine.

Tu fais un choix drastique.

aAbBcCdDeEfFgGhHiIjJkKlLmMnNoOpPqQrRsStTuUv

Les groupes consonantiques (consonne + consonne + voyelle)

Illustre le mot en caractères gras dans la phrase.

Le **dromadaire** a une bosse sur son dos.

Je place les **draps** de mon lit.

Le **druide** prépare une soupe magique.

Sara a un **drapeau** du Canada.

Il y a un **drain** autour de la maison.

Béatrice dessine un **dragon** vert.

Je dessine ma main **droite**.

Les groupes consonantiques (consonne + consonne + voyelle)

Lis les groupes consonantiques avec « **p** » + consonne + voyelle.

pno	pre	plê	pro	psé
psa	ply	pri	psè	plu

Lis les mots.

plage	planète	plume	prince	psychologue
parapluie	prison	prénom	plancher	plante
princesse	prose	pneu	planche	promenade

Lis les phrases.

Le poète écrit de la prose.

Mon plancher est en bois.

Laurie est une belle princesse.

Ma mère est une psychologue.

Alex achète des planches de bois.

Je fais une promenade en forêt.

Cet été, j'irai à la plage.

Mon prénom est Sylvia.

Les groupes consonantiques (consonne + consonne + voyelle)

Illustre le mot en caractères gras dans la phrase.

Mon chapeau a une **plume** mauve.

Nous vivons sur la **planète** Terre.

Le voleur est en **prison**.

Ma **plante** verte pousse vite.

Juliette a un **parapluie** rouge.

Le **prince** est riche.

Papa pose les **pneus** d'hiver.

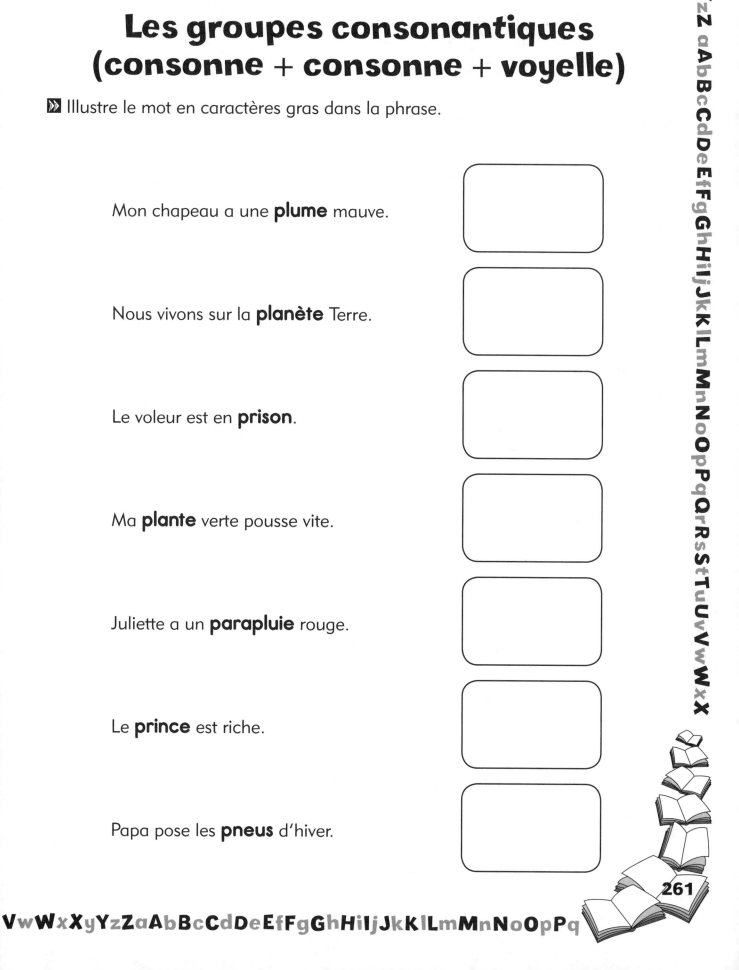

Les groupes consonantiques (consonne + consonne + voyelle)

Lis les groupes consonantiques avec « f » + consonne + voyelle.

flo	fru	frê	flé	fry
fle	frè	fra	fla	fli

Lis les mots.

fraise	framboise	fleur	frêne	fleuve
flamme	flacon	flambeau	flèche	flocon
flûte	fragile	français	friandise	frite

Lis les phrases.

La flamme du feu est haute.

Ce vase importé de Chine est fragile.

Le frêne est un arbre des forêts de l'Europe.

Mes amies mangent des friandises.

Je parle le français.

Les adolescents aiment les frites.

Le fleuve se déverse dans la mer.

La malade a un flacon de médicament.

Les groupes consonantiques (consonne + consonne + voyelle)

Illustre le mot en caractères gras dans la phrase.

Pauline ramasse des **framboises**.

Malorie joue de la **flûte**.

Samuel fabrique des **flèches** en pierre.

Les **flocons** de neige tombent.

Alexis a le **flambeau** olympique.

Léa regarde les **fleurs** multicolores.

La princesse mange des **fraises**.

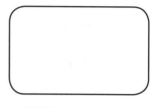

Les groupes consonantiques (consonne + consonne + voyelle)

Lis les groupes consonantiques avec « **S** » + consonne + voyelle.

spa	sto	sco	stè	scy
sti	spe	stu	spê	sta

Lis les mots.

statue	stop	stade	sculpture	station
stylo	spatule	scalpel	scarabée	scène
scie	scorpion	spectacle	spirale	sport

Lis les phrases.

Je chante sur la scène.

L'astronaute va à la station spatiale.

Ma classe prépare un spectacle.

La corde est en spirale.

Caroline regarde la partie de soccer au stade.

Un scalpel est un petit couteau.

Noé fait une sculpture avec du matériel recyclé.

Mathis pratique plusieurs sports.

Les groupes consonantiques (consonne + consonne + voyelle)

Illustre le mot en caractères gras dans la phrase.

Il y a un **stop** au bout de la rue.

Le **scarabée** est un insecte noir.

Je fais une **statue** de plâtre.

Rémi coupe du bois avec sa **scie**.

Le **scorpion** a un dard venimeux.

Philippe dessine avec un **stylo** bleu.

Il tourne sa crêpe avec une **spatule**.

Les groupes consonantiques (consonne + consonne + voyelle)

Lis les groupes consonantiques avec « **C** » + consonne + voyelle.

ché	clo	crè	cle	crê
clu	chu	cli	cry	cra

Lis les mots.

chèvre	clôture	crêpe	clown	clé
cristal	crayon	classe	clinique	clou
cravate	crabe	crapaud	crème	criquet

Lis les phrases.

Jérémy est dans ma classe.

Patrice mange du crabe.

Il y a des clowns au cirque.

Le crapaud saute dans l'eau.

La reine a des verres de cristal.

Nathalie met de la crème dans son café.

Maman va à la clinique.

Je joue au criquet en été.

Les groupes consonantiques (consonne + consonne + voyelle)

Illustre le mot en caractères gras dans la phrase.

Je mets du sirop sur mes **crêpes**.

Il y a une **clôture** autour de ma maison.

Papa met sa **cravate** bleue.

Le marteau enfonce le **clou**.

Samuel a perdu sa **clé** de maison.

J'élève des **chèvres**.

Maude a des **crayons** de couleur.

Les groupes consonantiques (consonne + consonne + voyelle)

Lis les groupes consonantiques avec « **g** » + consonne + voyelle.

gle	gny	gra	gla	gli
gnê	glo	grè	gnu	gré

Lis les mots.

cygne	triangle	glaçon	agneau	gros
araignée	grand	glace	glaçage	globe
glacier	graine	grelot	griffe	grimace

Lis les phrases.

Sophie patine sur la glace.

Marilou visse le globe dans la lampe.

Mon père a un gros bedon.

Le glacier flotte dans l'océan.

Mon chat a les griffes longues.

J'aime mon grand frère.

Le singe me fait une grimace.

Benoit met du glaçage sur le gâteau.

Les groupes consonantiques (consonne + consonne + voyelle)

Illustre le mot en caractères gras dans la phrase.

J'ai peur des **araignées**.

Je trace un **triangle**.

Le **cygne** est un oiseau majestueux.

L'**agneau** est le petit de la brebis.

Tu mets un **glaçon** dans mon verre.

Je sème des **graines** de carotte.

On entend les **grelots** du père Noël.

Résumé

» Lis les groupes consonantiques que tu as appris avec « **t** ».

thé	tri	tru	tré	trè
tra	tre	thè	tro	thê

Bravo ! Tu en as reconnu _____ /10.

» Lis les groupes consonantiques que tu as appris avec « **b** ».

bla	bre	bli	bro	blu
bré	blè	brê	ble	bra

Bravo ! Tu en as reconnu _____ /10.

» Lis les groupes consonantiques que tu as appris avec « **d** ».

dro	dré	dre	drê	dry
dru	dra	drè	dri	dro

Bravo ! Tu en as reconnu _____ /10.

» Lis les groupes consonantiques que tu as appris avec « **p** ».

pno	pre	plê	pro	psé
psa	ply	pri	psè	plu

Bravo ! Tu en as reconnu _____ /10.

Résumé

Lis les groupes consonantiques que tu as appris avec « **f** ».

flo	fru	frê	flé	fry
fle	frè	fra	fla	fli

Bravo ! Tu en as reconnu ______ /10.

Lis les groupes consonantiques que tu as appris avec « **s** ».

spa	sto	sco	stè	scy
sti	spe	stu	spê	sta

Bravo ! Tu en as reconnu ______ /10.

Lis les groupes consonantiques que tu as appris avec « **c** ».

ché	clo	crè	cle	crê
clu	chu	cli	cry	cra

Bravo ! Tu en as reconnu ______ /10.

Lis les groupes consonantiques que tu as appris avec « **g** ».

gle	gny	gra	gla	gli
gnê	glo	grè	gnu	gré

Bravo ! Tu en as reconnu ______ /10

Résumé

Lis les mots que tu as appris avec les groupes consonantiques du « t ».

thé	trèfle	tracteur	triangle	trampoline
théâtre	théière	trapèze	trois	tranche
trou	trace	train	traîneau	trente

Bravo ! Tu en as reconnu ______ /15.

Lis les mots que tu as appris avec les groupes consonantiques du « b ».

bleu	blanche	blé	brebis	blague
blaireau	brique	breuvage	bleuet	bloc
bracelet	blouse	branche	brave	bras

Bravo ! Tu en as reconnu ______ /15.

Lis les mots que tu as appris avec les groupes consonantiques du « d ».

drap	drapeau	dragon	drain	dromadaire
drôle	drame	dresser	droite	dramatique
druide	draperie	androïde	drastique	dramaturge

Bravo ! Tu en as reconnu ______ /15.

Résumé

Lis les mots que tu as appris avec les groupes consonantiques du « **p** ».

plage	planète	plume	prince	psychologue
parapluie	prison	prénom	plancher	plante
princesse	prose	pneu	planche	promenade

Bravo ! Tu en as reconnu ______ /15.

Lis les mots que tu as appris avec les groupes consonantiques du « **f** ».

fraise	framboise	fleur	frêne	fleuve
flamme	flacon	flambeau	flèche	flocon
flûte	fragile	français	friandise	frite

Bravo ! Tu en as reconnu ______ /15.

Lis les mots que tu as appris avec les groupes consonantiques du « **s** ».

statue	stop	stade	sculpture	station
stylo	spatule	scalpel	scarabée	scène
scie	scorpion	spectacle	spirale	sport

Bravo ! Tu en as reconnu ______ /15.

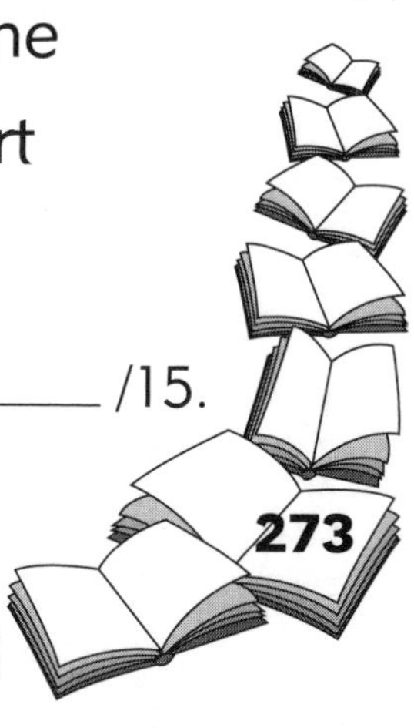

Résumé

Lis les mots que tu as appris avec les groupes consonantiques du « **C** ».

chèvre	clôture	crêpe	clown	clé
cristal	crayon	classe	clinique	clou
cravate	crabe	crapaud	crème	criquet

Bravo ! Tu en as reconnu ______ /15.

Lis les mots que tu as appris avec les groupes consonantiques du « **g** ».

cygne	triangle	glaçon	agneau	gros
araignée	grand	glace	glaçage	globe
glacier	graine	grelot	griffe	grimace

Bravo ! Tu en as reconnu ______ /15.

Jeux avec les syllabes inverses, les syllabes fermées et les groupes consonantiques

Jeu 1

Découpez les cartes. Placez les cartes en deux paquets, comme dans l'exemple ci-dessous :

Paquet # 1

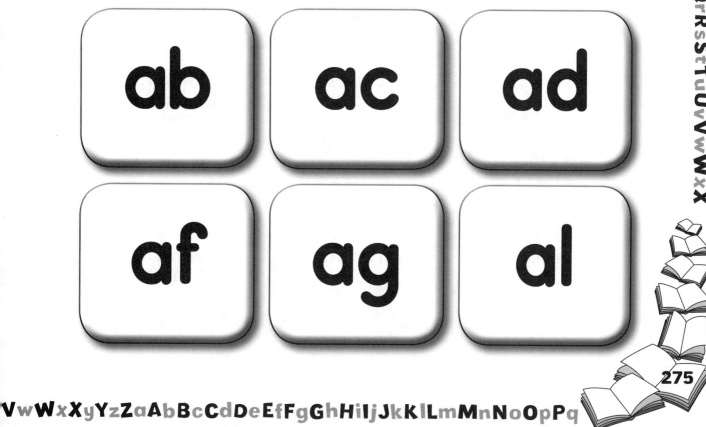

Paquet # 2

Tournez la carte du dessus de chaque paquet et lisez la syllabe que vous avez formée.

Vous pouvez faire plastifier vos cartes et les conserver, car elles vous serviront pour un autre jeu.

ab	ac	ad
af	ag	al

Jeux avec les syllabes inverses, les syllabes fermées et les groupes consonantiques

J'APPRENDS À LIRE

J'APPRENDS À LIRE

J'APPRENDS À LIRE

J'APPRENDS À LIRE

J'APPRENDS À LIRE

J'APPRENDS À LIRE

Jeux avec les syllabes inverses, les syllabes fermées et les groupes consonantiques

av	ap	ar
as	at	az
ax	eb	ec
ed	ef	eg

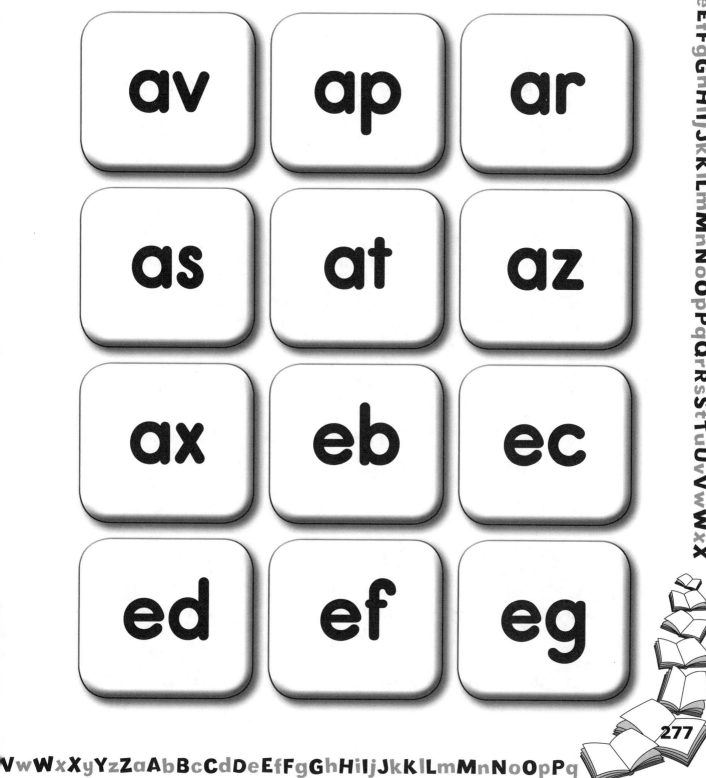

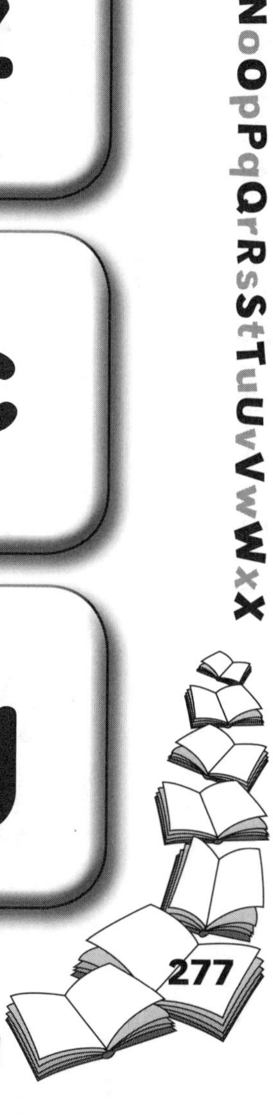

Jeux avec les syllabes inverses, les syllabes fermées et les groupes consonantiques

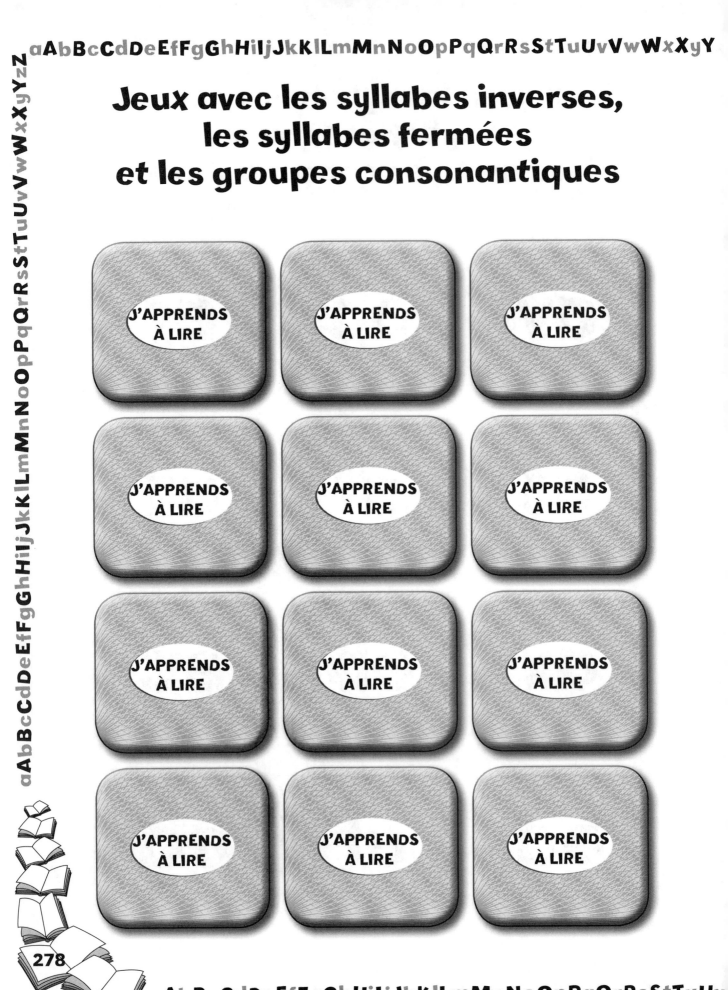

Jeux avec les syllabes inverses, les syllabes fermées et les groupes consonantiques

el	ev	ep
er	es	et
ex	ez	ib
ic	id	if

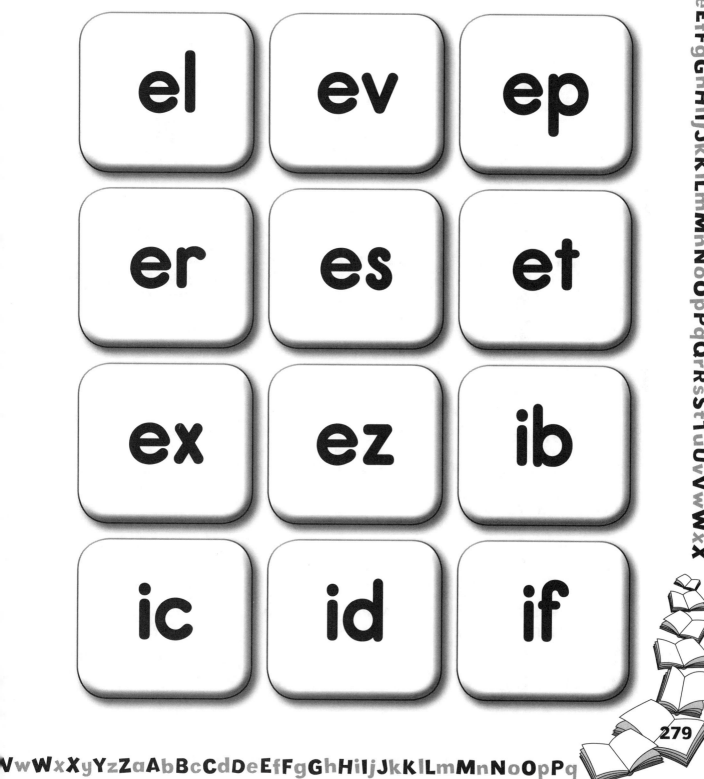

Jeux avec les syllabes inverses, les syllabes fermées et les groupes consonantiques

Jeux avec les syllabes inverses, les syllabes fermées et les groupes consonantiques

ig	il	ip
ir	is	it
ix	iz	iv
od	oc	od

Jeux avec les syllabes inverses, les syllabes fermées et les groupes consonantiques

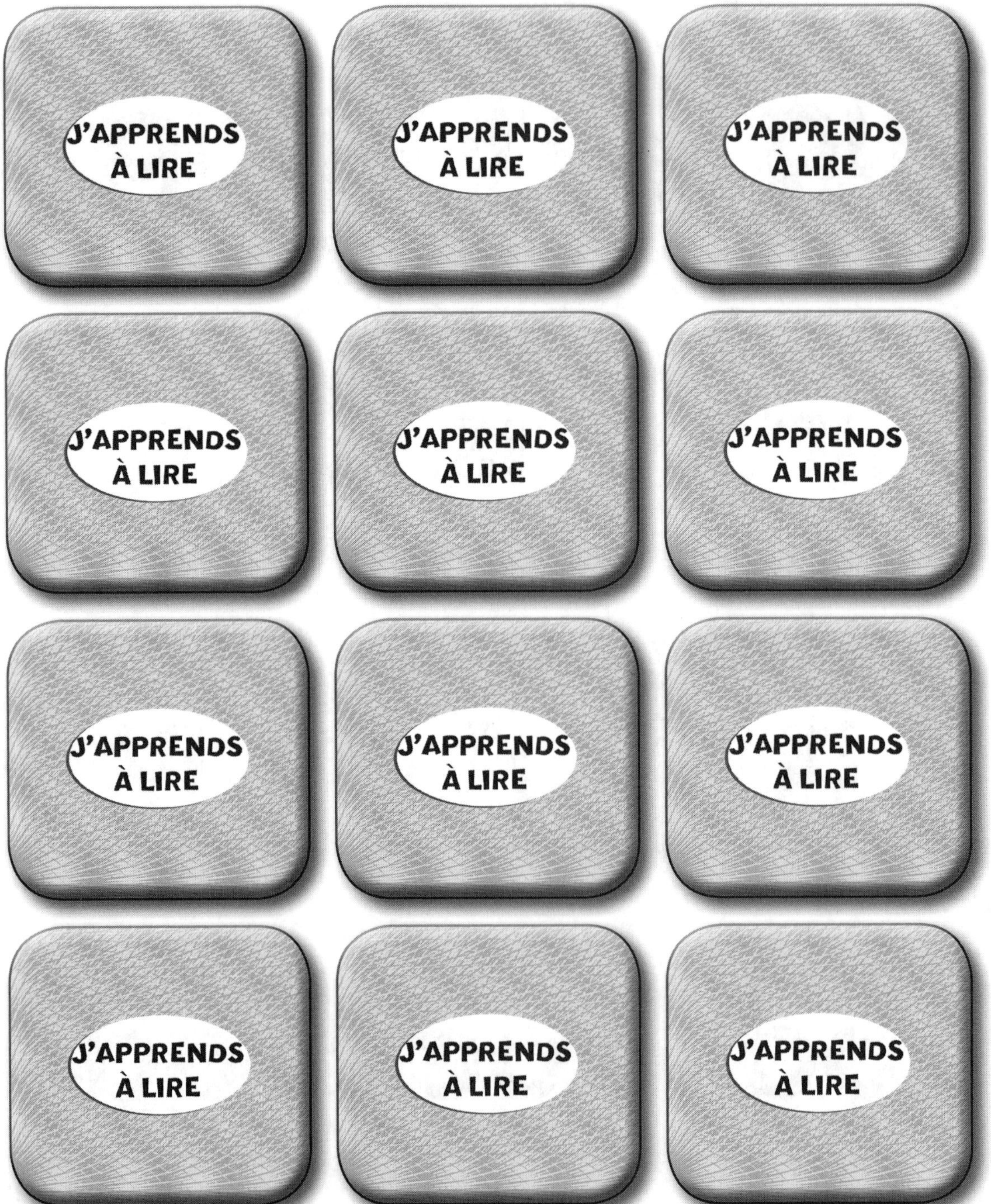

Jeux avec les syllabes inverses, les syllabes fermées et les groupes consonantiques

of	og	ol
op	or	os
ot	ov	ox
oz	ub	uc

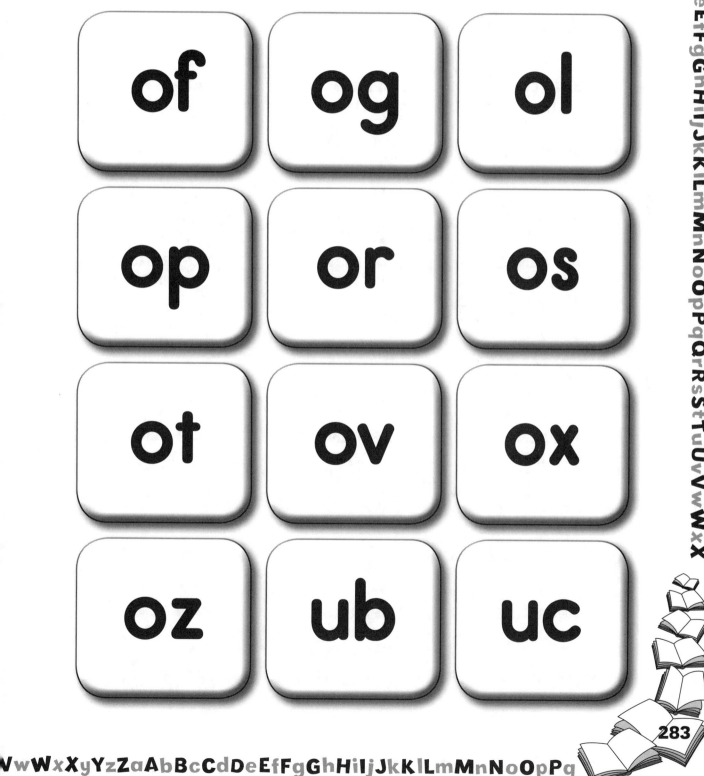

Jeux avec les syllabes inverses, les syllabes fermées et les groupes consonantiques

J'APPRENDS À LIRE

J'APPRENDS À LIRE

J'APPRENDS À LIRE

J'APPRENDS À LIRE

J'APPRENDS À LIRE

J'APPRENDS À LIRE

J'APPRENDS À LIRE

J'APPRENDS À LIRE

J'APPRENDS À LIRE

J'APPRENDS À LIRE

J'APPRENDS À LIRE

J'APPRENDS À LIRE

Jeux avec les syllabes inverses, les syllabes fermées et les groupes consonantiques

ud	uf	ug
ul	up	ur
us	ut	uv
ux	uz	

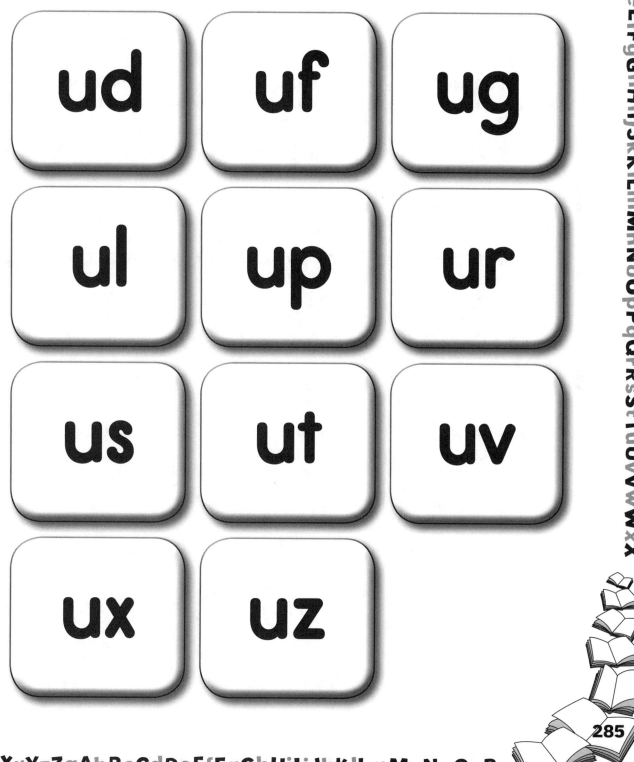

Jeux avec les syllabes inverses, les syllabes fermées et les groupes consonantiques

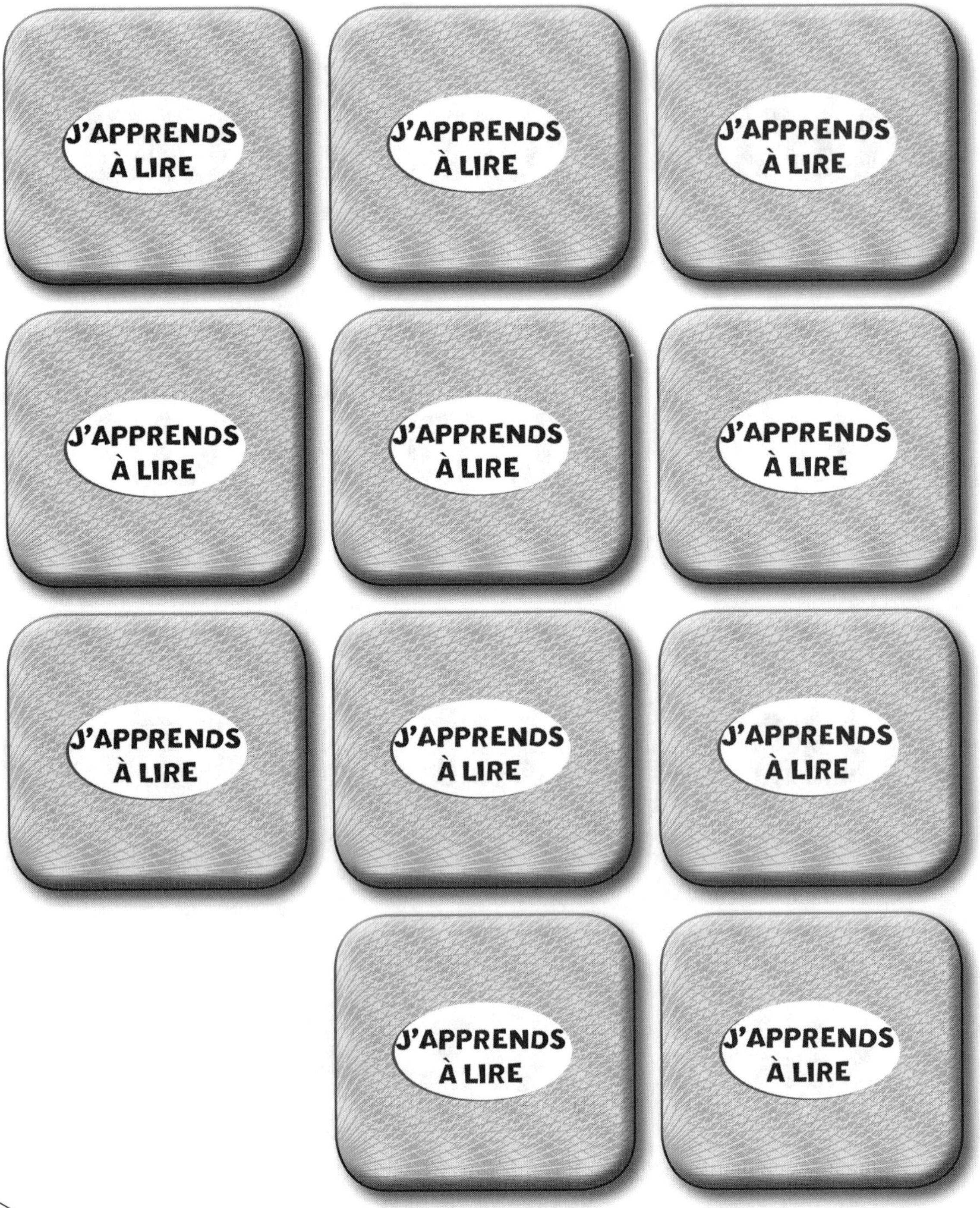

Jeux avec les syllabes inverses, les syllabes fermées et les groupes consonantiques

Jeu 1

Placez les cartes dans un seul paquet. Tournez une carte à la fois et lisez le groupe consonantique qui y est écrit.

Vous pouvez faire plastifier vos cartes et les conserver, car elles vous serviront pour un autre jeu.

tha	thé	tri
tro	ble	blu
brè	bra	dru

Jeux avec les syllabes inverses, les syllabes fermées et les groupes consonantiques

Jeux avec les syllabes inverses, les syllabes fermées et les groupes consonantiques

dre	dru	dro
pni	pno	pra
pru	plè	pla
psy	psi	flè

Jeux avec les syllabes inverses, les syllabes fermées et les groupes consonantiques

Jeux avec les syllabes inverses, les syllabes fermées et les groupes consonantiques

fly	fro	fre
spa	spo	stu
ste	sco	scu
cla	cle	cri

Jeux avec les syllabes inverses, les syllabes fermées et les groupes consonantiques

Jeux avec les syllabes inverses, les syllabes fermées et les groupes consonantiques

cro	glu	glè
gné	gna	gre
gru	tru	bri
pre	fra	cro

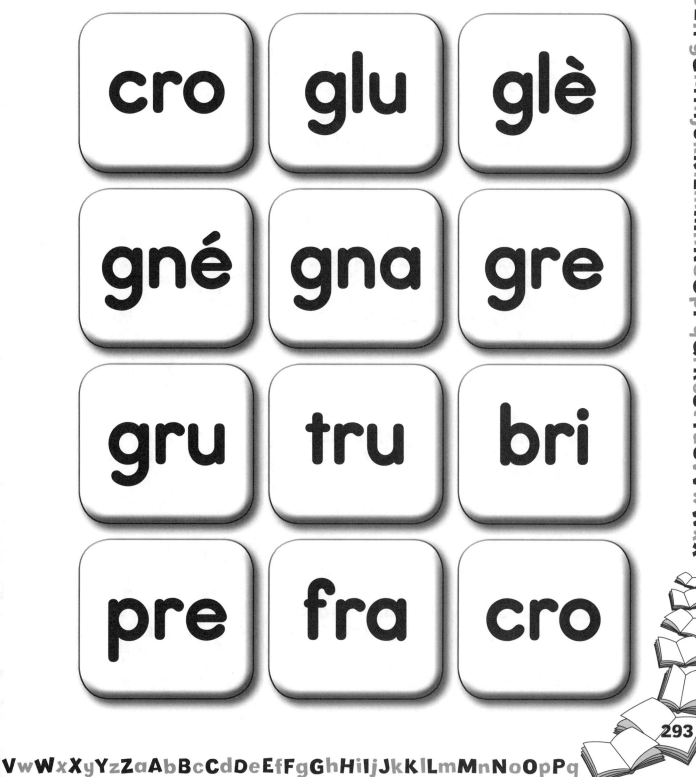

Jeux avec les syllabes inverses, les syllabes fermées et les groupes consonantiques

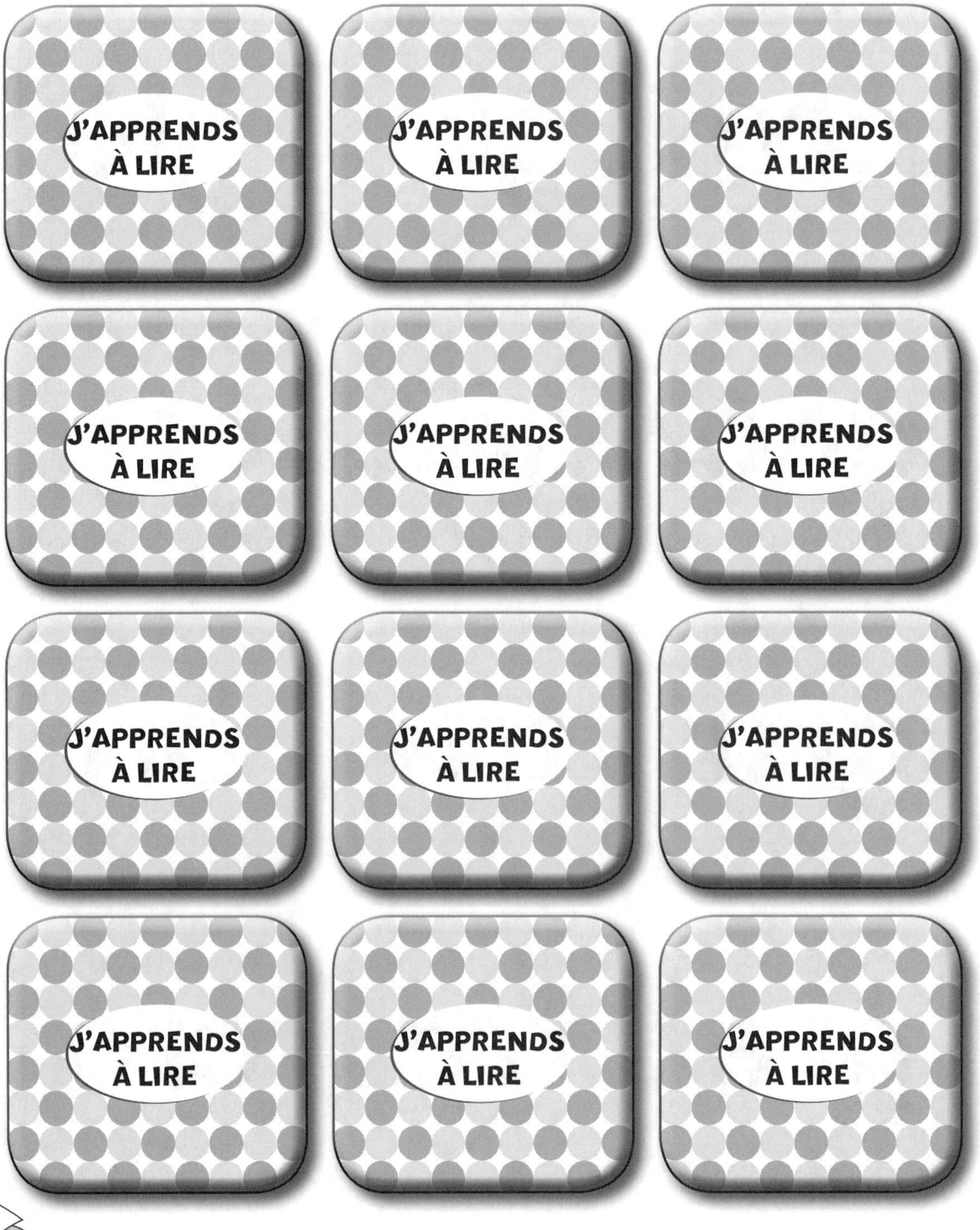

Les sons complexes

Fais le son de la consonne, puis ajoute le son complexe suivant.

f → oin, ouille, euil, ouil, ail

m → ouil, ien, oin, ouille, ail

l → ien, ouil, ienne, aille, euil

v → ouil, euil, ienne, ail, oin

b → oin, ien, ouille, ouil, ien

p → ienne, eille, oin, euil, aille

r → euille, oin, eil, ouil, ienne

n → aille, euille, ouil, ail, ien

d → ouil, ien, ouille, ienne, oin

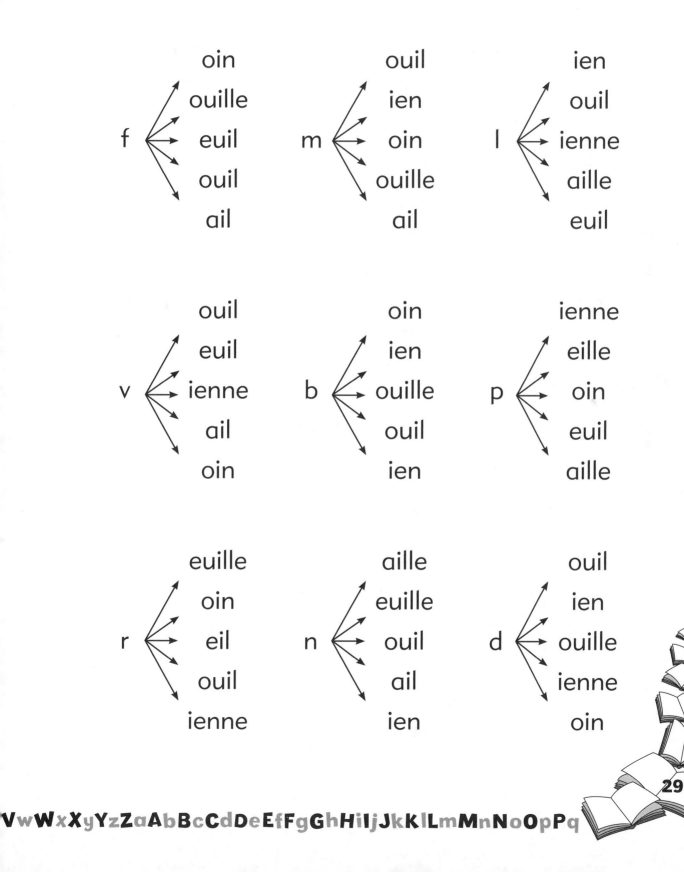

Les sons complexes

Lis les syllabes avec les sons complexes.

loin	moin	poin	soin	roin
boin	noin	voin	doin	koin

Lis les mots.

foin	jointure	point	poing	coin
moins	loin	besoin	pointure	témoin
shampoing	rejoindre	soin	pointu	pointe

Lis les phrases.

Coralie mange moins de chocolat.

Le boxeur donne un coup de poing.

Viens me rejoindre après avoir fini tes devoirs.

J'ai besoin de tes services.

Mes souliers sont pointus.

Il y a de la poussière dans le coin.

L'infirmière prend soin des malades.

Ne pointe pas avec ton doigt.

Les sons complexes

1. Écris les mots dans l'ordre pour former une phrase qui a un sens.

a) mange vache La foin. du

____

____

b) a Jérémy jointure. cassé sa

____

____

c) se termine phrase La par point. un

____

____

d) Tu trop es loin.

____

____

e) shampoing pommes. est Mon aux

____

____

Les sons complexes

Lis les syllabes avec les sons complexes.

nouil	fouil	bouil	pouil	souil
vouil	douil	touil	zouil	gouil

Lis les mots.

quenouille	grenouille	vadrouille	chatouille	bouille
citrouille	fouille	nouille	fenouil	rouille
patrouille	antirouille	douille	fripouille	ratatouille

Lis les phrases.

Le métal rouille sous la pluie.

Je mets un antirouille sur mon auto.

Philippe fouille dans son sac.

Tu es une vraie fripouille.

La policière patrouille pendant la nuit.

Tu manges des nouilles aux tomates.

La ratatouille est un mélange de légumes.

Le fenouil est une plante aromatique.

Les sons complexes

1. Écris les mots dans l'ordre pour former une phrase qui a un sens.

a) dans le poussent lac. Les quenouilles

____

____

b) grenouille La verte. est

____

____

c) Maman la passe vadrouille.

____

____

d) fait me Papa des chatouilles.

____

____

e) ma citrouille. Je décore

____

____

Les sons complexes

Lis les syllabes avec les sons complexes.

mail	cail	sail	tail	pail
dail	xail	zail	bail	fail

Lis les mots.

chandail	corail	médaille	gouvernail	muraille
bétail	bercail	travail	rail	ail
monorail	épouvantail	soupirail	éventail	bail

Lis les phrases.

Ce véhicule se déplace sur un monorail.

Le train suit les rails.

J'observe un récif de corail.

L'épouvantail fait peur aux oiseaux.

L'ail a un drôle de goût.

Je signe le bail de mon appartement.

Éma oriente le gouvernail du navire.

Simon revient au bercail.

Les sons complexes

1. Écris les mots dans l'ordre pour former une phrase qui a un sens.

a) Léa a rouge. un chandail

____

____

b) une médaille a Catherine d'or.

____

____

c) Je la regarde muraille Chine. de

____

____

d) du bétail. élève William

____

____

e) travaille Julia à l'épicerie.

____

____

Les sons complexes

Lis les syllabes avec les sons complexes.

seuil	teuil	ceuil	beuil	peuil
veuil	reuil	deuil	feuil	jeuil

Lis les mots.

feuille	écureuil	fauteuil	deuil	œil
chevreuil	portefeuille	millefeuille	cerfeuil	seuil
cerc**ue**il	treuil	acc**ue**il	rec**ue**il	chèvrefeuille

Lis les phrases.

Papa achète un portefeuille à maman.

Le cuisinier prépare des millefeuilles.

Magalie mange des nouilles au cerfeuil.

J'ai obtenu le seuil de réussite.

Je sens les fleurs du chèvrefeuille.

Ma voisine est en deuil.

Papy écrit un recueil de poésie.

Émile accueille un immigrant chez lui.

Les sons complexes

1. Écris les mots dans l'ordre pour former une phrase qui a un sens.

a) les feuilles L'automne, tombent.

b) L'écureuil des ramasse noix.

c) un a fauteuil Laurianne rouge.

d) mal Mathieu à un œil. a

e) chevreuil forêt. court dans Le la

Les sons complexes

Lis les syllabes avec les sons complexes.

seil	teil	veil	meil	neil
beil	peil	deil	ceil	feil

Lis les mots.

abeille	orteil	oreille	corbeille	corneille
groseille	pareil	soleil	bouteille	réveil
merveille	sommeil	vermeil	vieille	Mireille

Lis les phrases.

Les groseilles sont des fruits délicieux.

Tu es pareil comme ma sœur.

La jeune maman manque de sommeil.

Ton veston vermeil est éblouissant.

Le soleil nous réchauffe en hiver.

Mireille est une vieille amie de ma tante.

Le réveil matin sonne très fort.

Je remplis la bouteille de sirop.

Les sons complexes

1. Écris les mots dans l'ordre pour former une phrase qui a un sens.

a) butine la L'abeille rose.

____

____

b) a Éma orteil. cassé son

____

____

c) William mal a à l'oreille.

____

____

d) remplie corbeille de est papier. La

____

____

e) vole corneille La dans ciel. le

____

____

Les sons complexes

Lis les syllabes avec les sons complexes.

mien	lien	fien	bien	pien
cien	jien	kien	nien	rien

Lis les mots.

chien	chienne	électricien	électricienne	rien
mécanicien	mécanicienne	magicien	magicienne	mien
Italien	Italienne	Australien	Australienne	bien

Lis les phrases.

L'électricienne travaille sur un chantier de construction.

Ton pantalon est noir, le mien est bleu.

La magicienne sort un lapin de son chapeau.

L'Italien adore les spaghettis.

Je ne veux rien de toi.

L'Australienne nage dans la mer.

Le mécanicien répare ma voiture.

J'aime bien ta nouvelle amie.

Les sons complexes

1. Écris les mots dans l'ordre pour former une phrase qui a un sens.

a) biscuit. veut un Mon chien

____

____

b) Ma chienne des a chiots. eu

____

____

c) père Mon est électricien. un

____

____

d) Ma une mère mécanicienne. est

____

____

e) Le les aime enfants. magicien

____

____

Résumé

Lis les syllabes que tu as apprises avec le son complexe « **oin** ».

loin	moin	poin	soin	roin
boin	noin	voin	doin	koin

Bravo ! Tu en as reconnu ______ /10.

Lis les syllabes que tu as apprises avec le son complexe « **ouil, ouille** ».

nouil	fouil	bouil	pouil	souil
vouil	douil	touil	zouil	gouil

Bravo ! Tu en as reconnu ______ /10.

Lis les syllabes que tu as apprises avec le son complexe « **ail, aille** ».

mail	cail	sail	tail	pail
dail	xail	zail	bail	fail

Bravo ! Tu en as reconnu ______ /10.

Lis les syllabes que tu as apprises avec le son complexe « **euil, euille** ».

seuil	teuil	ceuil	beuil	peuil
veuil	reuil	deuil	feuil	jeuil

Bravo ! Tu en as reconnu ______ /10.

Résumé

» Lis les syllabes que tu as apprises avec le son complexe « **eil, eille** ».

seil	teil	veil	meil	neil
beil	peil	deil	ceil	feil

Bravo ! Tu en as reconnu ______ /10.

» Lis les syllabes que tu as apprises avec le son complexe « **ien, ienne** ».

mien	lien	fien	bien	pien
cien	jien	kien	nien	rien

Bravo ! Tu en as reconnu ______ /10.

» Lis les mots que tu as appris avec le son complexe « **oin** ».

foin	jointure	point	poing	coin
moins	loin	besoin	pointure	témoin
pointe	rejoindre	soin	pointu	shampoing

Bravo ! Tu en as reconnu ______ /15.

» Lis les mots que tu as appris avec le son complexe « **ouil, ouille** ».

quenouille	grenouille	vadrouille	chatouille	bouille
citrouille	fouille	nouille	fenouil	rouille
patrouille	antirouille	douille	fripouille	ratatouille

Bravo ! Tu en as reconnu ______ /15.

Résumé

Lis les mots que tu as appris avec le son complexe « **ail, aille** ».

chandail	corail	médaille	gouvernail	muraille
bétail	bercail	travail	rail	ail
monorail	bail	soupirail	éventail	épouvantail

Bravo ! Tu en as reconnu ______ /15.

Lis les mots que tu as appris avec le son complexe « **euil, euille** ».

feuille	écureuil	fauteuil	deuil	millefeuille
chevreuil	seuil	cerc**ue**il	cerfeuil	portefeuille
rec**ue**il	treuil	acc**ue**il	chèvrefeuille	

Bravo ! Tu en as reconnu ______ /15.

Lis les mots que tu as appris avec le son complexe « **eil, eille** ».

abeille	orteil	oreille	corbeille	corneille
groseille	pareil	soleil	bouteille	réveil
merveille	sommeil	vermeil	vieille	Mireille

Bravo ! Tu en as reconnu ______ /15.

Lis les mots que tu as appris avec le son complexe « **ien, ienne** ».

chien	chienne	électricien	électricienne	rien
mécanicien	mécanicienne	magicien	magicienne	mien
Italien	Italienne	Australien	Australienne	bien

Bravo ! Tu en as reconnu ______ /15.

Jeux avec les sons complexes

Jeu 1

Découpez les cartes. Placez les cartes en deux paquets, comme dans l'exemple ci-dessous :

Paquet # 1

Paquet # 2

Tournez la carte du dessus de chaque paquet et lisez la syllabe que vous avez formée.

Vous pouvez faire plastifier vos cartes et les conserver, car elles vous serviront pendant plusieurs mois.

oin	ouil	ai
euil	eil	ien

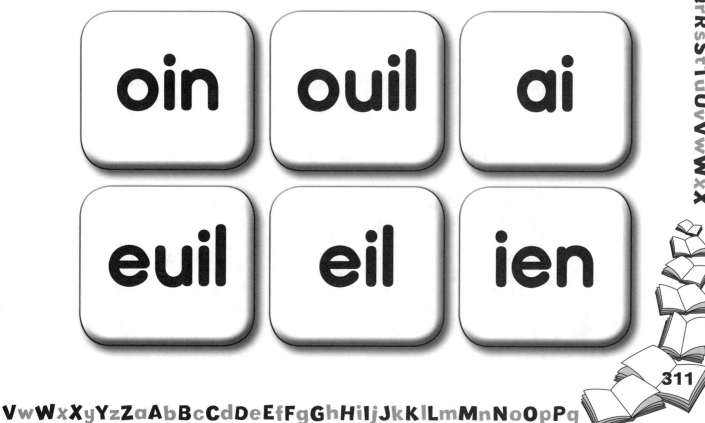

Jeux avec les sons complexes

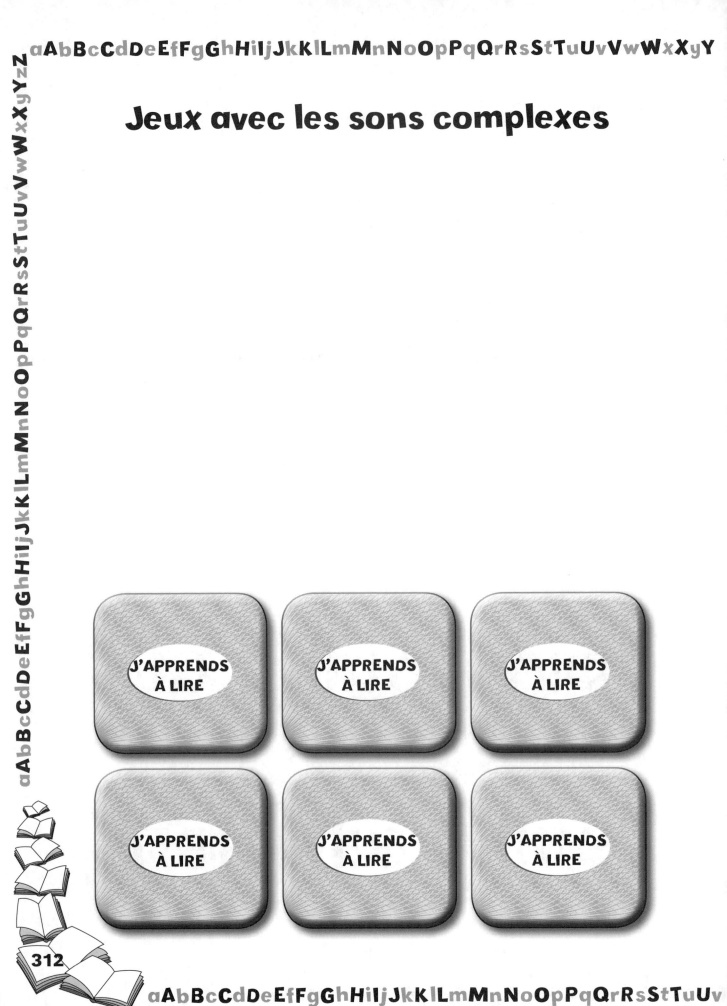

Lecture de phrases

1. Associe chacune des phrases à l'image qui la représente en traçant une ligne.

1

2

3

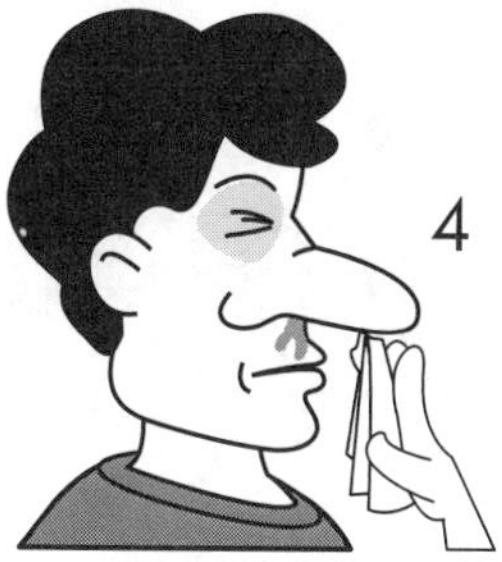

4

a) Maman allume les bougies du gâteau.

b) Jérémy a blessé son orteil.

c) Noa mouche son nez.

d) Le poisson nage dans l'eau.

e) Le chien aboie très fort.

f) La biche se cache dans la forêt.

g) Les poules sont à l'extérieur du poulailler.

5

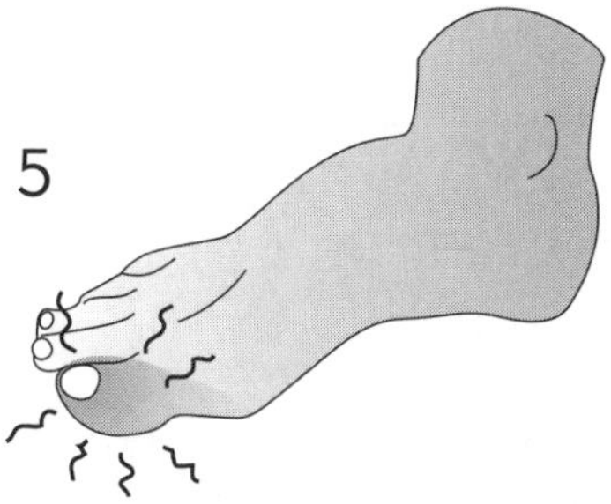

6

7

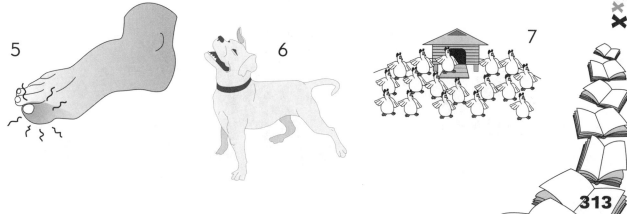

Lecture de phrases

1. Associe chacune des phrases à l'image qui la représente en traçant une ligne.

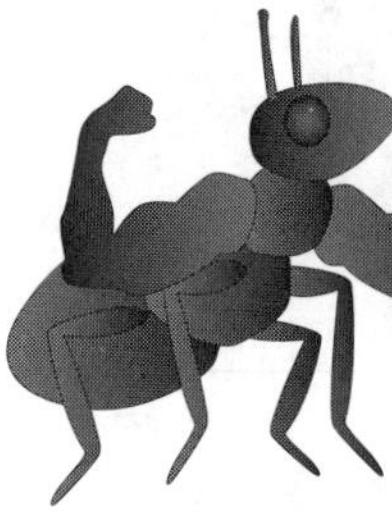

1

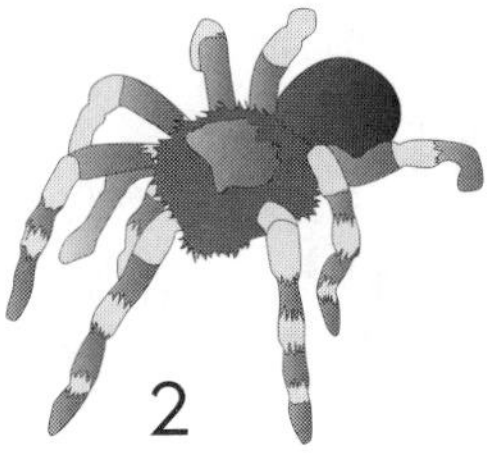

2

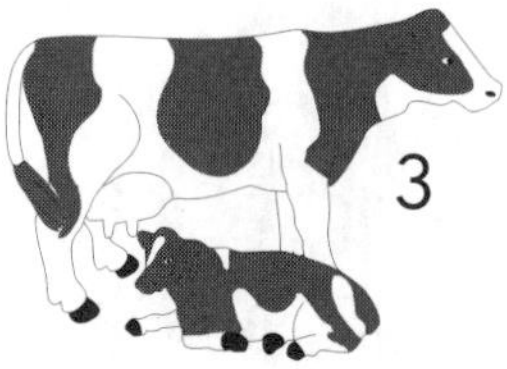

3

4

a) Le veau est avec la vache.

b) Les papillons sont prisonniers du filet.

c) La fourmi montre ses muscles.

d) Le scorpion a un dard venimeux.

e) La tarentule est une araignée poilue.

f) L'hippopotame nous montre ses dents.

g) Le gorille me sourit.

5

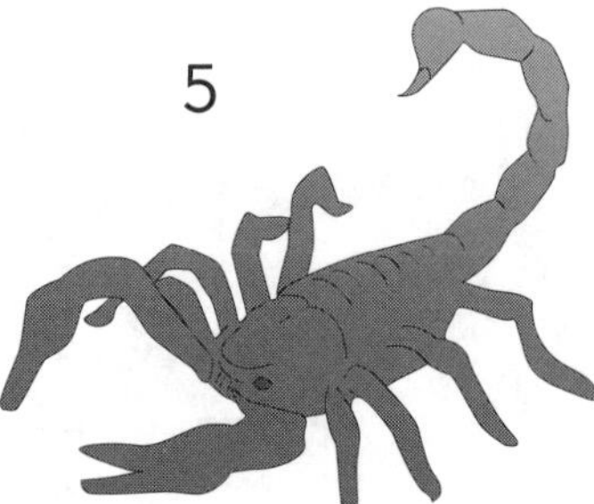

6

7

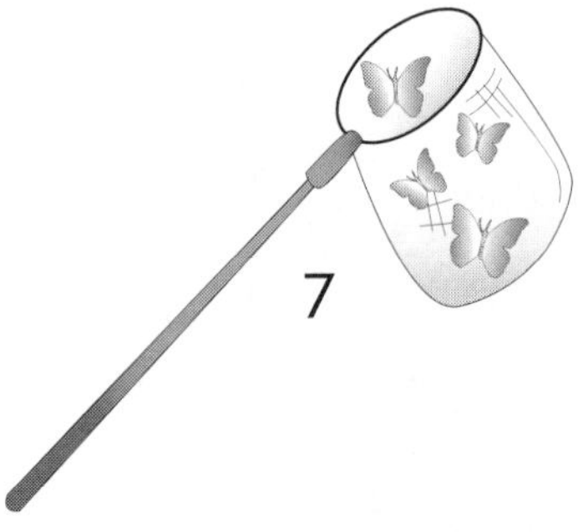

Lecture de phrases

1. Associe chacune des phrases à l'image qui la représente en traçant une ligne.

1

2

3

4
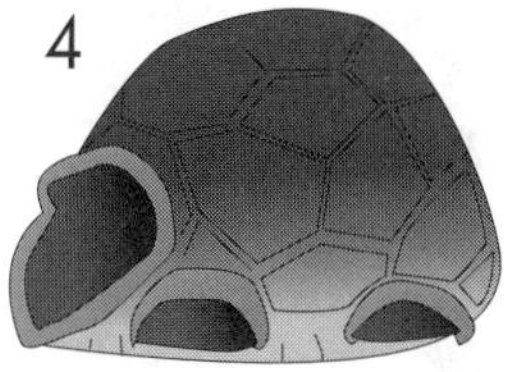

a) Le singe me fait signe de la main.

b) Le flamant rose est un oiseau gracieux

c) Le grand héron mange un poisson.

d) Le hibou me regarde avec ses yeux ronds.

e) La tortue est sortie de sa carapace.

f) Le serpent sort du pot.

g) Le barrage du castor bloque la rivière.

5

6

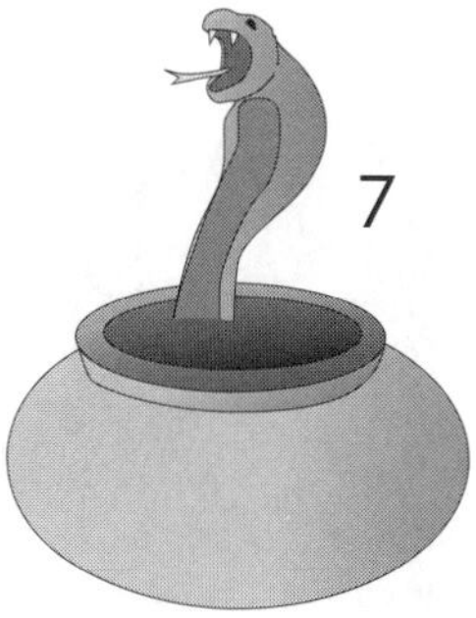
7

Lecture de phrases

1. Associe chacune des phrases à l'image qui la représente en traçant une ligne.

1

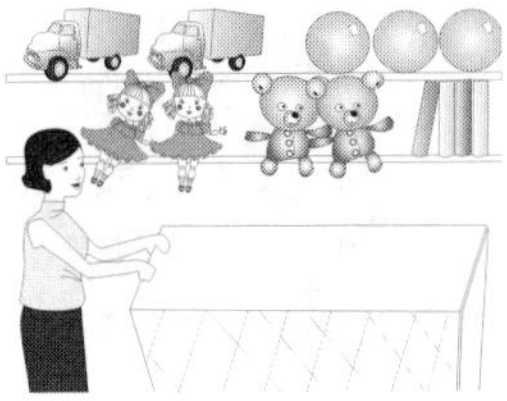

2

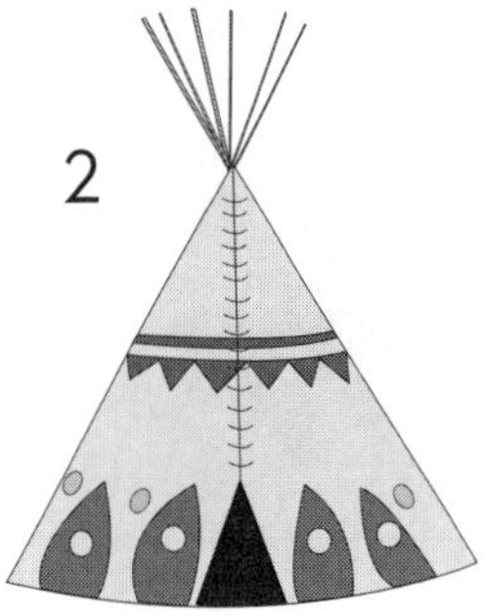

3

4

a) L'autruche est un drôle d'oiseau

b) Rose amène son cheval à l'écurie.

c) Maman veut acheter des jouets.

d) La lumière du phare éclaire les marins.

e) le tipi est la maison de l'amérindien.

f) Luc est déguisé en fantôme.

g) Les enfants vont à la plage.

5

6

7

Lecture de phrases

1. Associe chacune des phrases à l'image qui la représente en traçant une ligne.

1
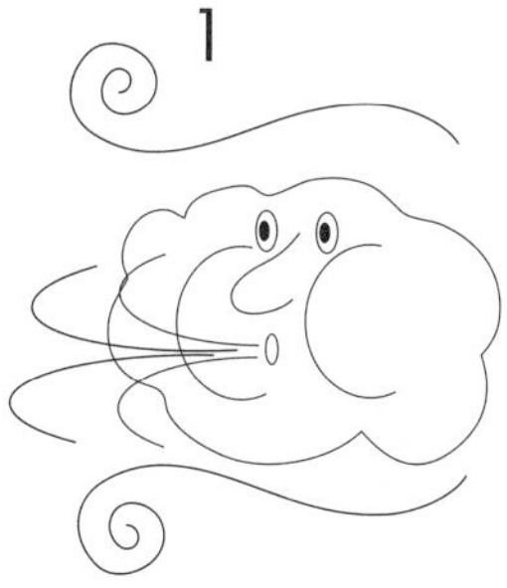

2

3

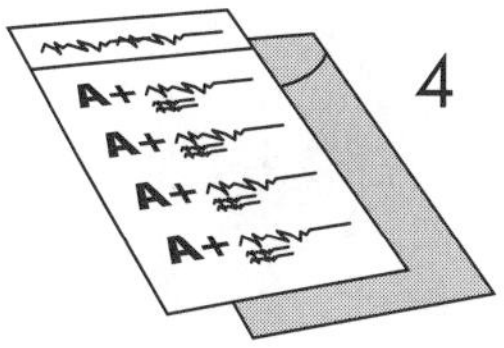

4

a) La nuit, les étoiles brillent.

b) En hiver, il neige.

c) Le vent souffle fort.

d) Le café est très chaud.

e) Gabriel a un beau bulletin.

f) L'horloge indique midi.

g) Léo escalade la montagne.

5

6

7

Lecture de phrases

1. Associe chacune des phrases à l'image qui la représente en traçant une ligne.

1

2

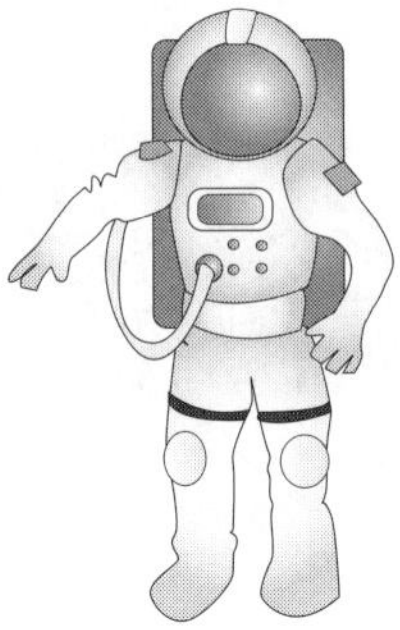
3

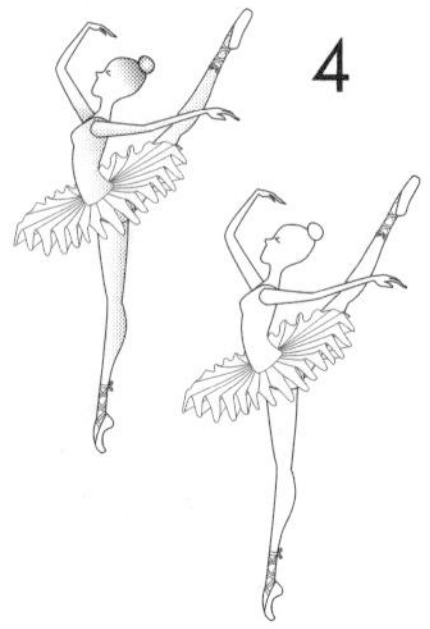
4

a) Denise fait de l'aérobie.

b) L'astronaute part en mission.

c) Maxime se déguise en amérindien.

d) Les ballerines sont gracieuses.

e) René est frappeur au baseball.

f) Le bébé tient son toutou.

g) Yves joue aux quilles.

5

6

7

Lecture de phrases

1. Associe chacune des phrases à l'image qui la représente en traçant une ligne.

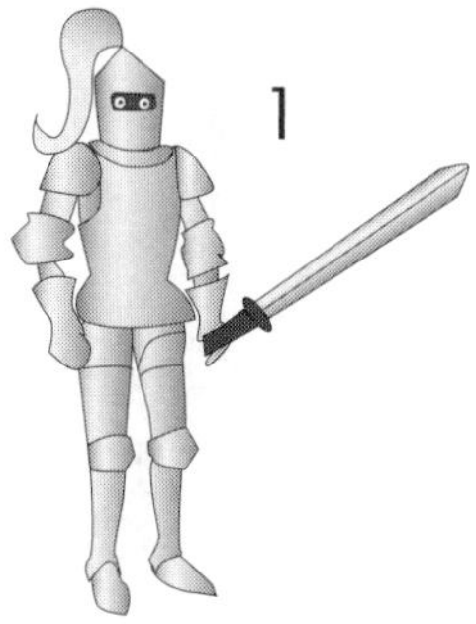
1

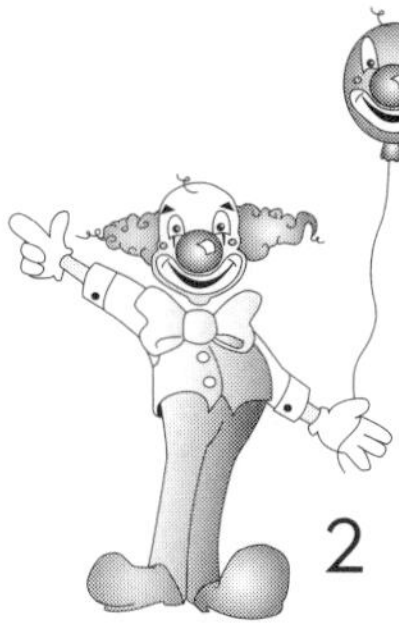
2

3

4

a) Denis est ambulancier.

b) Le chevalier a son épée.

c) Le clown a un ballon de clown.

d) Il y a un cochon volant dans le ciel.

e) Rosalie va se faire couper les cheveux.

f) Papa est très fâché.

g) Le coureur se prépare pour son départ.

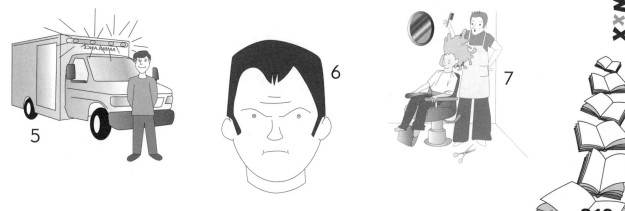

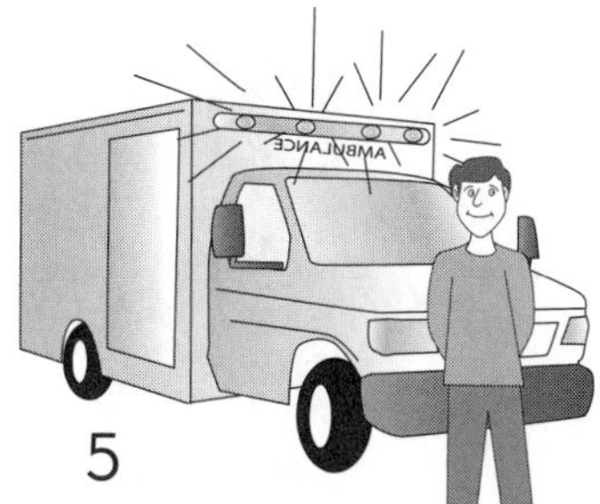

5

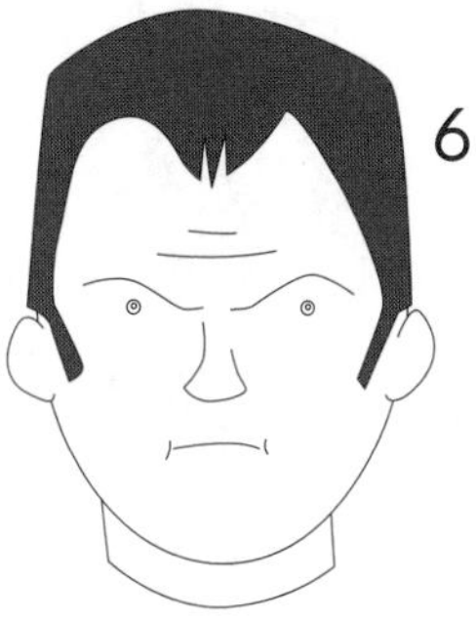
6

7

Lecture de phrases

1. Associe chacune des phrases à l'image qui la représente en traçant une ligne.

1

2

3

4

a) Le facteur apporte une lettre.

b) Maman a un bébé dans son ventre.

c) Julia joue au ballon.

d) Léa porte ses lunettes.

e) Coralie saute à la corde.

f) Maude revient sous la pluie.

g) Le fou du roi fait des galipettes.

5

6

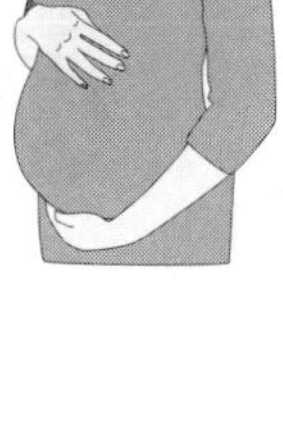

7

Lecture de phrases

1. Associe chacune des phrases à l'image qui la représente en traçant une ligne.

1

2

3

4

a) Le funambule marche sur un fil.

b) Mamie berce le petit bébé.

c) Philippe est un guitariste.

d) Alexane fait de la gymnastique.

e) Mon oncle a une grosse barbe.

f) Papa s'occupe du bébé.

g) L'infirmière prépare les médicaments.

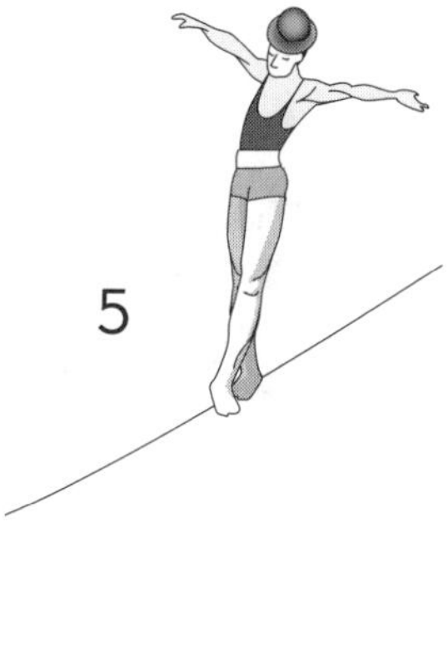
5

6

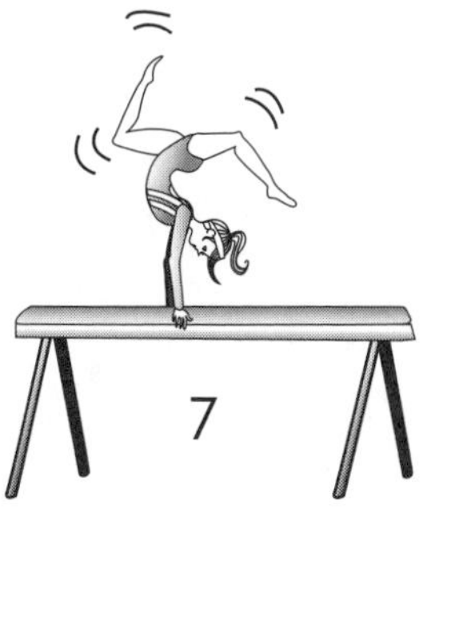
7

Lecture de phrases

1. Associe chacune des phrases à l'image qui la représente en traçant une ligne.

1

2

3

4

a) Alicia arrose les fleurs.

b) Le lutin est rigolo.

c) Les nouveaux mariés s'aiment.

d) Maman fait de la couture.

e) Le pâtissier fait de bonnes tartes.

f) La tortue est fatiguée.

g) Mes amis collectionnent les timbres.

5

6

7

Lecture de phrases

1. Associe chacune des phrases à l'image qui la représente en traçant une ligne.

1

2

3

4

a) Le plombier répare les tuyaux.

b) La policière est gentille.

c) Le pompier éteint le feu.

d) La princesse a de beaux bijoux.

e) Le prospecteur a trouvé de l'or.

f) Mona est une religieuse.

g) J'ai reçu un robot pour ma fête.

5

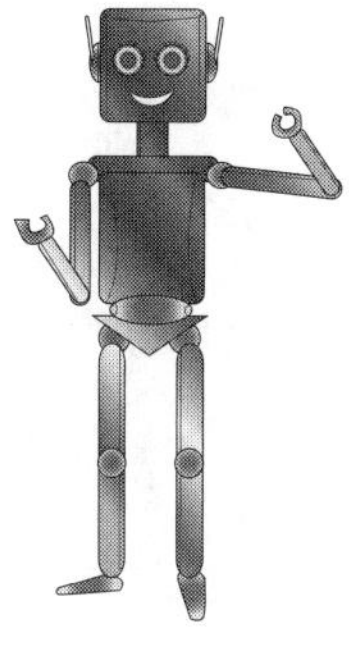

6

7

Lecture de phrases

1. Associe chacune des phrases à l'image qui la représente en traçant une ligne.

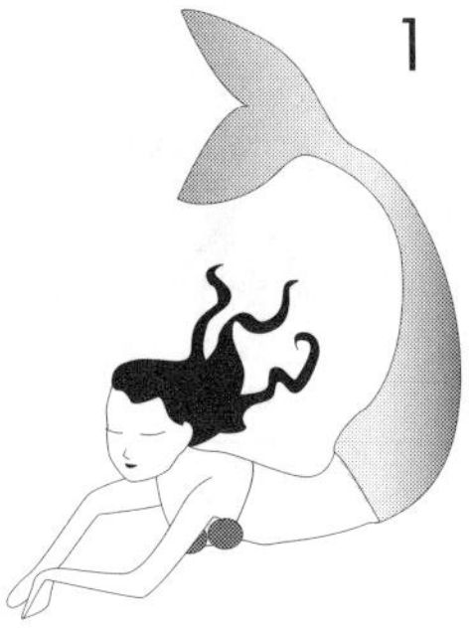
1

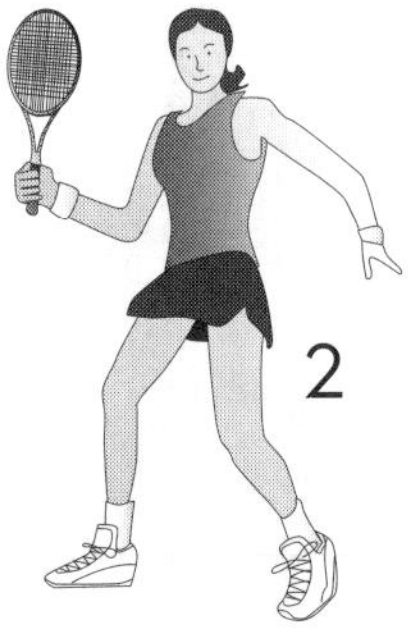
2

3

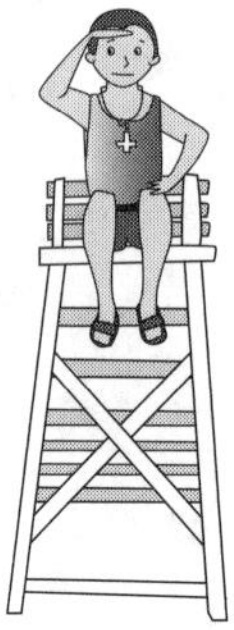
4

a) Gabriel est sauveteur à la plage.

b) Voici les sept nains de Blanche Neige.

c) La sirène vit dans notre imaginaire.

d) Alice fait du ski.

e) Pascale joue au tennis.

f) William pleure à chaudes larmes.

g) À l'automne, les feuilles tombent.

5

6

7

Lecture de phrases

1. Associe chacune des phrases à l'image qui la représente en traçant une ligne.

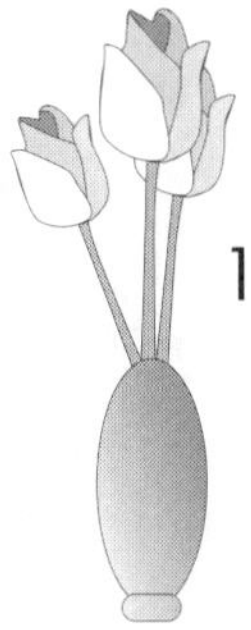
1

2

3

4

a) Le cactus a des épines.

b) Le palmier est un arbre.

c) Sonya adore les tulipes.

d) Mon chien aime mon chat.

e) Mia regarde le requin.

f) Coralie et sa maman arrosent le jardin.

g) Simon lace ses souliers.

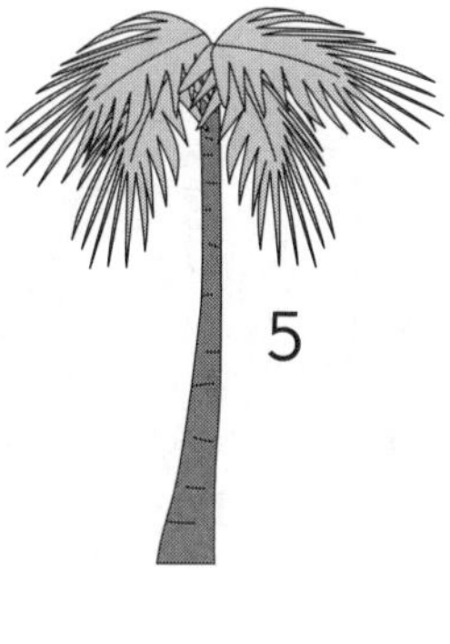
5

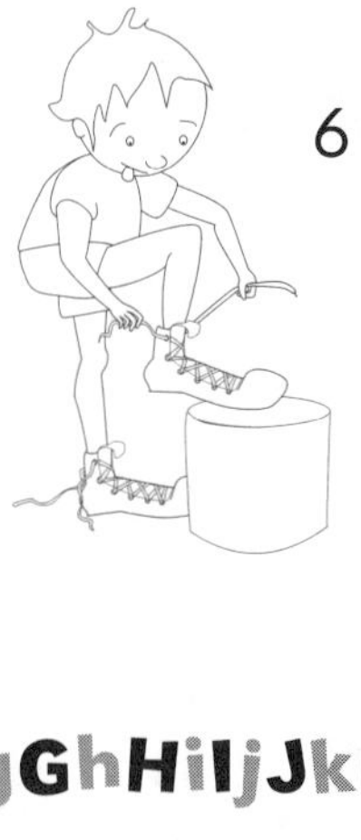
6

7

Lecture de phrases

1. Associe chacune des phrases à l'image qui la représente en traçant une ligne.

1

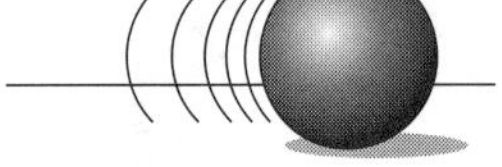

2

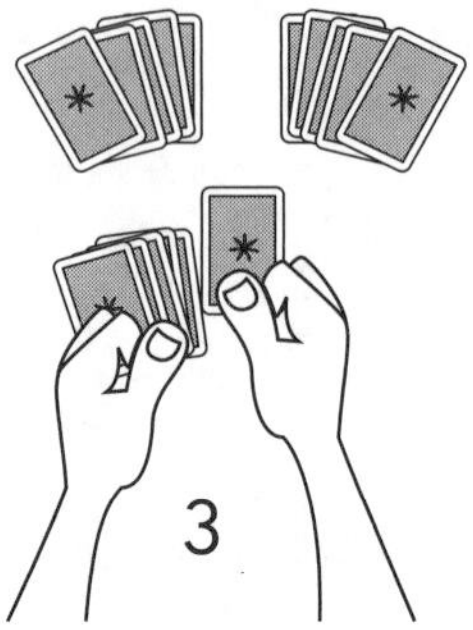

3

4

a) Le spectacle de cirque est merveilleux.

b) Les enfants attendent l'autobus.

c) La boule roule vite.

d) Papa fait cuire le poulet.

e) Julia aime son ami Cédrick.

f) Pauline joue aux cartes.

g) Patrice se brosse les dents.

5

6

7

Lecture de phrases

1. Associe chacune des phrases à l'image qui la représente en traçant une ligne.

1

2

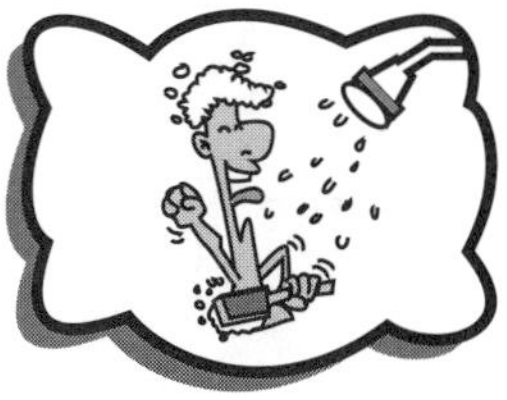

3

4

a) Le bûcheron coupe un arbre.

b) Julie mange de la tire sur la neige.

c) Les enfants dînent ensemble.

d) La famille Gauthier fait du camping.

e) Noa et Mia jouent dans la chambre.

f) Francis chante sous la douche.

g) Le chat boit son lait.

5

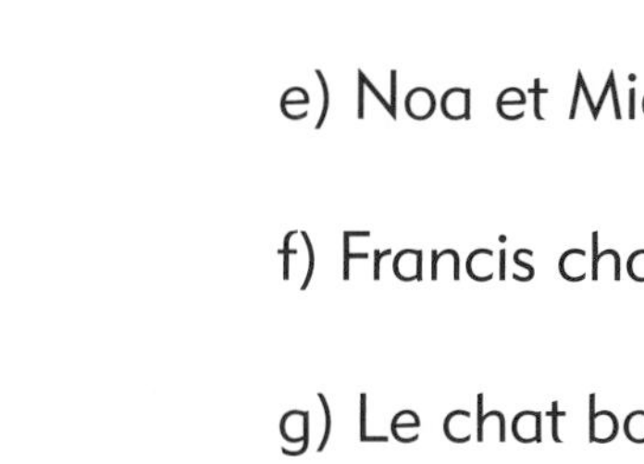

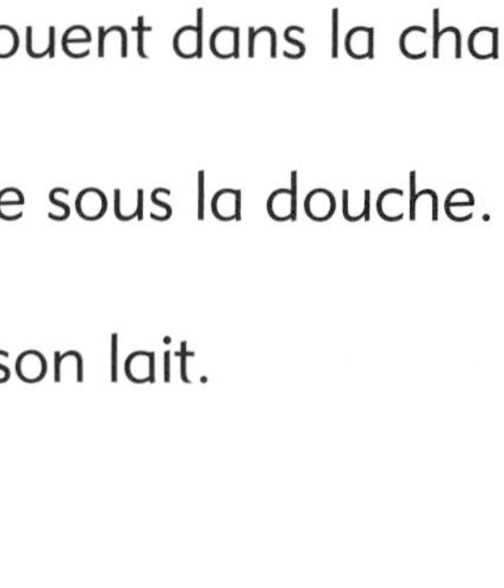

6

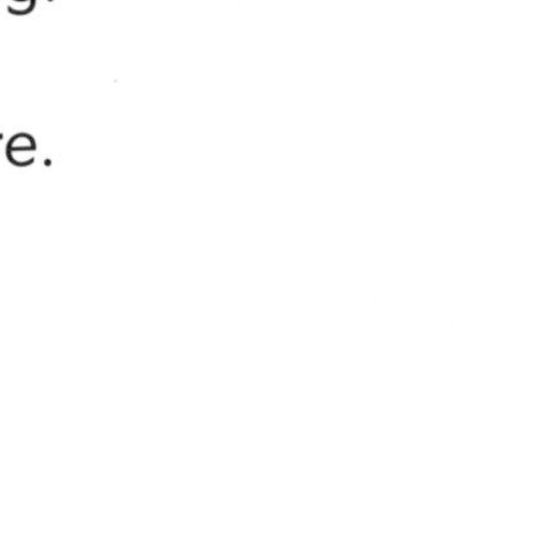

7

Lecture de phrases

1. Associe chacune des phrases à l'image qui la représente en traçant une ligne.

1

2

3

4

a) Le chien est dans sa niche.

b) Le chien est à l'extérieur de sa niche.

c) Rémi et Maïka sont au cinéma.

d) Les élèves sont en examen.

e) Keven arrive le premier.

f) Jade va chez le dentiste.

g) Papa et maman dansent le disco.

5
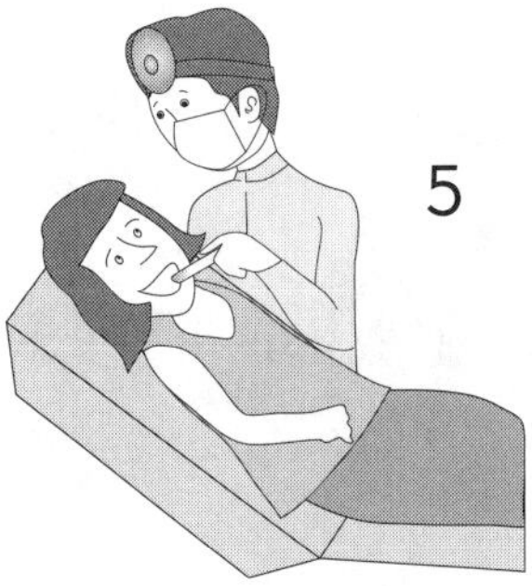

6

7

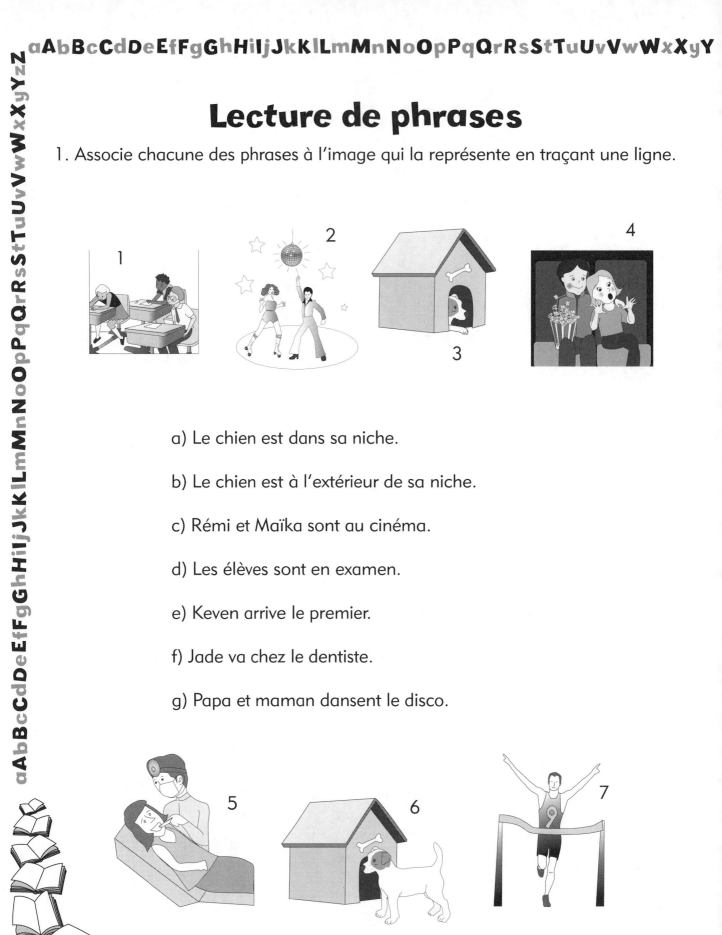

Lecture de phrases

1. Associe chacune des phrases à l'image qui la représente en traçant une ligne.

1

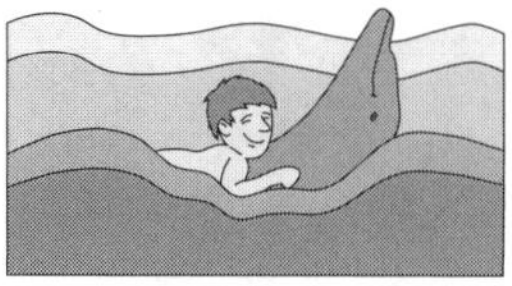
2

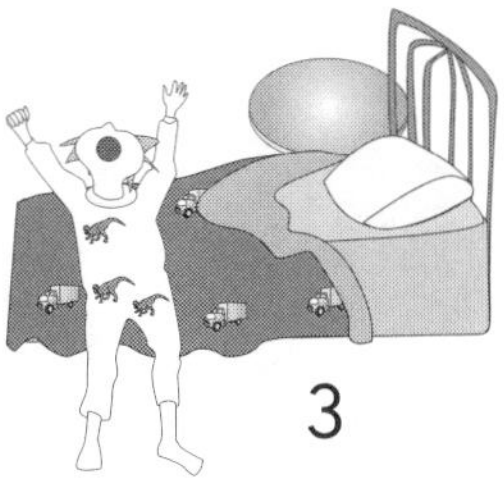
3

4

a) Gabriel dompte le lion.

b) Samuel est assis dans l'avion.

c) Coralie boit du jus d'orange.

d) Mathis flatte son chien.

e) Justin nage avec un dauphin.

f) Caroline joue à l'ordinateur.

g) Dominic s'étire doucement.

5

6

7

Lecture de phrases

1. Associe chacune des phrases à l'image qui la représente en traçant une ligne.

1

2

3

4

a) Le skieur boit un chocolat chaud.

b) Martine fait des bulles.

c) Mathieu prend sa douche.

d) Jade et Éli mangent de la crème glacée.

e) Les amis se baignent dans la piscine.

f) Les garçons sautent sur le trampoline.

g) La famille Thiffeault part en voyage.

5

6

7

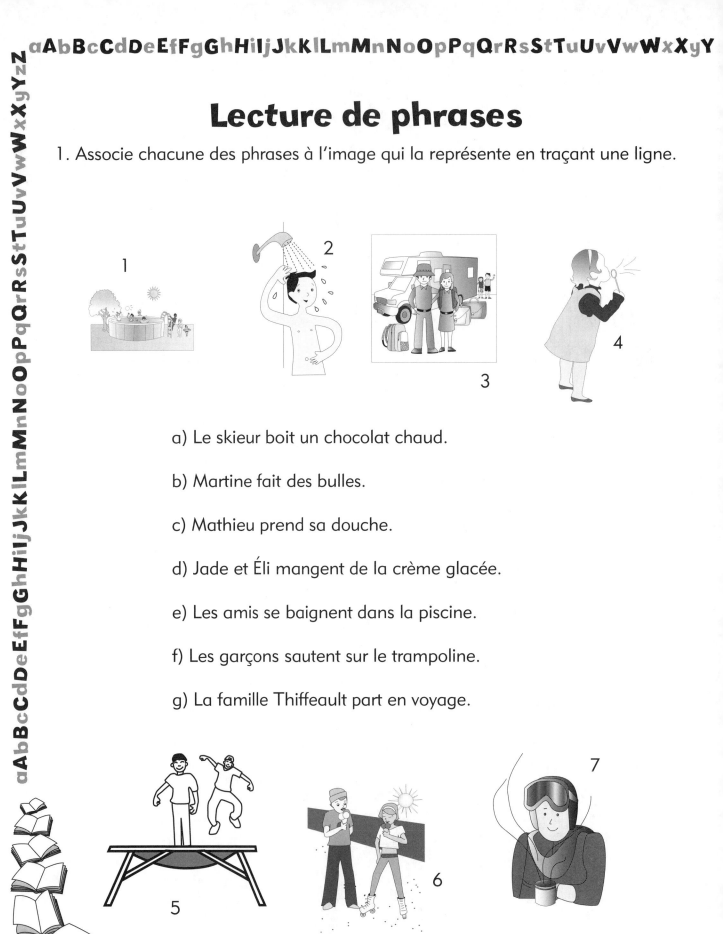

Lecture de phrases

1. Associe chacune des phrases à l'image qui la représente en traçant une ligne.

1

2

3

4

a) La fanfare joue de la belle musique.

b) La gardienne lit une histoire aux enfants.

c) Malorie fête son anniversaire avec ses amis.

d) Les adolescents chantent autour du feu.

e) Maude mange ses céréales.

f) Jasmine lit à la bibliothèque.

g) Éma fait son lit.

5

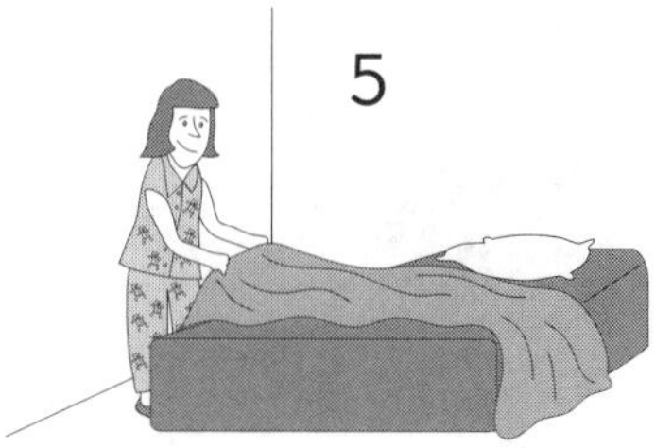

6

7

Lecture de phrases

1. Associe chacune des phrases à l'image qui la représente en traçant une ligne.

1

2

3

4

a) Jade renverse son verre de lait.

b) Maxime se promène en moto.

c) Mathieu se lave les mains.

d) Lou promène son chien.

e) Max et Olivier glissent en traîneau.

f) Papa lit une lettre.

g) Samuel ramasse les feuilles.

5

6

7

Compréhension de lecture

Tu peux noter tes résultats de lecture des pages qui suivent ci-dessous.

1. Le chaton de William (________ /5)
2. Mon amie Charlie (________ /5)
3. Le cheval (________ /7)
4. Chers mamie et papi (________ /7)
5. Une journée à la pêche (________ /4)
6. Le jardin (________ /6)
7. Les disparitions mystérieuses (________ /7)
8. L'ours polaire (________ /7)
9. Cher correspondant (________ /7)
10. Le wapiti (________ /7)
11. Les insectes (________ /12)
12. Charlot le lièvre à trois pattes (________ /12)
13. Mes amours (________ /15)
14. Le castor - Le porc-épic (________ /24)
15. Maison à vendre (________ /12)
16. Monsieur William, l'inspecteur ! (________ /5)
17. Le rêve de Hugo, le saumon (________ /5)
18. Le stégosaure du lac Mégantic (________ /12)
19. Les mammifères (________ /12)

Compréhension de lecture

Je te félicite, tu es maintenant capable de lire des mots, des phrases. Nous allons maintenant lire des textes.

Voici des stratégies que tu peux utiliser pour t'aider à lire et comprendre **un mot que tu as déjà lu** dans une phrase ou dans un texte :

- Lire avec la reconnaissance globale un mot que tu as photographié dans ta tête parce que tu l'as appris en classe.
- Exemple : Chat 
- Décoder les mots par les relations lettres/sons, syllabes.
- Exemple : p-o (po) l-i (li) c-e (ce) = police
- Anticiper un mot à partir des autres mots que tu as lus dans cette phrase.

  Exemple : le chaton boit du … avec les connaissances que tu as sur les chatons, tu sais qu'ils boivent toujours du lait, donc tu dis… **lait**.

  Ensuite, tu vérifies ta réponse avec ta stratégie de décodage des mots par les relations lettres/sons, syllabes.

  Exemple : l (l) ai (è) t (muet) = lait

Voici des stratégies que tu peux utiliser pour t'aider à lire et comprendre **un mot nouveau** dans une phrase ou dans un texte :

Pour identifier un mot nouveau, tu dois combiner les trois stratégies décrites ci-dessus :

Vérifier si le mot nouveau ressemble à un mot que tu as déjà photographié.

Décoder les mots par les relations lettres/sons, syllabes.

Anticiper un mot à partir des autres mots que tu as lus dans cette phrase.

Compréhension de lecture

Voici des stratégies que tu peux utiliser pour t'aider à comprendre **un texte** que tu dois lire en classe, à la maison, pour un examen…

Avant la lecture

- Garder l'intention de lecture en tête. La façon de lire est différente si c'est pour une lecture libre ou un examen.
- Explorer la structure du texte pour t'aider à comprendre ce que tu vas lire.
- Survoler le texte pour anticiper son contenu (titre, illustrations, intertitres, sections).
- Formuler des hypothèses, faire des prédictions sur la lecture et les réajuster au fur et à mesure que tu feras ta lecture.

Pendant la lecture

- Anticiper la suite du texte à partir de ce qui précède.
- Utiliser les indices relatifs à la ponctuation, la fin d'une phrase ou d'un paragraphe.
- Retenir l'essentiel de l'information.
- Surmonter les obstacles de compréhension :
  1. Par la poursuite de la lecture.
  2. Par des retours en arrière (la relecture d'un mot, d'une phrase ou d'un paragraphe).
  3. Par la reformulation intérieure et le questionnement.
  4. Par l'ajustement de la vitesse de lecture (ralentir ou accélérer).
  5. Par la consultation d'outils de référence (dictionnaire).
  6. Par le recours aux illustrations, aux schémas et aux graphiques.
  7. Par la discussion avec ses pairs, si la situation le permet.

Après la lecture

Évaluer l'efficacité des stratégies que tu as utilisées, pour mieux préparer ta prochaine lecture.

Compréhension de lecture

Le chaton de William

Pour ma fête, j'ai reçu un chaton.

Son nom est Minou.

Minou est noir et gris.

Son poil est long et doux.

Quand Minou a faim, il me dit : miaou, miaou !

J'aime beaucoup mon chaton.

Compréhension de lecture

Questions

1. Qui a reçu un chaton ? ______________________________

2. Comment s'appelle le chaton ? ______________________________

3. Comment est le poil du chaton ? ______________________________

4. Colorie le chaton de la page précédente en respectant les bonnes couleurs.

5. À quelle occasion spéciale William a-t-il reçu son chaton ?

Encercle la bonne réponse.

Compréhension de lecture

Mon amie Charlie

Charlie a les yeux bleus

et noirs sont ses cheveux.

Charlie joue avec moi

ça me fait tant de joie.

Charlie est si gentille

que mes yeux en brillent.

Depuis que je suis enfant

je le dis à tous les gens

moi, Clément,

j'ai la meilleure des mamans !

Compréhension de lecture

Questions

1. Comment s'appelle la maman de Clément? ______________________

2. Dans le poème trouve un mot qui rime avec « gentille ». ______________

3. De quelle couleur sont les yeux de Charlie? ______________________

4. De quelle couleur sont les cheveux de Charlie? ____________________

5. Est-ce que Charlie joue avec Clément? __________________________

Compréhension de lecture

Le cheval

Le cheval est un mammifère.

Son museau mesure 15 centimètres.

Sa queue mesure près de 60 centimètres.

Son pelage peut être noir, blanc ou brun.

Le cheval se nourrit de graminées, de foin et de carottes.

Le cheval vit en moyenne de 20 à 30 ans.

Le nom du petit est le poulain, la femelle est une jument.

Son cri est le hennissement.

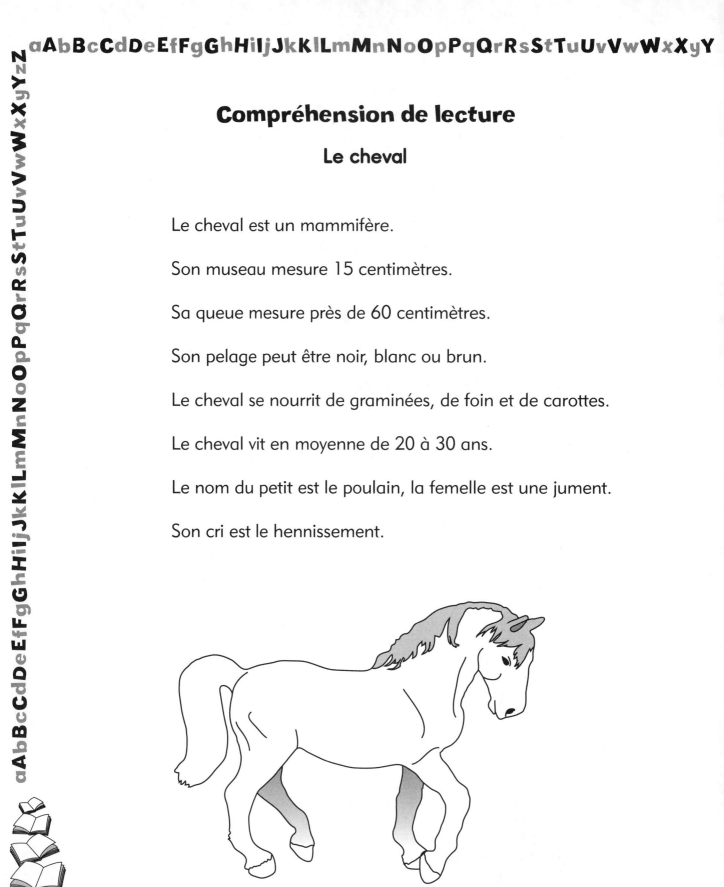

Compréhension de lecture

Questions

1. De quelles couleurs peut être le pelage du cheval ? ______________________
____

2. Combien d'années vit en moyenne un cheval ? ______________________

3. Fais une ligne qui représente la taille du museau du cheval.

4. Encercle ce que mange le cheval.

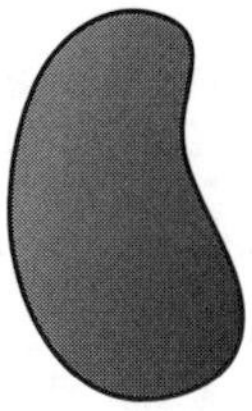  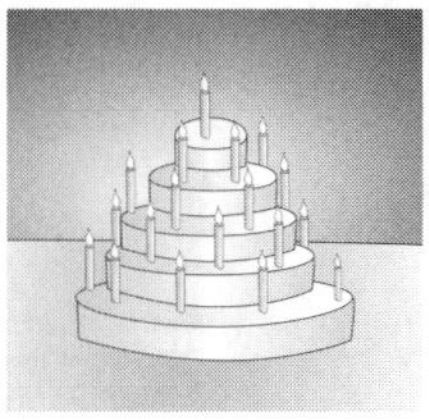 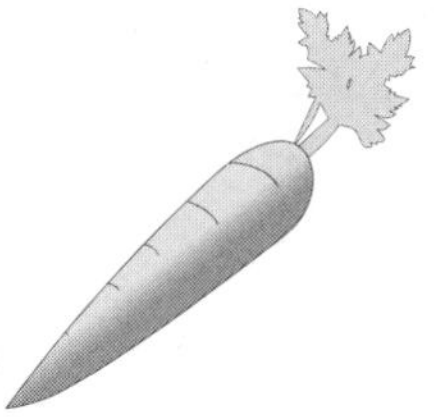 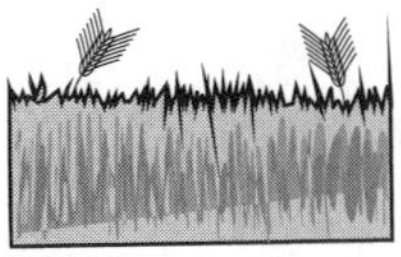

5. Quelle est la longueur de la queue du cheval ? ______________________

6. Comment s'appelle la femelle du cheval ? ______________________

7. Quel est le cri du cheval ? ______________________

Compréhension de lecture

Chers Mamie et Papi,

Comment allez-vous? Moi, je vais très bien. Je vous écris pour vous dire comment je trouve ma nouvelle maison. Je l'aime beaucoup, car elle est rouge et c'est ma couleur préférée. Ma maison est proche de mon école. À l'école, Caroline et Magalie sont mes nouvelles amies. En plus, à droite de ma maison, il y a un centre de ski alpin. Chaque fin de semaine, nous faisons du ski en famille. Toute la famille est contente de notre nouvelle vie ici à Québec.

J'ai hâte de vous voir dans six jours à la fête de Papi !

Votre petite Lorie XXX

Lorie

Compréhension de lecture

Questions

1. Qui a écrit cette lettre ? ______________________________

2. Est-ce que Lorie aime sa nouvelle maison ? ______________________________

3. Colorie la maison de Lorie en respectant la couleur.

4. Qu'est-ce qu'on retrouve à droite de la maison de Lorie ? ______________________________

____

5. Comment s'appellent les nouvelles amies de Lorie ? ______________________________

____

6. À qui Lorie écrit-elle cette lettre ? ______________________________

7. Où Lorie et sa famille ont-ils déménagé ? ______________________________

Compréhension de lecture

1. Replace l'histoire dans l'ordre en écrivant les chiffres de 1 à 4 dans la case sous chacune des lettres, 1 étant la première image et 4, la dernière.

Une journée à la pêche

a) Nous partons avec le camion de papa. La route est longue, mais nous avons beaucoup de plaisir, car nous rions et écoutons de la musique. ☐

b) Je mets un ver sur mon hameçon et je lance ma ligne à l'eau. Trois minutes plus tard, j'attrape le plus gros poisson du lac. J'ai hâte de raconter toute cette aventure à maman. ☐

c) Ce matin, je me lève très tôt, car je vais pêcher avec mon papa au lac Siméon. Chut ! Maman dort encore, il ne faut pas la réveiller ! ☐

d) Arrivés au lac Siméon, nous mettons la chaloupe à l'eau et nous nous dirigeons dans la baie bondée de poissons. ☐

Compréhension de lecture

1. Replace l'histoire dans l'ordre en écrivant les chiffres de 1 à 6 dans la case sous chacune des lettres, 1 étant la première image et 6, la dernière.

Le jardin

a) Premièrement, nous devons labourer la terre. Maman mélange un compost biologique avec la terre.

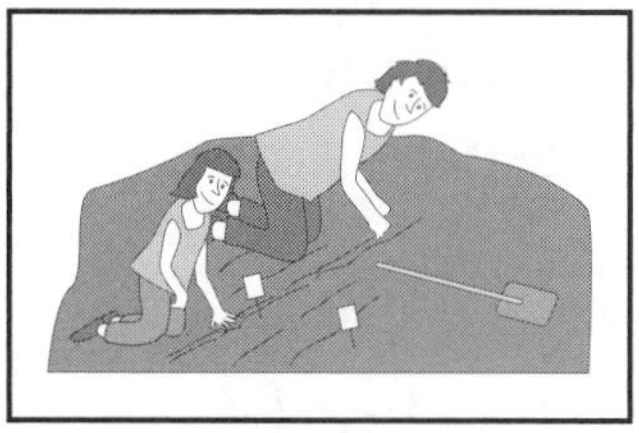

b) Par la suite, nous faisons les sillons pour semer les graines. Nous semons des carottes, des tomates, des concombres, des fèves, de la laitue et des pois.

c) Nous refermons les sillons pour que la terre recouvre bien les graines que nous avons semées. Il ne faudrait surtout pas que les oiseaux viennent manger nos graines !

d) Aujourd'hui, maman et moi faisons un grand jardin dans la cour. Nous adorons manger les bons légumes que nous cultivons nous-mêmes.

e) Pour terminer, il ne nous reste plus qu'à arroser le jardin.

f) Deuxièmement, nous faisons de petits chemins dans le jardin pour délimiter les zones où nous sèmerons les légumes. Ouf ! C'est lourd de la terre.

Compréhension de lecture

Les disparitions mystérieuses

Ce matin, il se passe quelque chose de **bizarre** dans la maison. Papa, maman, Stéphane et moi avons tous perdu quelque chose.

Papa se lève et il ne trouve plus sa cravate marine et noire. Maman cherche ses bas roses partout. Moi, Aurélie, une fille bien rangée, j'ai perdu mon livre d'histoires. Puis, mon frère Stéphane ne trouve plus ses gants de vélo jaune. « Mais, que se passe-t-il ce matin ! », s'exclame maman.

Papa, maman, Stéphane et moi cherchons partout sans trouver. Maman va réveiller mon petit frère Jérémie. « Venez voir ! », crie maman. Jérémie était assis sur son lit en train de lire mon livre d'histoires habillé d'une cravate marine et noire, de bas roses et de gants de vélo. Jérémie est un vrai coquin !

Compréhension de lecture

Questions

1. Comment s'appelle le petit frère de Stéphane et Aurélie? ____________

2. Ce matin, c'est un jour comme les autres. Vrai ou faux? ____________

3. Qui a perdu ses bas? ____________

4. Quelle est la couleur des gants de vélo de Stéphane? ____________

5. Qu'est-ce que papa a perdu? ____________

6. Que veut dire le mot bizarre?

   a) Qu'il fait un beau soleil dehors

   b) Que papa est fâché

   c) Qui sort de l'ordinaire

7. Qui avait pris tous les objets? ____________

Compréhension de lecture

L'ours polaire

Sa description physique

L'ours polaire est un carnivore et un des plus grands mammifères. Pour déchiqueter la chair des animaux, il utilise ses 42 canines. Il mesure 1,5 mètre et le mâle pèse entre 500 et 730 kilogrammes. Sa fourrure est blanche en hiver et jaune en été. Il peut courir jusqu'à 50 kilomètres/heure avec ses pattes de 23 centimètres de largeur. Il peut vivre jusqu'à 40 ans.

Son habitat

L'ours passe les trois quarts de ses journées dans l'eau dans le Grand Nord canadien. Il vit sur une terre de glace.

Son alimentation

En hiver, l'ours mange des phoques, des morses et du poisson.

En été, il mange des animaux marins, des baies et des plantes herbacées.

Compréhension de lecture

Questions

1. Où vit l'ours polaire? ______________________________

2. L'ours polaire vit sur une terre de glace. Vrai ou faux? __________

3. Combien de canines a l'ours polaire? ____________________

4. Combien pèse l'ours polaire mâle? ____________________

5. Combien d'années peut vivre l'ours polaire? ______________

6. Que veut dire le mot carnivore?

   a) Qui mange des légumes

   b) Qui mange de la viande

   c) Qui dort toujours

7. Encercle ce que mange l'ours polaire en hiver et en été.

Compréhension de lecture

Cher correspondant,

Je m'appelle Gabriel et je suis un garçon de 8 ans. J'ai les yeux et les cheveux bruns. Je vis avec ma mère Chantal et mon frère Raphaël. J'habite la région de Sorel.

L'été, j'aime faire de la natation et du vélo. L'hiver, c'est ma saison préférée, car j'adore pratiquer le ski alpin, le patin à glace et la glissade. En été lorsqu'il pleut ou en hiver lorsqu'il fait trop froid, j'aime beaucoup jouer à l'ordinateur ou à des jeux vidéo. Je suis un garçon plein d'énergie !

J'ai hâte de te rencontrer quand ta classe viendra visiter la mienne à Noël !

Ton ami correspondant.

Gabriel

Compréhension de lecture

Questions

1. Qui a écrit cette lettre? ______________________________

2. Quel âge a Gabriel? ______________________________

3. Encercle les sports que Gabriel pratique l'hiver.

4. Quand Gabriel rencontrera-t-il son correspondant? ______________________________

5. Est-ce que Gabriel a hâte de rencontrer son correspondant? ______________________________

6. Comment s'appelle le frère de Gabriel? ______________________________

7. Où habite Gabriel? ______________________________

Compréhension de lecture

Le wapiti

Sa description physique

Le wapiti est un mammifère de la famille des **cervidés**. Le mâle adulte pèse en moyenne 350 kg et la femelle 250 kg. En hiver, son poil est brun foncé. En été, sa fourrure est mince et brune avec une tache beige sur le fessier. Le grand panache du wapiti tombe chaque année et il lui en pousse un nouveau. Il peut courir jusqu'à 50 kilomètres/heure. Le wapiti mâle vit 14 ans et la femelle, 24 ans.

Son habitat

Le wapiti habitait autrefois tout le territoire du Canada, mais aujourd'hui on le trouve seulement dans l'Ouest canadien.

Son alimentation

Le wapiti est herbivore, il consomme une grande variété de plantes et de graminées.

Compréhension de lecture

Questions

1. Où vit le Wapiti aujourd'hui ? ______________________________

2. La femelle adulte pèse 350 kg. Vrai ou faux ? ______________________

3. Qu'est-ce que le wapiti perd chaque année ? ______________________

4. Quelle est la couleur du fessier du wapiti en été ? __________________

5. À quelle vitesse peut courir le wapiti ? __________________________

6. Que veut dire le mot cervidé ?
   a) Animal qui a des bois sur la tête
   b) Animal qui a un cerveau
   c) Animal qui vide les poubelles

7. Colorie ce que mange le wapiti.

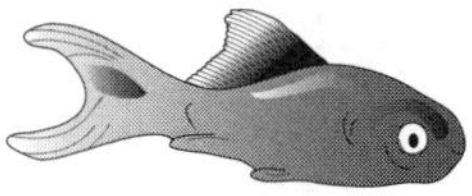

Compréhension de lecture

Les insectes

Leur apparence physique :

Un insecte est un petit animal invertébré qui a : une tête munie d'antennes et de trois pièces buccales, un corps divisé en trois parties dont chacun est pourvu d'une paire de pattes. Parfois, l'insecte peut avoir : une ou deux paires d'ailes et une carapace. L'insecte respire par des trachées et certains d'entre eux piquent.

De l'œuf à l'insecte :

Premièrement, un œuf est pondu dans un nid bien chaud ou dans un endroit ensoleillé, car pour éclore l'œuf a besoin de chaleur.

Deuxièmement, la larve sort de l'œuf et se transforme tranquillement. Au fur et à mesure que **celle-ci** grandit, elle subit le phénomène de la mue, c'est-à-dire qu'elle change de peau.

Troisièmement, vers la fin de sa croissance, la larve se fabrique une chrysalide. La larve restera immobile et sans manger dans cette enveloppe pour se transformer en nymphe.

Finalement, l'enveloppe se déchire et l'insecte adulte en sort. La transformation est réussie et terminée.

De quoi se nourrissent les insectes ?

Les insectes	herbivores	carnivores	omnivores	nourriture
La sauterelle	X			herbe, plantes, fruits
Le papillon	X			nectar des fleurs
L'abeille	X			pollen et nectar des fleurs
La mouche	X			de la matière sucrée
La guêpe		X		insectes qu'elle tue
La coccinelle		X		pucerons
La libellule		X		insectes
Le cafard			X	débris animaux ou végétaux
La fourmi			X	insectes ou végétation

Compréhension de lecture

Questions

1. De quoi est-il question dans ce texte informatif? ____________

2. Quelle caractéristique physique est toujours présente chez l'insecte? ____________

____

3. Nomme deux caractéristiques physiques parfois présentes chez l'insecte.
____
____
____

4. Donne deux noms que l'on donne à l'insecte avant qu'il ait terminé sa transformation. ____________

5. Nomme un insecte carnivore. ____________

6. Que signifie le mot «omnivore»? ____________

7. Que remplace le pronom **celle-ci**, dans le deuxième paragraphe de la section **De l'œuf à l'insecte**? ____________

8. De quoi se nourrit l'abeille? ____________

9. Dans le tableau, combien y a-t-il d'insectes herbivores? ____________

10. Réponds par vrai ou faux.

    a) L'insecte a toujours deux têtes. ________
    b) La guêpe est un insecte carnivore. ________
    c) La larve reste immobile et sans manger dans sa chrysalide. ________

Compréhension de lecture

Charlot le lièvre à trois pattes

Charlot est un superbe lièvre tout blanc. Il a un pelage soyeux et des yeux très perçants, il est généreux et intelligent. Malheureusement, il n'a pas d'amis. Aucun animal de la forêt ne veut jouer avec lui, car Charlot est un lièvre différent. Les animaux le rejettent, car il n'a que trois pattes.

Le méchant perroquet se moque toujours de lui. Il répète à qui veut bien l'entendre que Charlot est handicapé.

Pour se faire accepter, Charlot offre à madame Perdrix des perles dans un couvercle qu'il a trouvé sous une pierre. Madame Perdrix s'énerve et alerte tous les animaux de la forêt, car Charlot a voulu acheter son amitié.

Pour se faire aimer, Charlot nettoie toute la tanière de l'ourson. Ourson éternue en disant que Charlot n'est pas très vaillant, car il a laissé de la poussière.

Charlot est bouleversé ! Il décide de partir. Il n'en peut plus de vivre l'enfer.
— « C'est terminé, plus personne ne va me berner ! J'irai vivre là où on veut bien m'accepter comme je suis ! » se dit-il.

Charlot quitte la forêt, observé par les autres animaux. Il bondit doucement dans l'herbe, lorsqu'il entend le serpent crier :

— « Au secours ! Un enfant m'a enfermé dans une boîte de conserve ! Aidez-moi ! »

Sans perdre une seconde, Charlot lui répond :

— « Ne crains rien, je vais te sauver Simon. »

Charlot ouvre la conserve énergiquement avec ses trois petites pattes. Les animaux de la forêt ont vu Charlot sauver la vie de Simon le serpent.

Simon remercie chaleureusement Charlot et le supplie de ne pas partir, car les animaux regrettent de ne pas avoir vu que Charlot est un lièvre courageux. Charlot accepte et reste dans la forêt avec eux.

Aujourd'hui, Charlot est ami avec le perroquet qui a toujours le hoquet, avec madame Perdrix qui a peur des souris, avec Ourson qui est toujours grognon et avec Simon le serpent qui n'a pas de dents. Après tout, ne sommes-nous pas tous différents ?

Compréhension de lecture

Questions

1. Qui est le personnage principal de l'histoire? ____________________

2. Nomme tous les animaux dont on parle dans cette histoire.
____

3. Trouve un autre titre à cette histoire.
____

4. Donne deux qualités que possède Charlot. ____________________

5. Qu'est-ce que Charlot a offert à madame Perdrix? ____________________

6. Qu'est-ce que Charlot a fait pour Ourson? ____________________

7. Que remplace le pronom **il**, dans le deuxième paragraphe? ____________________

8. Qui supplie Charlot de rester? ____________________

9. Qui a enfermé le serpent dans une boîte de conserve? ____________________

10. Réponds par vrai ou faux.
    - a) Simon est un serpent. ________
    - b) Charlot a quitté la forêt et il ne reviendra plus jamais. ________
    - c) Tous les êtres vivants sont différents. ________

Compréhension de lecture

Mes amours

Mon petit Jérémie
Comme un grand bol de spaghettis
Tu es collant et tellement amusant
Pour toi, je combattrais tous les méchants

Mon petit Gabriel
Comme une lune de miel
Tu es un trésor qui nous donne des ailes
Pour toi, je décrocherais la lune du ciel

Ma petite Charlotte
Comme un potage à la carotte
Tu es chaleureuse et légèrement poivrée
Pour toi, je ferais exister les fées

Mon petit William
Comme un jeu de dames
Tu es complexe et rempli de stratégie
Pour toi, je donnerais ma vie

Ma grande Alexane
Comme une pelure de banane
Tu es si glissante qu'on doit toujours se méfier
Pour toi, je me transformerais en chevalier

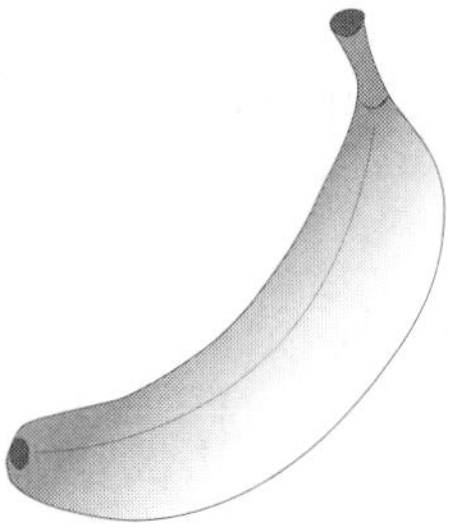

Mon grand Samuel
Comme une galette au miel
Tu es une bénédiction du ciel
Pour toi, mon cœur bat d'un amour éternel

Compréhension de lecture

Questions

1. Qui est comme un bol de spaghettis? ______________________

2. Combien y a-t-il de noms de filles? ______________________

3. Combien y a-t-il de noms de garçons? ______________________

4. À quoi compare-t-on Alexane? ______________________

5. Quel est le jeu avec lequel William est comparé? ______________________

6. De quel légume parle-t-on? ______________________

7. De quel fruit parle-t-on? ______________________

8. Qui est comme une lune de miel? ______________________

9. En quoi me transformerais-je pour Alexane? ______________________

10. Réponds par vrai ou faux.

    a) Jérémie est amusant. __________
    b) Dans la réalité, je peux décrocher la lune du ciel. __________
    c) Un jeu de dames est une sorte de poisson. __________
    d) Dans une lune de miel, il y a du caramel et du chocolat. __________
    e) Dans une galette au miel, il y a du miel. __________
    f) Je me transformerais en fée pour Gabriel. __________

Compréhension de lecture

Le castor

Le castor d'Amérique est un mammifère de l'ordre des rongeurs. Il n'hiberne pas. La fourrure du castor est brun foncé et elle est constituée de deux couches de poils. Ce qui caractérise sans doute le plus le castor, ce sont ses quatre longues incisives de 2,5 cm de longueur. Ses pattes avant ressemblent à des mains de cinq doigts munis de longues griffes et ses pattes arrière sont palmées. Le castor fait partie d'une société complexe basée sur la famille. Le poids de l'adulte varie de 15 à 35 kg et sa taille varie de 30 cm à 1,3 m avec la queue. La femelle a d'un à huit bébés par portée. Sa période de gestation est de 103 à 107 jours. Le castor peut vivre jusqu'à 12 ans.

Le castor compte parmi ses prédateurs l'ours, le loup, le coyote, le pékan, le carcajou, la loutre et le lynx. Le castor est cependant bien à l'abri dans sa hutte de branchages figés avec de la boue.

En été, le castor mange des nénuphars, des plantes aquatiques, des herbes, des feuilles de plantes ligneuses, des fruits et des graminées. En hiver, il se nourrit de branches et d'écorce.

Le porc-épic

Le porc-épic est un mammifère de l'ordre des rongeurs. Il n'hiberne pas. Il est généralement noir et il possède environ 30 000 piquants de 15 cm, ceux-ci se dressent en cas de danger. Sa taille peut varier de 65 à 100 cm et son poids est de 4,5 à 13,5 kg. Il a quatre doigts à ses pattes avant et le dessous de celles-ci est dur.

Le porc-épic vit au Québec, dans les forêts de conifères et de feuillus. Il est herbivore, il se nourrit en été de petits fruits, de feuilles d'arbre plus particulièrement de peuplier. En hiver, il mange de l'écorce d'arbre. Il vit le plus souvent dans les arbres, mais en hiver il se protège du froid dans une tanière.

Pendant la saison des amours, le couple passe environ une semaine ensemble puis se sépare. La mère élève seule son bébé. La femelle a un bébé à la fois. Sa période de gestation est de 7 mois. Il peut vivre de 5 à 7 ans.

Le porc-épic est un animal solitaire. Son principal prédateur est le pékan, qui, lui, fait partie de la famille des furets. Il a aussi comme prédateur le couguar, le lynx et le coyote.

Compréhension de lecture

1. Classe les informations en remplissant le tableau.

	Castor	Porc-épic
a) sa couleur		
b) sa taille		
c) son poids		
d) ses pattes avant		
e) Où vit-il ?		
f) sa nourriture en hiver		
g) sa nourriture en été		
h) Combien de petits a la femelle ?		
i) sa période de gestation		
j) Hiberne t-il ?		
k) ses prédateurs		
l) sa longévité		

Compréhension de lecture

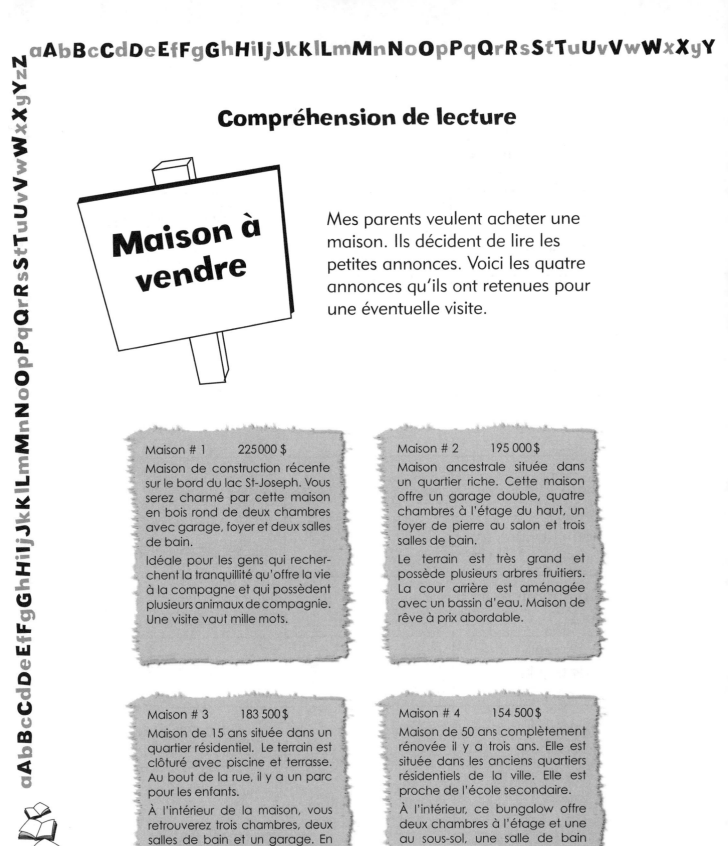

Mes parents veulent acheter une maison. Ils décident de lire les petites annonces. Voici les quatre annonces qu'ils ont retenues pour une éventuelle visite.

Maison # 1 225000 $

Maison de construction récente sur le bord du lac St-Joseph. Vous serez charmé par cette maison en bois rond de deux chambres avec garage, foyer et deux salles de bain.

Idéale pour les gens qui recherchent la tranquillité qu'offre la vie à la compagne et qui possèdent plusieurs animaux de compagnie. Une visite vaut mille mots.

Maison # 2 195 000 $

Maison ancestrale située dans un quartier riche. Cette maison offre un garage double, quatre chambres à l'étage du haut, un foyer de pierre au salon et trois salles de bain.

Le terrain est très grand et possède plusieurs arbres fruitiers. La cour arrière est aménagée avec un bassin d'eau. Maison de rêve à prix abordable.

Maison # 3 183 500 $

Maison de 15 ans située dans un quartier résidentiel. Le terrain est clôturé avec piscine et terrasse. Au bout de la rue, il y a un parc pour les enfants.

À l'intérieur de la maison, vous retrouverez trois chambres, deux salles de bain et un garage. En plus, il y a une entrée qui donne accès directement du garage au sous-sol. Nous vous attendons!

Maison # 4 154 500 $

Maison de 50 ans complètement rénovée il y a trois ans. Elle est située dans les anciens quartiers résidentiels de la ville. Elle est proche de l'école secondaire.

À l'intérieur, ce bungalow offre deux chambres à l'étage et une au sous-sol, une salle de bain et une salle de lavage. Nous attendons votre visite. Toutes les offres raisonnables seront considérées.

Compréhension de lecture

Mes parents veulent acheter une maison et voici les critères qu'ils se sont donnés pour l'achat de celle-ci.

1. Remplis le tableau en faisant un X au bon endroit.

Critères de sélection	maison #1	maison #2	maison #3	maison #4
a) Terrain clôturé				
b) Piscine ou lac				
c) Garage				
d) Au moins deux chambres				
e) Au moins une salle de bain				
f) Près d'un parc				
g) Pas plus de 199 000 $				

2. Réponds aux questions suivantes.

a) À combien de critères de sélections correspond la maison #1 ? ________

b) À combien de critères de sélections correspond la maison #2 ? ________

c) À combien de critères de sélections correspond la maison #3 ? ________

d) À combien de critères de sélections correspond la maison #4 ? ________

e) Quelle maison correspond à ce que recherchent mes parents ? ________

3. Dessine l'extérieur de la maison que mes parents devraient choisir.

Compréhension de lecture

1. Replace l'histoire dans l'ordre en écrivant, dans les cases ci dessous, les lettres correspondant aux paragraphes dans le bon ordre.

Monsieur William, l'inspecteur !

a) Monsieur William passe tout l'avant-midi à faire des recherches sur l'influence des marées, les sortes de poissons en voie d'extinction, sur la pollution des mers et même sur le réchauffement de la planète. Mais rien ne peut motiver une disparition complète et soudaine des poissons de la mer.

b) Monsieur William est le plus grand inspecteur de la ville de Matane. À l'aide de sa loupe, il scrute tous les moindres détails, rien ne lui échappe. Chaque matin, il enfile son imperméable gris, ses bottes noires, il prend son ordinateur portable et il part pour le bureau rencontrer ses clients qui ont des énigmes à résoudre.

c) Un immense trou dans le filet du bateau ! Un trou ! Paul Omar est un peu gêné, il aurait pu y penser lui-même. Mais, monsieur William le rassure. Il n'est pas du tout contrarié, car inspecteur, c'est son métier !

d) Sur l'heure du midi, monsieur William apporte sa loupe et se rend au bateau de Paul Omar. Il inspecte tout le bateau, la cabine du pilote, le moteur, la proue, la poupe et finalement il découvre...

e) Arrivé à son bureau de la rue Ste-Crevette, Monsieur William est attendu par Paul Omar qui est totalement en panique. Sans plus attendre, il dit :

— Monsieur William, je vous attendais avec impatience. J'ai un sérieux problème. Depuis une semaine, je reviens de la pêche et je n'ai attrapé aucun poisson dans mes filets. Bientôt, il n'y aura plus de poissons dans toute la ville, croyez-vous que la mer est vide ou peut-être...

Monsieur William ne le laisse pas terminer et poursuit :

— Calmez-vous Paul, je vais vous aider. Je fais quelques recherches et je vous rejoins à votre bateau ce midi.

Compréhension de lecture

1. Replace l'histoire dans l'ordre en écrivant, dans les cases ci dessous, les lettres correspondant aux paragraphes dans le bon ordre.

Le rêve de Hugo, le saumon

a) Hugo nage très vite, c'est sa première journée d'expédition, mais soudainement il rencontre un pêcheur. Comme il a une très bonne mémoire, il reconnaît le filet de Paul Omar, cela fait déjà quelques jours que son filet est brisé et Paul ne s'en rend pas compte. Alors, Hugo nage sans même se soucier de ce pêcheur.

b) Après quelques jours de nage, Hugo se repose un peu et fait la sieste. Soudainement, un requin s'approche de lui pour le dévorer. Ce requin a tellement mauvaise haleine que Hugo se réveille. Il prend aussitôt la fuite, il nage si vite que le requin ne réussit pas à le rattraper.

c) Hugo le saumon caresse un rêve depuis très longtemps. Il rêve d'aller nager avec les manchots. Hugo a bien planifié son itinéraire, et aujourd'hui il est prêt à réaliser son rêve. Il part pour le pôle Sud rejoindre les manchots.

d) Tout à coup, une centaine de manchots apparaissent. Hugo est si heureux, ouf ! Pendant un instant, il a eu chaud, il a cru qu'il devrait rebrousser chemin. Hugo leur demande s'il peut nager et jouer avec eux. Les manchots sont si ravis d'avoir de la visite, qu'ils acceptent avec empressement. C'est ainsi que Hugo s'est fait des centaines d'amis pour la vie. Hugo est très fier de lui, car il a traversé le filet de Paul Omar, il a fui un requin et il a combattu le froid. Il n'a jamais abandonné pour pouvoir réaliser son rêve.

e) Hugo commence à avoir froid, ses nageoires sont gelées. Heureusement, il avait tout prévu, il a apporté des mitaines de laine. Hugo est tout excité, car le froid lui indique qu'il est bientôt arrivé. Que dis-je, il est enfin arrivé au pôle Sud ! Mais que se passe-t-il, il regarde autour de lui et il ne voit aucun manchot. Hugo commence à penser qu'il s'est peut-être trompé de pôle !

Compréhension de lecture

Le stégosaure du lac Mégantic

On entend parler seulement de ça à la radio. Patrice, l'animateur, résume la situation avec son invitée, Sylvianne :

— Attention, attention, les ossements d'un stégosaure auraient été trouvés dans le lac Mégantic. J'ai avec moi madame Sylvianne, celle qui a trouvé les ossements. Bonjour Sylvianne, alors racontez-moi ce qui s'est passé depuis ce matin !

— Bonjour Patrice. Alors, je faisais de la plongée ce matin à l'aube vers 5 h 30 au lac Mégantic et j'ai aperçu au fond de l'eau des ossements de dinosaure. J'ai tout de suite averti les agents de la protection de la faune.

— Qu'est-ce qu'ils ont fait ?

— Ils ne revenaient tout simplement pas de cette découverte. Alors, ils ont convoqué tous les plus grands spécialistes pour l'analyse de **ceux-ci**. Selon eux, c'est le spécimen le plus rare jamais trouvé.

— C'est très intéressant, je vous écoute.

— Des dizaines de spécialistes, des scientifiques et même des étudiants sont arrivés vers 9 h 30 avec tous les objets nécessaires pour la fouille. Les habitants de la ville de Mégantic sont aussi arrivés par centaines. Depuis ce moment, nous attendons la suite des événements.

— Je vous remercie beaucoup Sylvianne pour toutes ces informations. Quant à vous, auditeurs, on se retrouve dans 30 minutes en direct du lac Mégantic.

Trente minutes plus tard au lac Mégantic... On entend une voix qui crie : « Stop ! Stop ! » Un homme accourt pour arrêter les scientifiques. Le scénariste explique aux centaines de curieux qu'il prépare une scène pour son film et que le lac est son studio. Que dans quelques mois, ils pourront tous voir son film sur le stégosaure du lac Mégantic !

Compréhension de lecture

Questions

1. Qui a trouvé les ossements de stégosaure ? ____________________

2. À quel moment de la journée se passe cette histoire ? ____________________

3. Trouve un autre titre à cette histoire. ____________________
____

4. Dans quel lac a-t-on trouvé des ossements de stégosaure ? ____________________

5. Comment se nomme l'animateur de radio ? ____________________

6. Qui est arrivés vers 9 h 30 ? ____________________
____

7. Que remplace le pronom **ceux-ci**, dans le quatrième paragraphe de dialogue ? ____________________

8. Qui a dévoilé la vérité ? ____________________

9. Quel est le studio du scénariste ? ____________________

10. Réponds par vrai ou faux.

    a) Les ossements de stégosaure étaient vrais. __________
    b) C'est très tôt le matin que Sylvianne a trouvé les ossements. __________
    c) La scénariste invite seulement Sylvianne à visionner son film. __________

Compréhension de lecture

Les mammifères

On peut reconnaître un mammifère grâce à des caractéristiques communes :

- Les femelles allaitent les petits, car elles produisent du lait.
- Leur corps est recouvert de poils.
- Leur mâchoire inférieure est articulée.
- Leur sang est chaud, c'est-à-dire qu'ils sont capables de maintenir la température de leur corps constante.
- Leur oreille moyenne est constituée de trois paires d'os.
- Leur cerveau est volumineux et complexe.
- Leurs dents sont habituellement différenciées (les incisives, les canines, les prémolaires et les molaires).

Cependant, certaines caractéristiques sont absentes de certains groupes de mammifères. Presque tous les petits ont besoin d'une éducation d'un parent, car **ceux-ci** ne sont pas autonomes à la naissance. Certains vivent seuls, alors que d'autres vivent en groupe. Pour beaucoup d'animaux, il existe des modes de vie organisés et hiérarchisés. Ceux-ci sont très variés.

Les mammifères sont herbivores (se nourrissent de végétaux), carnivores (se nourrissent de viande) ou omnivores (se nourrissent de viande et de végétaux).

De quoi se nourrissent les mammifères ?

Les mammifères	herbivores	carnivores	omnivores	nourriture
L'ours			X	plante, noix, insecte, orignal
Le lion		X		lièvre, buffle, girafe, zèbre
Le phoque		X		capelan, hareng, crevette
Le wapiti	X			plante, graminée
Le gorille	X			plante, feuille
La marmotte	X			plante, luzerne, légume, trèfle
Le sanglier			X	champignon, insecte, oiseau
Le guépard		X		gazelle, zèbre, lièvre

http://www.voyagesphotosmanu.com/mammiferes.html
http://www.thecanadianencyclopedia.com/index.cfm?PgNm=TCE&Params=f1ARTf0005061

Compréhension de lecture

Questions

1. De quoi est-il question dans ce texte informatif? ______

2. Nomme deux caractéristiques des mammifères.
______
______

3. De quoi l'ours se nourrit-il? ______
______

4. Nomme deux mammifères herbivores. ______

5. Nomme deux mammifères omnivores. ______

6. Que signifie le mot «carnivore»? ______

7. Que remplace le pronom **ceux-ci**, dans le 2e paragraphe? ______

8. De quoi se nourrit le gorille? ______

9. Dans le tableau, combien y a-t-il de carnivores et d'herbivores? ______

10. Réponds par vrai ou faux.

    a) Les femelles mammifères allaitent leurs petits. ______
    b) Les mammifères ont le sang chaud. ______
    c) Tous les mammifères vivent en groupe. ______

Les Éditions Caractère

Sonya Gauthier certifie que

____

est un(e) vrai(e) champion(ne)
de la lecture.

Bravo pour tes efforts !

Le corrigé

p. 8

1. avion, banane, lapin, chat, chapeau, âne

p. 9

1. a) 1er
   b) 1er
   c) 1er et 2^{e}
   d) 1er
   e) 1er
   f) 1er
   g) 1er et 2^{e}
   h) 2^{e}
   i) 1er
   j) 1er
   k) 1er
   l) 1er et 2^{e}

p. 11

1. cheval, melon, chenille, cerise chemise, céleri

p. 12

1. a) 1er
   b) 2^{e}
   c) 2^{e}
   d) 1er et 3^{e}
   e) 1er
   f) 3^{e}
   g) 2^{e}
   h) 3^{e}
   i) 2^{e}
   j) 3^{e}
   k) 2^{e}
   l) 3^{e}

p. 13

1. a) a
   b) a, e
   c) e
   d) a
   e) a, e
   f) a
   g) e
   h) e
   i) a, e
   j) a

p. 15

1. fourmi, niche, ordinateur, souris, chemise, dynamite

p. 16

1. a) 2^{e}
   b) 1er
   c) 2^{e}
   d) 2^{e}
   e) 2^{e}
   f) 1er et 3^{e}
   g) 1er
   h) 1er
   i) 1er
   j) 1er
   k) 1er
   l) 3^{e}

p. 17

1. a) e
   b) i
   c) e, i
   d) i
   e) e
   f) e, i
   g) e
   h) e
   i) i, e
   j) i

p. 19

1. crocodile, moto, domino, yo-yo, sirop, brocoli

p. 20

1. a) 1er et 2^{e}
   b) 1er et 2^{e}
   c) 1er et 3^{e}
   d) 1er et 2^{e}
   e) 1er et 2^{e}
   f) 2^{e}
   g) 1er
   h) 2^{e}
   i) 2^{e}
   j) 2^{e} et 3^{e}
   k) 2^{e}
   l) 1er

p. 21

1. a) i, o
   b) i
   c) o
   d) i, o
   e) o
   f) o
   g) i, o
   h) i
   i) o
   j) i

p. 23

1. lune, ruche, jupe, nuage, lunette, tuque

p. 24

1. a) 1er
   b) 1er
   c) 2^{e}
   d) 1er
   e) 1er
   f) 1er
   g) 1er
   h) 2^{e}
   i) 1er
   j) 3^{e}
   k) 2^{e}
   l) 1er

p. 25

1. a) o
   b) o, u
   c) u
   d) u
   e) o
   f) u
   g) o
   h) o
   i) o, u
   j) u

p. 27

1. éléphant, céleri, épée, café, araignée, télévision

p. 28

1. a) 1er et 2^{e}
   b) 2^{e}
   c) 2^{e}
   d) 1er et 2^{e}
   e) 1er
   f) 2^{e}
   g) 3^{e}
   h) 2^{e}
   i) 1er et 2^{e}
   j) 1er
   k) 1er
   l) 2^{e}

p. 29

1. a) é
   b) u
   c) u, é
   d) u
   e) é
   f) é, u
   g) é
   h) u
   i) é
   j) u

p. 31

1. chèvre, fève, lèvre, zèbre, sorcière, fête

p. 32

1. a) 2^{e}
   b) 1er
   c) 1er
   d) 1er
   e) 1er
   f) 1er
   g) 3^{e}
   h) 1er
   i) 1er
   j) 1er

k) 1er
l) 1er

p. 33

1. a) é
   b) é
   c) è
   d) è
   e) è
   f) é, è
   g) è
   h) é
   i) è
   j) é

p. 34

1. a) e
   b) u
   c) è, ê
   d) i
   e) o
   f) é
   g) a

p. 40

1. étoile, melon, lion, moulin, arc-en-ciel

p. 42

1. a) é, o
   b) i, i
   c) é, i
   d) a, i
   e) î, e
   f) o, a
   g) i, é
   h) é, o
   i) a
2. a) 1
   b) 2
   c) 2
   d) 2
   e) 2
   f) 2
   g) 2
   h) 2
   i) 2

p. 43

1. a) 2
   b) 3
   c) 1
   d) 6
   e) 5
   f) 7
   g) 4

p. 44

1. mitaine, pomme, melon, plume, marteau

p. 46

1. a) a, i
   b) a, a
   c) i, e
   d) a, e
   e) ê, e
   f) a, i, e
   g) i, a
   h) a, i, e
   i) i, e
2. a) 1
   b) 2
   c) 2
   d) 2
   e) 2
   f) 1
   g) 2
   h) 1
   i) 2
   j) 2
   k) 3
   l) 2

p. 47

1. a) 4
   b) 3
   c) 1
   d) 7
   e) 5
   f) 2
   g) 6

p. 48

1. banane, nez, chenille, nid, niche

p. 50

1. a) u, e
   b) a, i, e
   c) i, e
   d) u, e
   e) a, i, e
   f) â, e
   g) a, i, e
   h) o, é
   i) o, a
2. a) 1
   b) 2
   c) 2
   d) 2
   e) 1
   f) 2
   g) 1
   h) 2
   i) 2
   j) 2
   k) 2
   l) 3

p. 51

1. a) 4
   b) 6
   c) 1
   d) 7
   e) 5
   f) 3
   g) 2

p. 52

1. baleine, neige, balai, fête, chèvre

p. 54

1. a) l, n
   b) m
   c) n
   d) m, l, n
   e) m, l
   f) n, n
   g) m, m
   h) n, n
   i) l, n

p. 55

1. a) 6
   b) 4
   c) 7
   d) 3
   e) 5
   f) 2
   g) 1

p. 56

1. nez, céleri, souliers, hélicoptère, palmier

p. 58

1. a) n, m
   b) t
   c) m, m, r
   d) m, l
   e) m, r
   f) m, l
   g) n, z
   h) m, l
   i) l, m, r

p. 59

1. a) 4
   b) 7
   c) 2
   d) 5
   e) 6
   f) 3
   g) 1

p. 66

1. poire, marteau, dinosaure, ours polaire, maracas

p. 68

1. a) reine
   b) rame
   c) mère
   d) bleuet
   e) nez
   f) fraise
   g) brocoli
   h) rue
   i) lama
   j) lune
   k) île
   l) carotte

p. 69

1. a) 10
   b) 3
   c) 1
   d) 6
   e) 7
   f) 9
   g) 2
   h) 5
   i) 8
   j) 4

p. 70

1. tuque, ceinture, moto, raquette, patin

p. 72

1. a) moto
   b) mitaine
   c) été
   d) tirelire
   e) tête
   f) tomate
   g) fraise
   h) brocoli
   i) bleuet
   j) carotte
   k) note
   l) amie

p. 73

1. a) 3
   b) 10
   c) 7
   d) 8
   e) 1
   f) 5
   g) 4
   h) 9
   i) 6
   j) 2

p. 74

1. pain, poire, pied, patin, porte

p. 76

1. a) patate
   b) bleuet
   c) pilule
   d) fraise
   e) pâté
   f) poète
   g) purée
   h) brocoli
   i) papa
   j) carotte
   k) râper
   l) taper

p. 77

1. a) 10
   b) 8
   c) 6
   d) 9
   e) 1
   f) 5
   g) 7
   h) 2
   i) 3
   j) 4

p. 78

1. hibou, poulet, poule, souris, rouleau

p. 80

1. a) moule
   b) toutou
   c) poupée
   d) poule
   e) toupie
   f) loupe
   g) route
   h) Marilou

p. 81

1. a) 7
   b) 8
   c) 10
   d) 6
   e) 9
   f) 4
   g) 5
   h) 2
   i) 3
   j) 1

p. 82

1. chapeau, gâteau, orange, hippopotame, château

p. 84

1. a) taupe
   b) taureau
   c) râteau
   d) rouleau
   e) lapereau
   f) auto
   g) poteau
   h) rameau

p. 85

1. a) 7
   b) 8
   c) 2
   d) 4
   e) 9
   f) 1
   g) 5
   h) 6
   i) 10
   j) 3

p. 92

1. bébé, basketball, robe, banane, libellule

p. 94

1. a) boa
   b) robe
   c) banane
   d) bébé
   e) bateau
   f) baleine
   g) robot
   h) bobine

p. 95

1. a) 3
   b) 8
   c) 6
   d) 7
   e) 1
   f) 9
   g) 10
   h) 5
   i) 2
   j) 4

p. 96

1. radis, dinosaure, panda, dent, drapeau

p. 98

1. a) midi
   b) malade
   c) domino
   d) bedaine
   e) limonade
   f) madame
   g) rideau
   h) dîner

p. 99

1. a) 8
   b) 9
   c) 1
   d) 2
   e) 3
   f) 5
   g) 7
   h) 10
   i) 6
   j) 4

p. 103

1. a) 3
   b) 9
   c) 6
   d) 2
   e) 1
   f) 10
   g) 8
   h) 4
   i) 5
   j) 7

p. 104

1. avion, camion, bonbon, jambon, cochon

p. 107

1. a) 5
   b) 7
   c) 1
   d) 4
   e) 3
   f) 2
   g) 10
   h) 8
   i) 9
   j) 6

p. 114

1. fromage, fraise, girafe, fouet, flûte

p. 116

1. a) ph
   b) t
   c) l
   d) m
   e) n
   f) r
   g) p
   h) eau
   i) au
   j) ei
   k) d
   l) f
   m) on
   n) b
   o) ou

p. 117

1. a) 6
   b) 4
   c) 10
   d) 9
   e) 2
   f) 3
   g) 8
   h) 5
   i) 7
   j) 1

p. 118

1. navet, vache, lave-vaisselle, violon, livre

p. 120

1. a) ai
   b) eau
   c) f
   d) r
   e) l
   f) d
   g) au
   h) b
   i) v
   j) n
   k) on
   l) m
   m) p
   n) ou
   o) t

p. 121

1. a) 2
   b) 6
   c) 4
   d) 10
   e) 1
   f) 7
   g) 8
   h) 9
   i) 5
   j) 3

p. 122

1. pantalon, gant, ambulance, tente, cadran

p. 125

1. a) 4
   b) 1
   c) 8
   d) 10
   e) 2
   f) 9
   g) 6
   h) 5
   i) 7
   j) 3

p. 126

1. timbre, train, patin, sapin, lapin

p. 129

1. a) 4
   b) 9
   c) 1
   d) 7
   e) 3
   f) 10
   g) 2
   h) 6
   i) 5
   j) 8

p. 136

1. Quille, raquette, karatéka, kayak, quenouille

p. 139

1. a) 4
   b) 6
   c) 8
   d) 2
   e) 3
   f) 9
   g) 1
   h) 10
   i) 5
   j) 7

p. 141

1. cornet, carotte, brocoli, canard, écureuil
2. cerise, citron, céleri, lionceau, balance

p. 144

1. a) c doux
   b) c doux
   c) c dur
   d) c dur
   e) c doux
   f) c dur
   g) c doux
   h) c dur
   i) c dur
   j) c dur
   k) c dur
   l) c doux
   m) c dur
   n) c dur
   o) c dur
   p) c doux
   q) c doux
   r) c doux

p. 145

1. a) 2
   b) 6
   c) 5
   d) 1
   e) 3
   f) 10
   g) 7
   h) 9
   i) 8
   j) 4

p. 146

1. poire, pois, poisson, oiseau, toit

p. 148

1. a) d
   b) p
   c) b
   d) r
   e) t
   f) m
   g) m
   h) v
   i) t
   j) n

p. 149

1. a) 5
   b) 8
   c) 2
   d) 1
   e) 7
   f) 10
   g) 3
   h) 6
   i) 9
   j) 4

p. 158

1. zéro, zoo, zèbre

p. 160

1. a) é
   b) qu
   c) z
   d) b
   e) ph
   f) oi
   g) in
   h) c
   i) p
   j) è
   k) f
   l) d
   m) an
   n) k
   o) v

p. 161

1. a) 9
   b) 4
   c) 1
   d) 8
   e) 3
   f) 2
   g) 6
   h) 5
   i) 10
   j) 7

p. 162

1. poisson, singe, soleil, soulier, salopette

p. 164

1. a) l
   b) p
   c) ou
   d) v
   e) ai
   f) in
   g) eau
   h) f
   i) qu
   j) S
   k) z
   l) on
   m) d
   n) c
   o) b

p. 165

1. a) 5
   b) 10
   c) 6
   d) 4
   e) 1
   f) 7
   g) 3
   h) 2
   i) 8
   j) 9

p. 168

1. a) ou
   b) on
   c) am
   d) h
   e) m
   f) r
   g) p
   h) c
   i) v
   j) b
   k) au
   l) n
   m) é
   n) d
   o) s

p. 169

1. a) 7
   b) 9
   c) 5
   d) 8
   e) 2
   f) 4
   g) 3
   h) 1
   i) 6
   j) 10

p. 170

1. échalote, chien, chat, vache, cheval

p. 172

1. a) chapeau
   b) chat
   c) niche
   d) chemise
   e) hache
   f) chemin
   g) vache
   h) parachute
   i) cochon
   j) riche
   k) bûcheron
   l) bûche

p. 173

1. a) 6
   b) 7
   c) 8
   d) 5
   e) 1
   f) 3
   g) 2
   h) 9
   i) 10
   j) 4

p. 174

1. puits, nuit, huit, minuit, ruisseau

p. 176

1. a) cuisinier
   b) étui
   c) tuile
   d) ruisseau
   e) nuit
   f) suie
   g) minuit
   h) cuisine
   i) cheminée
   j) puits
   k) poire
   l) cadeau

p. 177

1. a) 5
   b) 6
   c) 9
   d) 1
   e) 2
   f) 10
   g) 8
   h) 4
   i) 3
   j) 7

p. 186

1. jupe, jambe, journal, jumelles, jeu

p. 188

1. a) jaune
   b) jupe
   c) jambe
   d) jupon
   e) javelot
   f) Julia
   g) Jérémie
   h) jouer

p. 189

1. a) 4
   b) 9
   c) 1
   d) 8
   e) 6
   f) 10
   g) 2
   h) 3
   i) 7
   j) 5

p. 191

1. gâteau, grenouille, kangourou, goutte, guitare
2. girafe, singe, gymnastique, glisser, génie

p. 194

1. a) g dur
   b) g doux

c) g doux
d) g doux
e) g dur
f) g dur
g) g doux
h) g dur
i) g doux
j) g doux
k) g dur
l) g doux
m) g dur
n) g doux
o) g dur
p) g dur
q) g doux
r) g dur

p. 195
1. a) 4
b) 9
c) 6
d) 10
e) 7
f) 3
g) 8
h) 2
i) 1
j) 5

p. 198
1. a) wapiti
b) wallaby
c) wasabi
d) wagon
e) kiwi
f) singe
g) girafe
h) guêpe

p. 199
1. a) 4
b) 7
c) 9
d) 5
e) 1
f) 10
g) 8
h) 2
i) 3
j) 6

p. 202
1. a) xylophone
b) luxe
c) boxe
d) taxe
e) taxi
f) Maxime
g) kiwi
h) Xavier

p. 203
1. a) 5
b) 10
c) 9
d) 1
e) 6
f) 3
g) 8
h) 2
i) 7
j) 4

p. 204
1. œuf, cheveux, deux, pieuvre, fleur

p. 206
1. a) cheveux
b) queue
c) jeu
d) feu
e) deux
f) dangereux
g) amoureux
h) furieux

p. 207
1. a) 4
b) 7
c) 2
d) 1
e) 5
f) 3
g) 8
h) 9
i) 6
j) 10

p. 229
1. a) artichaut
b) accident
c) anneau
d) aspirine
e) armoire
f) arachides

p. 231
1. a) escalade
b) escaliers
c) espadon
d) escargots
e) loupe
f) essence
g) escarpins

p. 233
1. a) octogone
b) orchidée
c) bague
d) ornithorynque
e) os
f) orgue
g) orque

p. 235
1. a) il
b) ils
c) ambulance
d) urne
e) os
f) oreille
g) ursuline

p. 239
1. a) tartes
b) outarde
c) horloge
d) dentiste
e) guitariste
f) tortue
g) harpe

p. 241
1. a) homard
b) morse
c) moustique
d) renard
e) marteau
f) canard
g) patins

p. 243
1. a) barbe
b) aubergine
c) parfum
d) autobus
e) guépard
f) bouc
g) balcon

p. 245
1. a) cheval
b) verre
c) fourmi
d) ver
e) ferme
f) infirmière
g) nez

p. 247
1. a) sac
b) coq
c) corbeau
d) serpent
e) castor
f) hélicoptère
g) cellulaire

p. 249
1. a) couguar
b) jardin
c) garçon
d) journal
e) gorge
f) gymnastique
g) jars

p. 297
1. a) La vache mange du foin.
   b) Jérémy a cassé sa jointure.
   c) La phrase se termine par un point.
   d) Tu es trop loin.
   e) Mon shampoing est aux pommes.

p. 299
1. a) Les quenouilles poussent dans le lac.
   b) La grenouille est verte.
   c) Maman passe la vadrouille.
   d) Papa me fait des chatouilles.
   e) Je décore ma citrouille.

p. 301
1. a) Léa a un chandail rouge.
   b) Catherine a une médaille d'or.
   c) Je regarde la muraille de Chine.
   d) William élève du bétail.
   e) Julia travaille à l'épicerie.

p. 303
1. a) L'automne, les feuilles tombent.
   b) L'écureuil ramasse des noix.
   c) Laurianne a un fauteuil rouge.
   d) Mathieu a mal à un œil.
   e) Le chevreuil court dans la forêt.

p. 305
1. a) L'abeille butine la rose.
   b) Éma a cassé son orteil.
   c) William a mal à l'oreille.
   d) La corbeille est remplie de papier.
   e) La corneille vole dans le ciel.

p. 307
1. a) Mon chien veut un biscuit.
   b) Ma chienne a eu des chiots.
   c) Mon père est un électricien.
   d) Ma mère est une mécanicienne.
   e) Le magicien aime les enfants.

p. 313
1. a) 1
   b) 5
   c) 4
   d) 2
   e) 6
   f) 3
   g) 7

p. 314
1. a) 3
   b) 7
   c) 1
   d) 5
   e) 2
   f) 4
   g) 6

p. 315
1. a) 2
   b) 1
   c) 5
   d) 6
   e) 4
   f) 7
   g) 3

p. 316
1. a) 6
   b) 3
   c) 1
   d) 5
   e) 2
   f) 7
   g) 4

p. 317
1. a) 7
   b) 2
   c) 1
   d) 6
   e) 4
   f) 5
   g) 3

p. 318
1. a) 5
   b) 3
   c) 1
   d) 4
   e) 7
   f) 2
   g) 6

p. 319
1. a) 5
   b) 1
   c) 2
   d) 3
   e) 7
   f) 6
   g) 4

p. 320
1. a) 4
   b) 7
   c) 2
   d) 5
   e) 3
   f) 1
   g) 6

p. 321
1. a) 5
   b) 3
   c) 1
   d) 7
   e) 2
   f) 6
   g) 4

p. 322
1. a) 1
   b) 4
   c) 5
   d) 6
   e) 2
   f) 3
   g) 7

p. 323
1. a) 6
   b) 7
   c) 1
   d) 2
   e) 4
   f) 3
   g) 5

p. 324
1. a) 4
   b) 7
   c) 1
   d) 6
   e) 2
   f) 3
   g) 5

p. 325
1. a) 3
   b) 5
   c) 1
   d) 7
   e) 2
   f) 4
   g) 6

p. 326
1. a) 5
   b) 7
   c) 2
   d) 1
   e) 4
   f) 3
   g) 6

p. 327
1. a) 6
   b) 1
   c) 2
   d) 7
   e) 4
   f) 3
   g) 5

p. 328

1. a) 3
   b) 6
   c) 4
   d) 1
   e) 7
   f) 5
   g) 2

p. 329

1. a) 4
   b) 1
   c) 7
   d) 6
   e) 2
   f) 5
   g) 3

p. 330

1. a) 7
   b) 4
   c) 2
   d) 6
   e) 1
   f) 5
   g) 3

p. 331

1. a) 4
   b) 6
   c) 7
   d) 1
   e) 2
   f) 3
   g) 5

p. 332

1. a) 3
   b) 5
   c) 1
   d) 7
   e) 2
   f) 4
   g) 6

p. 337

1. William
2. Minou
3. long et doux
4. noir et gris
5. Pour sa fête

p. 339

1. Charlie
2. brillent
3. bleus
4. noirs
5. oui

p. 341

1. noir, blanc ou brun
2. 20 à 30 ans
3. une ligne de 15 cm
4. carottes, foin, graines
5. 60 cm
6. la jument
7. le hennissement

p. 343

1. Lorie
2. oui
3. maison rouge
4. un centre de ski alpin
5. Caroline et Magalie
6. sa Mamie et son Papi
7. à Québec

p. 344

1. c, a, d, b

p. 345

1. d, a, f, b, c, e

p. 347

1. Jérémie
2. faux
3. maman
4. jaune
5. sa cravate
6. c) Qui sort de l'ordinaire
7. Jérémie

p. 349

1. dans le Grand Nord canadien
2. vrai
3. 42
4. entre 500 et 730 kilogrammes
5. 40 ans
6. b) Qui mange de la viande
7. phoque, morse, poisson, baies

p. 351

1. Gabriel
2. 8 ans
3. ski alpin, patin à glace et glissade
4. à Noël
5. oui
6. Raphaël
7. région de Sorel

p. 353

1. dans l'Ouest canadien
2. faux
3. son grand panache
4. beige
5. 50 kilomètre/heure
6. a) Animal qui a des bois sur la tête
7. des plantes et de grandes herbes

p. 355

1. Des insectes
2. Son corps est divisé en trois parties.
3. une ou deux paires d'ailes, une carapace
4. larve et nymphe
5. la guêpe, la coccinelle ou la libellule
6. Qui se nourrit de matière animale et végétale
7. la larve
8. pollen et nectar des fleurs
9. 4
10. a) faux b) vrai c) vrai

p. 357

1. Charlot le lièvre
2. lièvre, perroquet, perdrix, ourson, serpent
3. réponse personnelle
4. généreux, intelligent, courageux
5. des perles
6. le ménage de sa tanière
7. le perroquet
8. Simon le serpent
9. un enfant
10. a) vrai b) faux c) vrai

p. 359

1. Jérémie
2. 2
3. 4
4. une pelure de banane
5. jeu de dame
6. carotte
7. banane
8. Gabriel
9. chevalier

10) a) vrai b) faux c) faux
    d) vrai e) vrai f) faux

p. 361

1.

	Castor	Porc-Épic
a) sa couleur	brun foncé	noir
b) sa taille	30 cm à 1,3 m	65 à 100 cm
c) son poids	15 à 35 kg	4, 5 kg à 13,5 kg
d) ses pattes avant	main à 5 doigts avec de longues griffes	main à 4 doigts
e) Où vit-il ?	en Amérique	au Québec
f) sa nourriture en hiver	branches et écorces	écorce
g) sa nourriture en été	des nénuphars, des plantes aquatiques, des herbes, des feuilles de plantes ligneuses, des fruits et des graminées	des petits fruits, des feuilles de peuplier
h) Combien de petits a la femelle ?	1 à 8	1
i) sa période de gestation	103 à 107 jours	7 mois
j) Hiberne t-il ?	non	non
k) ses prédateurs	ours, loup, coyote, pékan, carcajou, loutre, lynx	pékan, cougar, lynx, coyote
l) sa longévité	12 ans	5 à 7 ans

p. 363

1. a) #3
   b) #1, #3
   c) #1, #2, #3
   d) #1, #2, #3, #4
   e) #1, #2, #3, #4
   f) #3
   g) #2, #3, #4
2. a) 4
   b) 4
   c) 7
   d) 3
   e) la maison #3

p. 364

1. b – e – a – d – c

p. 365

1. c – a – b – e – d

p. 367

1. Sylvianne
2. l'avant-midi
3. réponse personnelle
4. lac Mégantic
5. Patrice
6. des spécialistes, des scientifiques, des étudiants et les habitants de la ville de Mégantic
7. les ossements de stégosaure
8. le scénariste
9. le lac Mégantic
10. a) faux b) vrai c) faux

p. 369

1. des mammifères
2. Les femelles allaitent les petits.
   Leur corps est recouvert de poils.
   Leur mâchoire inférieure est articulée.
   Leur sang est chaud.
   Leur oreille moyenne est constituée de trois paires d'os.
   Leur cerveau est volumineux et complexe.
   Leurs dents sont habituellement différenciées.
3. plante, noix, insecte, orignal
4. wapiti, gorille, marmotte
5. ours, sanglier
6. se nourrit de viande
7. les petits
8. plante, feuille
9. 6
10. a) vrai b) vrai c) faux